丝路上的月光马蹄

杨献平 著

当代中国出版社

2018年·北京

图书在版编目(CIP)数据

丝路上的月光马蹄 / 杨献平著. -- 北京：当代中国出版社，2018.5

ISBN 978-7-5154-0837-8

Ⅰ.①丝… Ⅱ.①杨… Ⅲ.①散文集—中国—当代 Ⅳ.①I267

中国版本图书馆 CIP 数据核字（2017）第 312380 号

出 版 人	曹宏举
策划编辑	梅一一
责任编辑	李一梅
责任校对	康　莹
装帧设计	古涧文化
出版发行	当代中国出版社
地　　址	北京市地安门西大街旌勇里 8 号
网　　址	http://www.ddzg.net　邮箱：ddzgcbs@sina.com
邮政编码	100009
编辑部	（010）66572264　66572154　66572132　66572180
市场部	（010）66572281　66572161　66572157　83221785
印　　刷	北京润田金辉印刷有限公司
开　　本	880 毫米 × 1230 毫米　1/32
印　　张	12.25 印张　1 插页　插图 50 幅　203 千字
版　　次	2018 年 5 月第 1 版
印　　次	2018 年 5 月第 1 次印刷
定　　价	49.00 元

版权所有，翻版必究；如有印装质量问题，请拨打（010）66572159 转出版部。

目录

001 灿烂光华：丝绸之路在中国
019 西北望：荒原早期人文景观
056 天水：伏羲之地和李氏家族
084 兰州：黄河岸边的世俗生活
103 宁夏：贺兰山缺与塞上盆地
121 包头：赵国边塞与敕勒民歌
138 武威：昔日重镇与现实幽微
153 祁连：丰饶的动植物世界
166 山丹：焉支山上，匈奴谶歌
183 扁都口：甘青两省的奇妙衔接
197 肃南：青草与河流之上的定居

207　甘州肃州：向西的城池
232　居延：名将命运及沙漠传奇
258　巴丹吉林：沙漠中的人文地理
276　额济纳：黄金甲帐与弱水黑城
292　嘉峪关：明代城堞和魏晋地下墓廊
307　敦煌：丝路分径与中西文明流变
321　向西：从敦煌到乌鲁木齐
356　博尔塔拉：蒙古人的西域家园

灿烂光华：丝绸之路在中国

日本学者羽田亨《西域文明史概论》，对西域的界定是：昆仑、天山和帕米尔三山分立东、西、北三个方面，南面是流沙与风暴的蒙古沙漠。东边的塔里木河，最终流入罗布泊；北面是伊塞克湖、巴尔克什湖和阿拉湖，其中包含了准噶尔盆地与伊犁地区；向西是楚河和怛罗斯河流入咸海的地方；南面是昆仑和兴都库什山脉。它的东部是中国的东部和蒙古地区，西面是波斯，南面为印度和中国西藏。

这是亚细亚的中央，是古丝绸之路、中西文明西进东渐的蜂腰地带。在汉文典籍当中，自古阳关和玉门关以西一直到大马士革、伊斯坦布尔乃至君士坦丁堡等地区，皆是"西域"所在。

现在已经无从考证在这条道路上行走的第一批人，究竟属于哪一个人种，他们的起点和终点、行走的目的。但是，从洪荒年代开始，以丝绸为主要载体，这条道路就成了古中国与世界交往的主要通道，同时也是连通欧亚大陆的交通大动脉。数千年来，丝绸及其衍生的各种人事接连不断地在这条道路及其沿途国家和部落中持续引发了难以数计的历史传奇和文明奇迹。公元前10世纪到1世纪，以于阗为中心的金石就已经在欧亚大陆的河流与山谷之间叮当作响，并出现在埃及法老的宅邸。近年，在德国斯图加特西北二十公里处一座凯尔特时期（公元前5世纪）贵族墓葬和南西伯利亚巴泽雷克畜牧部落首领墓室中，先后发现了产自古中国的丝绸制品。

公元前279年出土于汲县魏襄王墓的《穆天子传》一书也是一个有力的证据，尽管它通篇弥散着神话色彩。如果周穆王西巡瑶池（即额尔齐斯河流域的斋桑泊）是一个确凿事实的话，那么，丝绸之路东方起点的开创者就非穆天子姬满莫属。公元前7世纪，希腊的希罗多德和色诺芬似乎已经知道，丝绸是经由帕提亚、安息和米蒂亚而到达罗马的。生活在公元前384年和322年间的亚里士多德，还莽撞地把科斯岛出现的丝绸归功于该岛妇女们的发明。

《穆天子传》影印本

公元前279年出土于汲县魏襄王墓的《穆天子传》一书也是一个有力的证据，尽管通篇弥散着神话色彩。如果周穆王西巡瑶池（即额尔齐斯河流域的斋桑泊）是一个确凿事实的话，那么，丝绸之路东方起点的开创者就非穆天子姬满莫属。

公元前7世纪的古希腊人将"丝"称为"塞尔"（Ser），称产丝的遥远的国度称为塞里斯（Seres）。公元前5世纪的克泰西亚斯在他的《史地书》中说"塞里斯人身高近20英尺，寿命超过200岁"。公元前334年到331年，著名的亚历山大大帝带领军队进行了一场疯狂的东征，击败波斯帝国，并将其势力扩张到印度河流域。但是，他似乎没有见到来自塞里斯国的丝绸。

两汉时期，由于张骞（并副使甘英，先后两次）、班超（家族）等人的冒险，使得丝绸之路正式贯通。不同物质在期间持续流动和交换，宗教也从中找到了最佳的传播载体和方式，因此促进了不同文明之间的相互影响和相互渗透。而这个时候，张骞所开凿的道路沿线仍旧布满印欧语种的国家和人群，如于阗、龟兹和焉耆等。另外，将月氏驱赶出河西走廊的匈奴（蒙古－突厥人）占据了经由西域通往罗马的道路，他们的势力一直延伸到大戈壁的东部，在陕西和内蒙古逼近秦、赵和燕国修筑的长城。

张骞这次冒险的主要目的是联合被匈奴击逐阿姆河流域的大月氏，可当他到达大月氏，国王却客气地拒绝了他的请求，最终也没有得到一个国家和部落的呼应。张骞在中亚外交上是失败的。汉武帝不得不独自征伐匈奴。这场持续半个多世纪的战争最终以匈奴被分化和驱逐告终。分化后的匈奴部落分为南北两部，两个阵营相互攻击。南匈奴呼韩邪牢牢抓住西汉这一强大政权，全身心地归附于中原帝国。而呼图吾斯率领的北匈奴，在汉与西域诸国包括前合作伙伴乌孙在内的联合打击下，在康居还没站稳脚跟，就被东汉西域都护府陈汤和甘延寿率领的三十六国之兵消灭在郅支城。

这是一段波澜壮阔的历史，张骞、甘英及班氏家族，为打通帝国与中亚的直接通道而成为令人敬仰的英雄因此名垂青史。自此，丝绸之路正式以欧亚大陆上帝国间直接联系、贸易、影响和交流的明朗姿态，进入世界文明之版图。与此同时，这条道路上的行人越来越多，身份越来越明确，他们的目的和所携带的物产也越来越清晰。

葱岭（今帕米尔高原）东西，今新疆与中亚至欧洲苏格兰高地，在汉文典籍中被统称为西域。从长安穿越河西走廊，横穿沙漠，进入今新疆境内，再至帕米尔高原的这一条通路，众多的国家和部落点缀其间。先后有贵霜帝国、波斯帝国和罗马帝国，并不断以裂变的方式，产生了众多冠以多种名称、由各色人种建立的国家和部落联盟。公元7世纪上半叶，隋帝国出兵西域（小西域，今新疆境内），基本贯通了河西到葱岭地区的通道。随后,唐帝国再次出兵,并在高昌、龟兹、于阗、碎叶设置军镇,用以控制和管理西域,曾兴盛于两汉的丝绸之路也由此在中古时期繁盛起来。

这是一条由长安、洛阳、太原、大同、幽州等地先后开始的通达之路,从历史黎明时期,塞种人、月氏人、乌孙人、蒙古-突厥人以及后来的大食人、契丹人,在这条道路上先后进行了一系列影响世界文明进程的迁徙与征服活动,构成了史前和中古时代欧亚大陆上一道充满血腥与梦想的生命景观。与此同时,那些穿行在江布尔、撒马尔罕、托克马克、旁遮普、瓦罕走廊、波斯乃至大秦(罗马)等不同国家的人们带着琳琅满目的物产,通过这条崎岖绵长之路,进入各个地区,一直到东方帝国的核心地带。

所谓丝绸之路,一般是指自西汉以来形成的绿洲之路,主要是从长安和洛阳,经河西走廊,至敦煌,再分两条:一是阳关,经鄯善,沿昆仑山北麓西行,过莎车,西出帕米尔,再由大月氏至安息(帕提亚和撒珊王朝),西通犁靬(今埃及亚历山大城),或由大月氏南入身毒(印度);二是出玉门关,经车师前国,沿天山南麓西行,出疏勒,西逾葱岭,过大宛,至康居(阿姆河流域)、奄蔡(咸海、里海北部草原)

至地中海沿岸。还有人认为，这条道路至新疆境内后，又分为三路：一是经伊吾（西州、交河，今新疆哈密地区）、北庭（吉木萨尔）、阿力麻里（今伊宁）西去里海周边。二是经车师国（今吐鲁番西），过焉耆西南、乌垒（今轮台东）、龟兹（库车）、姑墨（今温宿）、疏勒（今喀什），越帕米尔高原，进入地中海沿岸地区。三是由敦煌出发，过阳关，沿塔克拉玛干沙漠南，进入鄯善（今若羌）、且末西南、精绝（今民丰县北）、扜弥（今于阗东）、于阗等地，再出葱岭（今帕米尔高原），穿过阿姆河到伊朗（安息、波斯），最终到达伊斯坦布尔。

两汉后，西域乃至蒙古高原、北方边疆的权力真空不断被匈奴、东胡等民族的后裔或旁支趁机角逐。匈奴人、氐族、鲜卑等民族先后问鼎中原，在北方各地分别建立了自己的国家。随后，传统士族垄断了自魏晋至南北朝的所有政权，继之而起的是关陇武将集团。东晋偏安时，河西军阀吕光征伐西域（小西域），几乎没费周折，就将焉耆、龟兹等三十六国纳入东晋版图。

然而，这也还是一种短暂行为，随后不长的时间内，阳关以西至今新疆境内为小西域的偏远地带也开始了新一轮的民族融合与迁徙活动。但散布在塔里木、准噶尔和天山南北的大小政权仍旧与中原保持了紧密的政治、军事和经济联系，并在这一时期，当地的农业、蚕桑、纺织、金石、皮毛业也有了新的发展。6世纪末年，杨坚代北周建隋，在裴矩、长孙晟等人的具体谋划与操作下，成功地分化了强大一时的突厥，击败了在青海方向的吐谷浑，将兵力和帝国的下属郡县设在了伊吾、鄯善、且末、高昌等地。隋炀帝杨广在张掖召开了一次盛大的国际会议，西域二十七国国王及大臣数千人参加，并以丰厚的赏赐和豪华的招待，显示了隋帝国的奢侈与富有。

从经略西域的努力与实绩来看，杨广始终是一个心怀高远的人，他对边疆或者说疆土开拓有着异乎寻常的渴望。在他为期不长的统治期间，先后对高句丽、突厥和吐谷浑采取了积极的外交政策，并不惜诉诸武力（主要是采取分化拉拢和各个击破的军事策略）。与此同时，他还有效地征服了叛乱的契丹、靺鞨和库莫奚等散居在东北地区的民族。在国内，杨广继承父志，动用数十万人力，开凿完成了贯通黄河与长江的大运河，完善了全国交通体系，融合了两河文明，并创设了科举制和三省六部制，进一步鼓励教育和宗教信仰。但是，他的重大举措过于频繁，致使这个刚刚脱离纷乱与残败局面的新兴帝国和底层人民无法承受，起义与叛乱接踵而至。

但杨广的梦想及其努力没有错。他想恢复秦汉时期的疆域，也想使周边的割据政权臣服，将始皇帝和他父亲的事业成倍扩大。但时不我遇，新兴的杨隋帝国还没有足够的积蓄和声威，以致在极短的时间内就耗尽元气。这时，在独孤伽罗皇后身边长大的太原军阀李渊审时度势，起兵河东，不到几个月时间，就占领了长安。没过多久，杨广就在江都被随行的宇文化及部下所杀。这是一个皇帝的悲哀，也是后世取笑他的话题和材料之一。但从史书记载看，杨广始终是清醒的，他是一个抱有好奇心、孩子气重的帝王。他完全可以守成自保，而他却放弃了这一条谨慎，在他看来也有些缓慢的道路，进而采取了一种激进的方式，把杨坚处心积虑、谋之不易的皇皇王朝拱手送人。

618年，作为群雄中最富有政治头脑的李渊，迫使杨广的曾孙杨侑将皇位禅让给他，黄袍加身，成为另一个帝国的奠基者。李唐和杨隋政权有着太多相似或者说承继之处。以致后世学者在论述这两个朝代时，常常将二者并称、一体论述。如陈寅恪先生言："李唐传世将三百年，而杨隋享国为日至短，两朝之典章制度传授因袭几无不同，故可视为一体。"

自公元220年曹丕篡汉成魏后，前后六十年时间是三国鼎立状态。公元316年，匈奴后裔刘渊攻入长安，西晋亡国，自三国以来较为统一的"中国"又陷入一片混乱。东晋在南京一直偏安到公元420年，与之相伴的是此消彼长的五胡十六国。这一时间段内，唱主角的大都是鲜卑、匈奴后裔及其旁支。刘渊（又称刘元海）、慕容垂、赫连勃勃、乞伏国仁、沮渠蒙逊、高云（高句丽人）等人在今四川成都，江苏南京，甘肃武威、酒泉，山西长子，河北邢台、临漳，辽宁朝阳，陕西西安，山东益都等地先后建立了王朝。其中，刘渊、赫连勃勃、沮渠蒙逊等匈奴后裔立国后，迅速在其辖区颁布诏令，恢复匈奴旧制及姓氏，慕容垂以及南北朝的宇文护等人，都在恢复鲜卑姓氏上有所动作。隋朝开国皇帝杨坚的父亲杨忠，也曾被宇文护赐姓鲜卑为普六茹氏。而建隋后，杨坚立即拨乱反正，正本清源，站在了正宗汉族一边。

中国一统，但李、杨、长孙等显姓和被陈寅恪先生称为关陇贵族集团的作用与影响并没有消亡，直到唐高宗废王立武之后，才有所减弱。

不论是杨隋还是李唐，他们都是政治利益规则的实际制定者和受益者，有着太多的相同或相似：第一，在那个讲究出生门阀的年代，贵族一直盘踞在社会最高层，一般民众要出人头地、称王拜相，是一件比登天还要难的事情。即使有成功上位者，也必定要首先攀附于显赫的贵族，或者以"显姓""望族"作为不可或缺的象征和依靠。第二，从北周到隋唐，其实还是一个整体。杨坚、李渊家族最初也都是以宇文护为代表的关陇贵族旗下的能人良将，在北周对陈的战争，乃至为期不长的统治政权中，都起着不可忽视的重大作用。第三，从宋武帝刘裕、北魏孝文帝拓跋弘、周武帝宇文觉、高祖武皇帝宇文邕等到杨坚、杨广、李世民、李治，期间不过百余年，但他们在各自的皇帝位置上都有所建树，并且令其后世直接受益。第四，杨隋和李唐与时俱进的政治改革以照顾到广大人群的利益为出发点，是其政权稳固的重要原因，也是后世唐帝国能够达到极盛，并延续近三百年的根本支撑之一。

因此，唐建立之后，面对的问题比杨坚称帝时的困难要少一些，军阀们在李世民和他怀柔而来的将军打击下节节败退。在遥远的西域，今中国新疆境内，焉耆龙突骑支国王是第一个向唐靠拢的。他解除了过往禁令，使得中原王朝与于阗乃至大小勃律、昭武九姓国等往来更为畅达和便利。但龙突骑支的这一友好作为遭到了高昌国王麴文泰的军事打击，并且在其境内大肆掠夺。这时候，西突厥是西域最强势力，高昌王麴文泰必须无条件地依附于这个剽悍的以狼为图腾崇拜的游牧民族。出兵袭击焉耆，显然是麹文泰效忠西突厥的一个实际表现。

麹文泰先时也曾与唐合作，并亲自率领臣僚前往长安参拜。但他最后可能受制于西突厥，并对李唐王朝判断失误，认为中原仍旧会是战乱不断，帝国的最高统治者之位落入谁手还不一定。他本身也是一个强硬的君主，认为每个部落和国家都有自己的发展和生存权利，不必听命于谁。这在麹文泰与奉李世民之命前往高昌问责的李道裕的对话中尤为明显。640年春，侯君集和薛万均的交合道大军开进高昌，麹文泰惊吓而死。

从此，唐帝国开始了对西域的经略，并且作为一项基本国策和战略贯彻落实到玄宗后期（790年）。这一政策，无疑是促使丝绸之路繁盛的关键所在，如羽田亨《西域文明史概论》所说："所以中国文明的西传，与夫西方文明之洞见，皆必经过西域。这西域犹如自来水的水管，介在水源和龙头之间。水源的水经过水管时，看水管的性质如何，总不能不受某种影响。"正因为唐帝国对西域接连用力，使得唐帝国声威远播，陆上丝绸之路由此而光华无限，名动千古。无论从哪个方面考察，隋唐丝绸之路都是一段恢宏的历史，也是陆上丝绸之路历史上兴盛的巅峰。丝绸之路因隋唐而浓墨重

鸠摩罗什雕塑　卢一萍摄

彩、光华四溢。隋唐也因此成为中古时代东方大国与中亚乃至欧洲和非洲交往最为频繁，相互间影响和渗透最为广泛、最为有力的黄金时代。期间，欧亚大陆上的武功与文采相互映照、宗教与丝绸彼此促进，民族融合空前，思想习俗强力渗透，位于丝绸之路东端的唐帝国始终是其中的主要角色，是其中各项活动的发动机和推进器，更是源头和贯穿全场的领衔演出者。

无论是哪个朝代，自身强则四夷服、天下同，自身弱则边疆萎缩、外夷轻慢。因此，丝绸之路的重点不在于沿途的贸易及其琳琅满目的商品，商业中的技巧和智慧，民族之间的相互融合，丰富的物产及纷繁的宗教和思想、科技的传播，而在于没有边疆就没有利益，边疆的大小和牢固与否都是左右利益的杠杆。以往人们写丝绸之路，专注于奇闻趣事、典籍传奇，而这只是其中的一个方式。丝绸之路的兴衰，直接取决于帝国政权自身的稳定与强大、自信、宽容与否，否则，所谓的强大和兴盛都只能是空中楼阁。

因此，我有几点个人的想法：

一是以王朝内部，即最高统治者及其主要臣子对西北边疆和丝绸之路的开凿与巩固为重点，如隋高颎、长孙晟、裴矩、韦孝宽等，唐李靖、侯君集、李世勣、李祎、郭知运、

向西的道路　戴炽义摄

无论是哪个朝代,自身强则四夷服、天下同,自身弱则边疆萎缩、外夷轻慢。因此,丝绸之路的重点不是沿途的贸易及其琳琅满目的商品,也不是商业中的技巧和智慧、民族之间的相互融合,甚至丰富的物产及纷繁的宗教和思想、科技的传播,而是没有边疆就没有利益,边疆的大小和牢固与否都是左右利益的杠杆。

郭元振、王晙、张孝嵩、王忠嗣、薛仁贵、阿史那献、哥舒翰、高仙芝、封常清、王正见、张孝嵩、吕休璟、夫蒙灵察、郭子仪、李晟、张仲武等，这些人对陇右、安西、北庭、幽州、辽东等边塞要地的经略，是确保丝绸之路绵延兴盛百余年的关键。正因为这些人，唐帝国的版图才扩大至今中亚两河流域，对伊朗乃至西亚甚至欧洲先后崛起的王朝形成强大的震慑力，确保了发自长安、洛阳、太原和幽州的丝绸之路沿途无威胁，从蛮夷之地直达唐三都（长安、洛阳和太原），将这条文明之路推向繁盛高峰。

二是丝绸本身就是一种文明。从这条路上经过的人和事物，都是文明的载体，哪怕是尸横遍野的杀戮之战。

三是个人的功业比官方的业绩毫不逊色。如发足长安、只身探险的玄奘，怛罗斯之战中被俘的杜环，出使罽宾而染病滞留、发愿得偿进而为高僧的达摩陀都（悟空），以及9世纪中期收复河西的归义军政权等。

四是北庭和安西四镇对丝绸之路的重要性不言而喻，唐在此设置军镇，是绝对的英明之举。还有文化源流与玉石之路的起点于阗，与中原王朝关系紧密的突厥别部黠戛斯，以及龟兹、焉耆、西州、鄯善和且末、于阗等民族，都是丝绸之路之所以充满活力并畅通的重点所在。

五是流寓唐安西及中原各地的粟特（昭武九姓国）人，他们是丝绸之路上最富有经商才能的人，同时也是宗教的传播者、突厥等西域民族政治事件的制造者。他们以经商和理财的智慧，成为各个游牧民族政治与经济活动中的主要分子。

六是不断的民族迁徙，向东的内附与汉化，向西的攻击，使得这一时期的民族迁徙活动蔚为壮观。

任何朝代和人都逃不过盛衰这两个结局，这一头和那一头，中间是沧桑如注的时间。你方唱罢我登场，由于缺乏稳定的政治架构和一以贯之的亲民政策、廉洁高效的运作机制、与时俱进的统治理论与发展的眼光及思想，这种周而复始、前赴后继的命运就不可避免。尤其是以家长制的形式统摄天下，以天下人为奴役、天下者一己之天下、一人君临众生万物的宗法制封建社会，王朝的改换和政权的更迭就成了一种常态化。

胜王败寇这一历史法则简直就是魔咒，成了历史上人人必须自觉恪守的一条铁律，甚至是不言而喻的猎猎大旗。钱穆先生《国史大纲》序言里说："一国家当动荡变进之时，其以往历史，在冥冥中必会发生无限力量，诱导着它的前程，规范着它的旁趋。此乃人类历史本身无可避免之大例。否则历史将不成为一种学问，而人类亦根本不会有历史性之演进。"

读历史,其实就是读人心和人性,更是在读我们自己。公元 907 年,盛唐帝国被新兴军阀朱温所灭,而西域仍旧。在丝绸之路上分居着的葛逻禄、黠戛斯、吐火罗、大食及其分支国家和民族,乃至崛起的喀喇汗王朝以及周边的高昌回鹘、河西回鹘、居延回鹘仍旧是西域的主角。昭武九姓国的人们,也仍旧以精明的头脑、高妙的商业智慧,活动在彼时世界的各色人群和不同国度,并一直扮演着重要角色。继起的契丹、党项后来成了这片地域最强盛的统治者,在丝绸之路上与众多的民族和国家,以自觉的方式,继续焕发出深刻与持久的动力。

西北望：荒原早期人文景观

关于西北地区的早期历史，特别是民族流变及其人文传奇，大致如下：

自公元前4世纪起，莽苍西北地带进入了一个群雄争霸的壮观年代。乌孙、东胡、月氏、羌、匈奴是这一时代舞台上最有战斗力的民族或者部落联盟。先是月氏侵占了乌孙在今陕甘交界处及河西大部分地区的"故地"，将他们的可汗牙帐扎在河西走廊中心地带（今张掖某地）。落败的乌孙只能驱赶着牛羊，群体性向西奔逃。沿途，他们不仅要谋划生计，还要面对前方国家和部落的抵抗。在其他民族眼里，这些因失败而迁徙的人已经威胁到了自己的生存发展，必须拿起武器，进行坚决的抵制和反抗。

在生存权利上，怜悯就意味着死亡。随后的景观也是如此，月氏人在河西立足不过百年，就又遭到了由弱到强并且攻灭东胡的匈奴人接连两次的沉重打击。第一次，冒顿的儿子稽粥将他们驱赶到了今甘肃敦煌一带。几年后，已经成为匈奴撑犁孤涂大单于的稽粥（老上）再次出击，轻取月氏王的首级做成了镶金酒器。这是中亚民族迁徙的第一次高潮，退却的月氏进而攻占了乌孙在西域伊犁河流域的落脚地和帕米尔谋生之地。

东胡、匈奴、月氏和乌孙，基本上是公元后纵横于西北边疆的诸多民族的先祖或宗主国，其中，匈奴的苍狼崇拜与披发割面为痛悼君长习俗，在突厥及其回鹘等分支中也有所保留。东胡应当是唐时东北地区诸如契丹、室韦、靺鞨等民族的先祖或者旁支。乌孙迁至伊犁河流域，原先居住在此地的塞种人被迫西迁，乌孙人在此扎下根来。他们的宿敌月氏被驱赶向西，逼近伊犁河时，乌孙与匈奴联合，将溃散的月氏再次逼向葱岭以西地区。在迁徙过程中，月氏人击败了大夏，并占领了阿姆河两岸地区，稍后又由分裂走向统一，在恒河流域建立起盛极一时的贵霜王朝。而乌孙，则在5世纪初，在帕米尔被新崛起的柔然帝国所灭。这是早期亚洲腹地的民族融合与迁徙活动，也是早期陆上丝绸之路上鲜为人知的纷纭景象。

据考古发现，早在青铜时代，匈奴人就拥有了青铜铸造技术。勒内·格鲁塞在《草原帝国》中说："匈奴人拥有一种特殊的艺术，其代表作品主要是腰带上的金牌子和其他金属牌装饰品，如装备在鞍辔上的铜钩子与钮子，上面有特殊的动物画像，或者表现在长矛柄头上，它以牝鹿的形态最具代表性。这种艺术时常被称作'鄂尔多斯艺术'，这种称呼来源于蒙古的鄂尔多斯部落。"这一手艺可能来自于夏，淳维西迁时带走了大批的工匠，以至于在生存异常艰难之地，匈奴的后人仍旧保持了中原先民的某种习俗和技术。近年来在西域各地发现的焉不拉克、五堡水库、苏巴什、群巴克、扎洪鲁克等遗址中发现了青铜器、冶铁、制陶、木作、毛皮和毛纺品，将西域早期历史，乃至丝绸之路的交易活动推向更早的年代，也使现代人改变了对游牧民族居无定所、生活无凭的惯常认识。

1. 匈奴源流考

很多年来，我对匈奴保持了强烈的好奇心。这种好奇心源于司马迁《史记·匈奴列传》，更源于我多年居住和生活在匈奴故地——休屠王或者左贤王的驻牧地之一（今内蒙古

勒内·格鲁塞在《草原帝国》中说:"匈奴人有一种特殊的艺术,其代表作品主要是腰带上的金牌子和其他金属牌装饰品,如装备在鞍辔上的铜钩子和钮子,上面有特殊的动物画像,或者表现在长矛柄头上,它以牝鹿的形态最具代表性。这种艺术时常被称作'鄂尔多斯艺术',这种称呼来源于蒙古的鄂尔多斯部落。"

额济纳旗附近）。发源于祁连山南麓的弱水河从张掖向西，至高台和酒泉的清水镇（唐和吐蕃会盟地之一）转而向北，流经今甘肃金塔县境，再进入巴丹吉林沙漠和额济纳境内。多年之前，我总是道听途说地以为，至今耸立在弱水河畔的黑城（蒙语称哈拉浩特）是西夏人建造的。而事实上可能是匈奴人的古堡，他们的后裔之一回鹘也曾在这里建立公主城。

这里是丝绸之路居延道的交通要冲，特别是在公元663年至790年，河西被吐蕃占据之后，居延道就成了唐帝国与安西四镇、西域诸国朝贡与通商的重要路径之一。大约2001年8月，我去了匈奴的另一个故地山丹（又称删丹，产大黄和胭脂花，匈奴妇女用来涂红晕和指甲）。朋友带我去看培黎先生捐赠的博物馆，不经意看到一把出土于山丹焉支山境内的匈奴弯刀，上面全是红锈，一触即掉，整个刀身看起来就像是江西赣州菜粉蒸肉，给人一种极端暴力之后的颓废感。毕竟，这把刀已经历了二千余年的时光，它当初蕴含的勃勃杀机被时间清退，曾经的鲜血已被泥土吸干。只剩下刀子本身，以逐渐朽烂的方式，呼应着它早已在历史长河中消失的主人——匈奴民族。

凝视那把刀时，我耳边隐约响起"失我祁连山，使我六畜不蕃息；失我焉支山，使我嫁妇无颜色"的谶歌。

这可能是匈奴唯一流传下来的谶歌。即使在今天听来，仍旧有一种刺人心肺的悲怆力量。

"匈奴，夏后氏之苗裔也，其先祖，曰淳维。"（司马迁《史记·匈奴列传》）据此推想，匈奴应该是中国历史上第一个家天下创立者大禹的后代或者旁支，夏朝末代之王姒履癸应当是他们的先祖。当商汤取得了战争胜利，姒履癸被流放至南巢（今安徽巢湖），三年后死。其子淳维带领残众，一路北迁至今鄂尔多斯地区繁衍生息，在无任何记载的蒙昧年代，匈奴部众悄无声息地在高地上生存变迁，过着一种茹毛寝皮的野蛮生活。到历史的黎明时期，他们再次以外夷的身份，参与了中原统治者的历史，并将版图扩大至阿尔泰山脉东南、大兴安岭西、蒙古草原南、青藏高原东北、华北平原西北等广袤地区。

此外，《汲冢周书》《易经》《山海经》《古本竹书纪年》《史记·殷本纪》和河南安阳殷墟出土的《小盂鼎》及商周的甲骨卜辞中，均有殷、周统治者曾与"鬼方"争战的记载。其中，在商朝规模较大的先后有两次，第一次发生在商高宗武丁时期，《易·既济》中说："高宗伐鬼方，三年克之。"第二次是在武乙时期，由武乙授权并支持，古公季历具体组织实施，并一举击败了"鬼方"。（南宋·范晔著、唐·李贤等注《后汉书·西羌传》注引《竹书纪年》）。

"鬼方"可能是丁零、敕勒、铁勒等后世民族的前世称谓，也极有可能是匈奴民族的前身。据王国维的《鬼方昆夷猃狁考》可知，匈奴在远古时代——黄帝时期被称作"荤粥"，上古尧舜时期叫作"荤粥""山戎""猃狁"，夏朝被称为"荤粥"，商朝时曰"鬼方"，西周时叫"昆夷""猃狁"，春秋为"戎狄"，战国为"胡"、匈奴。

假设王国维先生的考证无误，那么，司马迁的记述就有问题。折中一下，对此最合适的解释是，夏王姒履癸之子淳维在国破家亡后率残众加入鬼方，进而在鬼方中与异族相依共存，繁衍生息，最终夺取了最高指挥权，建立了新的游牧汗国。勒内·格鲁塞在《草原帝国》中说："在早期历史中，中国人就知道'有所谓胡人者居于中国边境'，即在鄂尔多斯、山西及河北北部。马斯佩罗认为，在今北京的西方与西北方在古代时居住着的北戎，就是这个胡人的一个部落。至于其他部落，则在公元前4世纪时被赵国的汉人所降服。"

从中可以看出，不论是匈奴，还是斯基泰人、印度人、塞种人、希腊人，在早期的北方草原上，他们都是相互关联且渊源颇深的民族。当自己弱小时，就依附于强大者，受其奴役，为其政权服务；强大后，起来反抗，或趁火打劫，最终夺取最高领导权。但不管是哪个民族，自身强大之后，要做的第一件事就是统一本民族所有的部落，以混合型、整体性的军事力量，在严酷的生存夹缝中获取更多的物质与政治利益。否则，在早期历史时期，面对恶劣的自然生存环境，仅凭一个民族数千上万人的单打独斗很难生存发展。

由此可以断定，从黄帝一直到五胡十六国，所有的"戎狄"当中，几乎包含了匈奴、东胡、丁零、氐族、羯族等民族成分。包括公元前771年，应太子宜臼岳丈申侯邀请，参与周幽王到周平王的过渡，西周就此灭亡，东周偏安且大权旁落的所谓"戎狄"，也应当是这些边疆民族之中的某一构成部分。

关于匈奴的长相和装束，戴遂良概括地说："他们的身材是矮小的，有粗短的体格，圆而硕大的头，脸宽，颧高，撇开的鼻翼，相当稠密的上唇须，除了在颔上的一簇硬毛外没有胡子，戴着一个穿孔的长耳环。除了头顶上留有一束头发之外，头一般是剃光的（白鸟库吉认为匈奴人留有辫子，他们把这种习惯传给了以后的突厥－蒙古游牧民族拓跋、柔然、突厥、契丹及蒙古人）。眉毛是浓重的，眼睛凸出像杏仁一般，目光灵动有神。他们穿着宽大的、两旁开口、长到下腿的袍子，腰带的两端垂在前面。因为天冷，他们的袖口紧紧地密封在手腕上。他们肩上披着一条毛皮的短围巾，头上戴着皮帽子，鞋是皮制的，宽大的裤子用一条皮带紧紧地系住。弓袋系在腰带上，垂在腿的前面。箭筒也系在腰带上横在胸前，箭尾朝右边。"（转引自勒内·格鲁塞《草原帝国》）

但需要注意的一个现象是，从上古时期一直到隋唐五代，史书对上述民族的记载不尽相同，有的名字倏然出现后又无声消失，有的变换名称再次崛起。这是一个容易让人陷入迷茫的问题，不少学者皓首穷经，查遍历史，到现在仍旧没有达成共识。

在此情境下，我们不得不做如此之想，即在时间之中，人类在不同历史时期的自身发展变化，因为史载不详，构成了现在人们研究与认知角度的不同，也在其不断的演进中，因少数民族的政治制度、生活方式、宗教信仰、环境地位等发生了本质性的迁移，或不能够适应社会发展而被淘汰，或因为某种内部原因而派生出新的民族部落。

所谓的发展就是不断扬弃和再造的过程，民族也是如此。当我们回身来看曾经闪烁于历史星空中的诸多民族，就会发现，一切演进都源于历史实际，而一个国家、群体和民族的一切也都必然受其影响。

东周之后，匈奴及北部边疆民族与中原的摩擦和战争从未间断过。公元前625年，雄心壮志的秦穆公采用了内史廖之的策略，将绵诸王（约周末年由西东迁入甘肃，定居天水。据唐初魏王李泰主编的《括地志》载："绵诸城，秦州秦岭县北五十六里，汉绵诸道，属天水郡。"）由余（一作繇余，罕之第三十七世孙，秦穆公谋臣之一）挽留在国内，修筑行宫，送去女乐，使之乐不思返，最后甘心归附于秦。

在秦对昆戎、翟、义渠、乌氏、朐衍之戎、大荔之戎、陆浑之戎等战争中，绵诸王发挥了独特作用，使秦国可以腾出手脚，全力对付晋国。公元前300年，战国时期最伟大的君王之一武灵王（赵雍）鼎力改革，胡服骑射，连续痛击中山国和林胡、楼烦等部落，先后在北疆设置了雁门郡（今山西神池、五寨、宁武以北地区）、云中郡（今内蒙古大青山以南、黄河以南，长城以北之间）。动用数万人修建了专门用来防御夷族入侵的两道长城，一道在今内蒙古乌加河、狼山一带，另一道在今内蒙古乌拉特前旗、包头、呼和浩特至河北张北县沿线。

赵惠文王时期，李牧（？—前229年，赵国名将，以抗击匈奴，阻击暴秦，屡战屡胜著名）受命驻代郡、雁门郡（今山西代县西北）等地，采取"坚壁清野，不令所获"的战略，将匈奴拒之门外，为赵国积蓄了国力。后赵惠文王听信谗言，对李牧的被动策略给予了责罚，调回邯郸任职。

李牧被卸职，匈奴即组织兵力大举进攻。赵国守将带军出击，在善于闪电战和运动战的匈奴军前一败涂地。匈奴趁机入寇，附近郡县被抢掠一空。赵惠文王只好再次起用李牧。李牧用计，先示弱，诱使匈奴冒进，后率军突然出击，一次性斩杀匈奴十余万兵众。"自此，匈奴不敢近赵边。"（司马迁《史记·李牧列传》）

公元前215年，蒙恬受命，率军三十万出塞，北击匈奴，一举收复河套、阳山（今河北卢龙县附近，一说今阴山）、北假（今内蒙古河套以北、阴山以南夹山带河地区）等地区，匈奴被迫后撤千余里，"不敢南下而牧马"。（贾谊《过秦论》）公元前210年，秦始皇在今河北隆尧（沙丘）驾崩。

随行的官员赵高（宦官，成语"指鹿为马"的创造者）、李斯(前284—208年，字通古，今河南上蔡西南人)秘不发丧，假传诏书，赐死太子扶苏（秦始皇嬴政长子，富有政治远见和仁怀道德，以为天下未定，百姓未安，反对嬴政"焚书坑儒""重法绳之臣"等政策，因而被贬至上郡监蒙恬军。秦始皇驾崩，赵高、李斯等人以"为人不孝""士卒多耗，无尺寸之功""上书直言诽谤"等为借口，逼其自杀），蒙恬被解除职务后押回长安，不久被逼服毒而死。

其时，秦境内烽烟四起，战火连天。匈奴趁机放马南下，收复了被蒙恬攻取的领地。公元前200年，已经取得中原战争全面胜利的汉高祖刘邦，不听陈平、刘敬劝谏，率军三十万进击匈奴，在今山西大同白登山陷入匈奴冒顿单于早已布设的埋伏圈。后用陈平之计，方才脱围。同年，刘邦采纳刘敬和亲建议，"遗女于匈奴"。（司马迁《史记·刘敬列传》）这一缓兵之计虽然并没有真正挡住匈奴在边境抢掠的马蹄，但一直平稳延续到汉武帝继位前二十年，即公元前130年左右。

2. 东胡和月氏

历史总是惊人的相似，且蹊跷得令人匪夷所思。

东胡应当是通古斯，而通古斯正是东胡的意译。所谓的鲜卑也是"西伯利亚"的转译，鲜卑民族即是在西伯利亚地区以通古斯河为中心四散活动的北亚民族（参见林惠祥《中华民族史》）。但有的学者对此解释并不认可。《山海经·海内西经》说："东胡在大泽东，夷人在东胡东。"大泽即今内蒙古达来诺尔。东胡在大泽东，其发源地在今西拉木伦河流域。有的学者认为东胡出自殷商氏族，即箕子后裔。还有人认为东胡即"屠何"的后期族群，属东夷。也有人认为春秋时山戎也是东胡的前身。

关于东胡之后的鲜卑和乌桓源流，林干先生在《东胡史》中说："一是匈奴系统；二是突厥系统；三是东胡系统。这是指狭义的北方民族，即指主要活动在大漠南北（清初以来称为内、外蒙古的草原地带）的各族而言；若从广义，还应包括活动在今东北三省的肃慎系统和活动在今新疆的西域各族。东胡族系，源远流长。除两汉时的乌桓和鲜卑外，魏晋以后有由鲜卑分化出的段部（徒何）、慕容（吐谷浑在内）、宇文、拓跋、秃发、乞伏等部；北魏时又有柔然；唐末五代十国时继起的还有契丹、库莫奚、室韦，及辽、金时兴起的蒙古，都是属于东胡一系。"

据记载，匈奴、东胡、丁零等民族和部落早在周幽王时期，就参与了中原王权的变更活动。此后，不断深入齐国、燕国、赵国、秦国等边疆骚扰，以快马长刀，进行持续不断的抢掠。游牧民族不掌握农耕技术，日常生活中必备的布匹（特别是在当时贵族间流传甚广的丝绸制品）、盐粒和茶叶、陶瓷等日常物品非常匮乏。当对方强盛时，以生铁、皮毛等交换，当对方赢弱时，便采取野蛮的方式掳掠。

这也是游牧民族必要的生存策略，也因此形成了"以力为雄，以弱为耻"（司马迁《史记·匈奴列传》）的传统价值观，以及"利则进，败则退，不羞遁走"（《史记·匈奴列传》)的民族性格。他们以家庭为单位,平时放牧,战时则全民皆兵,以一百人为一作战单元,一千人为一个纵队。再向上,则是世袭制的贵族,左右贤王居于汗王之下,再以下有左右谷蠡王、左右大将、左右当户等。东胡政体与匈奴有相似之处。据说,其架构者正是在东方匈奴历史上的最强者冒顿。

冒顿幼小时,不讨父亲头曼喜欢。头曼在一个阏氏的蛊惑下,要废长立幼。为铲除冒顿,将之送到与匈奴关系一直很紧张的大月氏国做质子。冒顿被送过去还没有一个月,头曼便大举进攻月氏国。等月氏应付完战事,转头要杀冒顿时,却发现冒顿已经趁乱逃回了匈奴。

别说月氏国对此惊诧不已,当冒顿骑着快马奇迹般地返回匈奴单于庭,头曼也非常惊讶。冒顿心知肚明,但没有怨言,只是请求头曼给他一万兵士。在随后不长的时间里,冒顿严训精兵,令属下军士唯其命是从,先射父亲头曼良马,有人犹豫,当场格杀,再射其父阏氏,又有人犹豫,再杀之。

从此后,无人不敢遵从冒顿的命令,他刀指的方向,就是死亡的方向。冒顿见属下军士无有不从者,认为时机成熟,在头曼不备的情况下,万箭齐发,弑父而自立为单于。

继位后的冒顿首先在国内铲除异己,得知这些情况的东胡、月氏等国汗王和臣子们以为冒顿可欺，常取笑他。其中，东胡仗着自己力量强大，先是索要冒顿良马，冒顿不顾臣子反对，笑着送上。东胡再要其宠爱的阏氏，冒顿再次力排众议，将自己的女人送与东胡。

东胡一再试探，得到的结论是，以冒顿为首的匈奴部落软弱可欺，只会窝里斗，不会对自身形成威胁。东胡大放其心的同时，再次向冒顿开口，索要两方交界处的一块闲置土地。这一次，冒顿表面上答应，暗地里召集各路兵马，倾全国之力，连夜奔袭东胡。东胡在毫无防备的情况下，包括其汗王在内的数十万人遭到屠杀。

冒顿单于一鼓作气，回城途中，扫荡了丁零、乌桓、白羊、楼烦等散落民族，使之尽为匈奴所属，而后又继续向西掘进，"以灭夷月氏，尽斩杀降下定之。楼兰、乌孙、呼揭及其旁二十六国皆已为匈奴。诸引弓之民并为一家，北州以定"。（司马迁《史记·匈奴列传》）

自此，东胡彻底失去了与匈奴抗衡的能力，最终遁迹通古斯河及长白山山林之中，再也没有以东胡的名称出现在中国的史册上。而后于公元1世纪，才以鲜卑、乌桓的名义在中国历史舞台上出现。

当时，东胡的人口和战力是优于匈奴的。冒顿初任单于时，国内控弦之士可能还不到十万，而东胡有四十万人可以直接参战，双方力量悬殊。冒顿敢于放手一搏，显然是用了一些战略技巧，其智慧和能力为匈奴历史上所罕见。

解除了东胡的威胁之后，冒顿一鼓作气，率军对大月氏进行了沉重的打击。

据班固《汉书·西域传》记载："大月氏本行国也，随畜移徙，与匈奴同俗。控弦十余万，故强轻匈奴。本居敦煌、祁连间，至冒顿单于攻破月氏，而老上单于杀月氏，以其头骨为饮器，月氏乃远去，过大宛，西击大夏而臣之，都妫水北为王庭。其余小众不能去者，保南山羌，号小月氏。"

月氏起源于南乌拉尔山和南西伯利亚一带，"月氏这一名称是我们从汉文的译音，至少是在这种形式下得来的，已经存在很长时期。许多东方学家长期倾向于把月氏人与吐火罗人（他们于公元前2世纪从突厥斯坦迁往巴克特里亚，希腊历史学家正是从这一迁徙中了解到他们）以及希腊史书称的印度-塞人等同起来。就此看来，吐火罗与印度-斯基泰是一个民族在它生存的两个时代中的不同名称，它被认为是斯基泰族系，即印欧种族人"。（勒内·格鲁塞《草原帝国》）此外，月氏人与早期居住在里海以东的马萨各他（Massagatae）人关系紧密。

月氏较为确切的驻牧地应当在今甘肃张掖、武威、敦煌一带，南以祁连为屏障，北控古称流沙的巴丹吉林沙漠及今内蒙古额济纳大部区域，北部才是对匈奴敞开的缺口。匈奴大规模南进，几乎不费吹灰之力，便将大月氏向西迫千里，退至西域伊犁河流域和中亚一带扎根。而他们先前的领地，则被冒顿纳入掌控之中。

随后，大月氏还是没能在西域永久性地定居下来，后又在冒顿之子稽粥，即后来的老上单于痛击下，其汗王被杀，头颅被稽粥做成了漂亮的镶金酒具。其残部也不得不唱着哀歌，翻越葱岭，征服并占据了索格底安那（"妫水"以北，即阿姆河以北）地区，建立了监氏城，并在此乐不思蜀，对张骞要他们回转马头，东西夹击匈奴的建议婉言谢绝。

匈奴人不仅收回了被秦帝国占据的千余里领地，且通过有效的战争，迫使东胡东遁、月氏西迁，自此后，"匈奴成为亚洲高原帝国的主宰。在鄂尔浑河的发源地，就存在着单于的一座主要行宫，或者说是他在夏季的一个驻营地。他们的另外一个中心是被汉人叫作龙城的地方，其位置似乎应当在戈壁南部翁金河的下游一带。他们完全地统治了戈壁的东部地区。在外蒙古，鄂尔浑河流域内的和林附近建有单于的行宫；在内蒙古，他们的领地达到了秦代长城之下。他们的骑兵在中国领土上大肆侵略。公元前167年,他们进入陕西,直至彭阳(长安以西),焚毁了一座皇宫。公元前158年,他们又回到渭河以北,直逼长安。公元前142年,他们攻打到山西大同雁门附近的长城。汉武帝(公元前140—前87年在位)登基的时候,中国的边界正受到他们的骚扰"。(勒内·格鲁塞《草原帝国》)

这是发生在历史黎明时期蒙古高原的热血史诗,尽管其中有残忍的杀戮,不文明的俘虏政策,弱肉强食的丛林法则,但在暴力年代,这一切或许都可以被看作成功的必要手段。作为大部落联盟的领导者,冒顿的政治智慧、战略思维和战争技巧比之中原谋略家毫不逊色。甚至可以说,在蒙古高原早期游牧民族中,类冒顿者绝无仅有。

但是,冒顿只是和刘邦有过一次较量,在山西大同的白登山,冒顿以四十万大军包围了刘邦的三十万人马。一周时间,刘邦军队的粮草吃紧,而匈奴则在山下点火烤肉。最终刘邦以陈平之计,使人重贿冒顿的阏氏。其中可供猜测的谜也有很多,《史记》和《汉书》中都以汉地不可居和冒顿阏氏心生嫉妒,怕冒顿夺取中原后再宠幸其他女人,就对冒顿单于说:"两主不相困。今得汉地,而单于终非能居之也。且汉王亦有神,单于察之。"(《史记·匈奴列传》)但这个借口似乎有些站不住脚。另一点是，刚刚投降匈奴的韩王信属下将领赵利、王黄没有引兵赶来，冒顿恐其与西汉有谋，又听从阏氏之言，才解围一角，放回刘邦。

3. 帝国的将军们

"誓扫匈奴不顾身，五千貂锦丧胡尘。可怜无定河边骨，犹是深闺梦里人。"这是晚唐诗人陈陶在名作《陇西行》中对西汉名将卫青、霍去病征讨匈奴的历史追忆，陈陶侧重书写了战争对普通将士和民众的摧残与苦痛。

但不管怎么说，冒顿在蒙古高原乃至西域的一系列作为，可以说是对蒙古高原的民族及其文明进程的一次深度翻犁，是游牧民族在史前年代一次闪电般的炸响与宣示。尤其是对促进欧亚大陆的民族融合、文明形成，有着独特且及时的进步意义。可是，任何王朝都无法逃脱兴亡这一自然规律，始终没有创立自己文字的游牧民族尤其如此。以自然灵物崇拜的萨满教为信仰的匈奴民族，即使是天纵其才、堪称一代天骄的冒顿单于（撑犁孤涂），也没有意识到这一点。或者他意识到了，但缺乏相应的人才。没有文字，就不可能使得民族文化得以传承；没有文字，本民族的历史就会是一片空白，其消亡也就成了必然。

文化是民族之魂，文化是民族之根。冒顿没有做好这项工作，他的后世子孙"上帝之鞭"阿提拉也没有去做这项工作。匈奴民族的最终消失，绝不是某个人的问题，也不是战争胜负的问题，归根结底是有无自己民族专有文字和文化传承的问题。

果不其然，获胜者匈奴帝国的好景也不长，冒顿死后（公元前175）继任者老上、军臣等匈奴实际统治者不仅在才略上不及冒顿，在对形势的判断上也差强人意，更谈不上雄才大略。对西汉的战争几乎没有取得过任何重大胜利，反而被西汉魏尚等人击败多次。公元前139年，汉武帝决心对匈奴实施军事打击，消除边疆之患。

同年，"为人强力，宽大信人"（《史记·大宛列传》）的张骞出使西域，这显然是一次空前绝后的冒险之旅。"凿空"西域，打通中西，自此，光耀千古的丝绸之路正式出现在人类历史上。

张骞的这一旷古作为，如何赞美都不为过。自他发足长安，西及中亚诸国之后，丝绸之路便在人类文明进程之中正式横空而出，虽然当时张骞历经千难万险给西汉带回的有形成果微乎其微。但其"凿空"西域的意义，犹如强劲的弓弦，弹射出不朽之光。第一，张骞为西汉帝国打开了一双远眺眼，使得帝国拘囿的目光第一次越过帕米尔高原和神山昆仑，看到了帝国之外的庞杂存在与人类文明。第二，张骞对西域、中亚各地的深度探访，窥破了西域乃至蒙古高原背后的地理、政治、军事"秘密"，并绘制了详细的路线图。这等于看透了匈奴帝国的腹背，使之透明起来，为汉武帝的决策提供了强大的信息支持。第三，张骞个人及其团队的非凡作为，是中国在历史黎明时期对西域的一次大胆的、开创性的冒险行动，对世界文明史有着前无古人后无来者的巨大贡献。

正因为张骞的这一勇敢行动，公元前133年6月，塞外新草萌发，春意料峭，而长城之内的汉疆已果实满枝，不堪侵扰的汉武帝听从聂翁壹与大将王恢建言，令韩安国率公孙敖、李广等人，将兵十万埋伏于马邑。

马邑（今山西朔州）这个名不见经传的小镇，是开启汉匈之战的一把钥匙。军臣单于带着人马连夜奔往马邑，行进间，抬目四望，正蹊跷正值农忙季节，四野竟不见一只牛羊，田地里也无人劳作，心中顿时起疑，急令撤兵。等他们刚回转马头，汉军从山上呼啸而出。可惜，军臣单于并没有进入汉军的包围圈。

计谋失败，王恢怕汉武帝问罪，自己抹了脖子。至于那位商人聂翁壹估计也受到了相应惩处。

马邑之谋虽然以失败告终，但从中可以看出西汉军民对匈奴的反感和痛恨是一致的，全国军民已经形成了反击匈奴的勇气和信心。

公元128年，张骞与飞将军李广同出陇右进击匈奴，但匈奴早就掌握了情况，及时后撤数百里，李广和张骞这一次出战并未遭遇匈奴主力部队。李广将军，这个战功赫赫、令匈奴闻风丧胆的"飞将军"，爱兵如子的武中仁者，其个人命运在司马迁的笔下有着催人泪下的叙述。早年间，在平定七国之乱中，李广骁勇无比，沿路过关斩将，并夺得帅旗，"显功名"于城下（《史记·李将军列传》）。可惜，因其在无意中错受了梁王（名刘武，汉文帝第二子）的封印，最后论功行赏的时候，未能得到汉景帝的奖赏。

匹夫无罪，怀璧其罪。武将的最好年华是在青年时期，而文帝、景帝厌战，也就是平常所说的"修文偃武"、励精图治，对匈奴采取的仍旧是怀柔政策，以和亲、给予物产维持北部边疆的和平。由此，李广也没有了实际的作战机会，在代郡（今河北蔚县西南）、陇西（今甘肃天水一带）、上谷（今河北怀来县）等地镇守边疆，只是与匈奴有过小规模的摩擦。

到汉武帝刘彻当政时，西汉终于决定与匈奴决战，李广先后六次在卫青麾下出击匈奴。但卫青始终不给李广以正面对敌、纵马北疆的机会，总是在打一些擦边球——不是半途迷路，就是舍身诱敌深入。

其子李敢虽被封为关内侯，可没过一年，便被霍去病借机射死。原因很简单，公元前109年，李敢及李当户、李椒三兄弟跟着李广随卫青出击匈奴（即公元前汉匈间具有决定性意义的漠北之战），李广和赵食其因无向导半途迷路，没有发挥作用。卫青大胜后，派属下幕府给李广送干粮，问起缘由，李广没有回答。卫青又派人去和李广对质，并要将此上报汉武帝。李广沉思了一下，开口说，错误全在我，与属下将士无关。后来，越说越悲愤，凄然道："广结发与匈奴大小七十余战，今幸从大将军出接单于兵，而大将军又徙广部行回远，而又迷失道，岂非天哉！且广年六十余矣，终不能复对刀笔之吏。"（《史记·李将军列传》）而后拔剑自刎。

李广自杀，李敢悲痛至极，一时控制不住，冲撞了卫青。霍去病不忿，借在甘泉宫陪汉武帝狩猎之机，一箭射中李敢脑袋。汉武帝明知霍去病是有意射杀李敢，却袒护说是被鹿撞死的。再就是悲剧性人物李陵的命运，也令人扼腕叹息。李陵独带五千羸弱步兵深入漠北寻击匈奴主力，被包围后苦战八昼夜，始终不妥协。最后，自忖不能全身而退，让属下四百将士突围,自己却被匈奴活捉。

钱穆先生《秦汉史》中,对李氏家族给予了高度评价,笔者作为一个追慕李广家族的后来者,极其认同钱先生这一段精妙之言:"卫霍李广利之属,名位虽盛,豪杰从军者贱之如粪土。李广父子愈摈抑,而豪杰愈宗之。……其时军人亦壮烈多可称道。著者如李广及子敢,孙陵,皆奇才。而李陵将勇敢五千人屯边,陵称其皆荆楚勇士,奇材剑客。徒步出居延北千余里,独挡单于八万骑。转战八日,杀伤过当。及陵降,而陇西之士居门下者皆用为耻。其时陵副韩延年战死,军人脱归者四百余人。李陵之才气,及其全军之勇决,令千载下读史者想慕不已。"

而李陵的悲剧,比其祖父李广的个人命运遭际更具有穿透力。公元前99年,苏武因受牵连,被匈奴扣押,放逐北海边(贝加尔湖)牧羊,李陵前往劝降,当然是没有任何的效果。苏武后来返回汉廷,被封侯,并典属国(专门负责民族和外族交流事务的机构)。又受李陵所托,前往陇西成纪李氏宗祠祭拜。李陵在匈奴先后任地方官,主要辖区在今西伯利亚附近,后终老于匈奴。

与此同时的还有路博德、李广利等人。赵破奴早年在匈奴生存过,对匈奴可以说是了如指掌,后同其子在翁金河畔

库车的佛塔 卢一萍摄

遭遇大风暴，被匈奴生擒。匈奴以为赵破奴可以为己所用，故留之不杀。而路博德伺机脱逃，后又在西域与匈奴的战争中屡建奇功。今甘肃金塔至内蒙古额济纳弱水河流域的汉代亭嶂、侯官府、长城等军事设施便是赵破奴负责修筑的。可惜的是，赵破奴也和远征大宛的李广利一样，在汉武帝后期的巫蛊案中受到牵连，被满门抄斩，李广利于回返途中遭到匈奴埋伏，先是被俘，稍后被杀。

4. 冒顿的后裔

位于鄂尔多斯草原南部萨拉乌苏河畔的统万城，是至今唯一遗存的匈奴民族修建的城堡（此外还有武威的休屠王城）。公元407年，匈奴汗王赫连勃勃拥兵自重，建立夏国，并于凤翔元年（公元413年）驱役十万各族人民，采用"蒸土筑城"（房玄龄《晋书·统万城铭》）法建造了这座匈奴都城，名曰"统万"，寄寓了赫连勃勃"统一天下，居临万郡"（《晋书·统万城铭》）的雄心壮志。

然而，夏立国不到二十六年，其后世赫连昌于428年被北魏军生俘，旋即被杀，其弟赫连定称帝，三年后，亡于吐谷浑。

十六国时代，是一个民族大融合的年代，各路人马拥兵自重，且每个集团首脑都有着称王立国的野心和实际行动，但最终也只是勉强维持。在汉化或半汉化匈奴这一脉中，以前赵刘渊为开端，到沮渠蒙逊收尾，结束了在东方政治舞台的演出。早年的一支败于西汉王朝，另一支被陈汤、甘延寿大部歼灭于郅支城的匈奴民族，则再次唱着悲怆的古歌，脚步踉跄地没入茫茫中亚腹地。

去看统万城，最好的时间是夏日傍晚。于磅礴日晖中，残破城墙，风吹如号。身处其中，不觉满身凉意。无定河无声流淌，日渐减少的河水，泛着刺眼的光芒。河边芦苇头颅高昂，整齐摇晃。

这是历史在此地的一种无声诉说，同时也是一种昭示。

公元前33年，在哈萨克斯坦境内失利的匈奴郅支单于（后被陈汤大军斩首，其头颅被挂在城墙上。"明犯强汉者，虽远必诛！"《汉书·陈汤传》）杀了一个为祸西域多年的呼图吾斯，震慑了西域大小部落。自此，汉威远扬，连中亚的大小部落都闻听风声，对东方帝国产生了强烈的好奇心和无限憧憬。同年，依附于汉朝的南匈奴领袖呼韩邪单于迎来了汉女王昭君。三年后，呼韩邪单于死，其子继位，再娶王昭君为阏氏，昭君向汉元帝请归，不被允许。三十三岁那年，昭君郁郁而死。

当西域的匈奴被击败,远遁中亚,中原王朝对西域的控制力才达到了前所未有的强势期。斯时,奔行于张骞与亚历山大大帝共同开通的丝绸古道上的,大都是从印度、巴基斯坦、阿富汗乃至今新疆区域内城郭诸国向东行进的使者,带着他们最昂贵的方物与特产,向着西汉王朝俯首称臣、顶礼膜拜。

但不过一百年时间,西汉崩溃,中原混战,西域再次与中央王朝断绝了关系。到汉光武时代,虽然脱离了西汉的控制,但匈奴内部仍旧是分裂的。南北匈奴时常兵刃相见,自相残杀。而刘秀采取的是两边都不得罪的策略,有时也拉拢一方,打击一方,使他们在内耗中不但得不到统一,而且损失严重。

再后来是班超家族的勇士们,班勇、班固等人几乎把自己一生的精力和时间用在了帮助东汉政权稳妥对西域诸国的控制上。西域在汉朝的怀抱里得而复失,或失去再以军事方式争取回来。这里面一个显著的标识是,当中央王朝处于高度稳定的阶段,西域必定附庸而来。反之,西域民族乃至周边的高句丽等也都是以背叛,甚至反戈一击、落井下石等形式来应对。

三国、两晋、十六国纷乱之间,公元398年,鲜卑族后裔慕容德在邺城（今河北临漳县一带）称帝，后迁至河北固安一带。几乎与此同时，早年流散于中亚一带，且销声匿迹淡出历史视野的北匈奴后裔再度崛起，似乎一夜间就成了欧亚大陆上一架马力十足的"发动机"。这些"毋文书，以言语为约束"的游牧人军队，借助欧亚大陆自东向西之间的天然坡度，以快马响蹄、弯刀鸣镝，席卷了整个欧亚大陆，在匈牙利勒住马头，展开对整个欧洲的军事野心。

这是继公元前176年和174年，东方匈奴冒顿及其继任者稽粥（老上单于）先后两次打击大月氏，从而引发中亚至欧洲一系列民族大迁徙后，匈奴民族在世界历史上进行的又一次短暂且又充满激情的精彩表演。西进的匈奴人不仅向中亚和欧洲倾泻了如蝗虫般的马蹄和鸣镝，还带去了东方游牧民族在公元2世纪左右就发明并广泛使用的马镫。

这个具有划时代意义的发明，结束了欧洲民族跨马征战坐不稳、战力不够的致命问题，大大加速了欧洲文明的进程。正如英国科学史学家怀特所说："很少有发明像马镫那样简单，而又具有如此重大的历史意义。马镫把畜力应用在短兵相接之中，让骑兵与马结为一体。"

匈奴人自古以来的生存策略是以战止战、以战养生。这是他们的民族习性，也是生存的主要手段。当东方匈奴被逐出蒙古高原之后，一度在史书记载中绝迹。没有人知道他们去了哪里，又是怎么样的一种生存状态。直到公元432年，北匈奴后裔分散的部落被一个名叫鲁嘉（Ruga）的领导者再次统一起来，成为一股横扫欧亚大陆的强劲闪电。他们显然是众多民族的集合，如同在蒙古高原时期一样。勒内·格鲁塞在《草原帝国》里说："阿提拉的帝国以突厥人为核心，同时包括散布于乌拉尔山与莱茵河之间的所有蛮族，如萨尔马特人、阿兰人、东哥特人、格比德人等。与成吉思汗的帝国一样，在蒙古大旗下的不仅仅是蒙古人，还有突厥人和通古斯人。"

434年，鲁嘉死，阿提拉和布莱达（Bleda）继承了汗王之位，共同统治匈奴人。但不过两年，阿提拉谋杀了布莱达，统一整个匈奴。随后，阿提拉一路向西，连续击败了阿兰人、哥德人，置其于自己的统治之下，继而又向罗马讨要回早年叛乱的几个部落。旋即又围攻拜占庭帝国，久攻不下，转而向波斯帝国发动战争，但在亚美尼亚遭到了失败。

公元439年，阿提拉开始把注意力集中在西欧。在其强大攻势下，已经脆弱不堪的西罗马帝国与之结盟，共同对付图卢兹的强大西哥特王国。在阿提拉率领下，匈奴人在欧洲战场节节胜利。440年，阿提拉横渡多瑙河，把伊利里亚地区（今巴尔干半岛西部地区）和色雷斯地区彻底摧毁，其中包括省会费米拉孔。许多国家谈匈色变，避之不及。阿提拉一路上势如破竹、战无不胜，一直打到马古斯，连续击败和降服了拜占庭、比利时、法兰克等国家和部落，疆域呈几何倍数扩大，收受税负不计其数。449年，匈奴疆域东起咸海，西至大西洋海岸，南起多瑙河，北至波罗的海，其间附属国遍布，无条件向阿提拉称臣纳贡。

阿提拉不仅要财富，而且还从各个附属国征调兵员，由他指挥作战。451年，西罗马帝国皇帝瓦伦丁尼安三世与其妹妹霍诺利亚（Honoria）主动提出与阿提拉联姻，阿提拉欣然答应，但却又向西罗马提出联姻条件：不但将其妹妹送来，且要瓦伦丁尼安三世拱手交出西罗马全国一半行政管辖权。

这是胜者的蛮横，瓦伦丁尼安三世断然拒绝。同年，已经被匈奴征服多年的法兰克人节外生枝，其国王死后，两个儿子为争夺王位斗得不可开交，其中一方向阿提拉求援，阿提拉当仁不让，介入法兰克人的内部纷争。有历史学家指出，阿提拉此举，是想用他的马鞭把势力范围跨越高卢扩展至大西洋海岸。

452年，阿提拉挥军越过阿尔卑斯山，以匈奴民族"来如闪电，去如飞鸟"（《后汉书·匈奴列传》）的良好野战技术，再加上善于奔跑的良马，发出锐响的鸣镝，蝗虫一般地冲向罗马帝国核心——意大利本土。沿途匈奴人大开杀戒，接连摧毁城市，其中，军事重镇亚基利（Aquileia）就此从地图上消失。到意大利北部波河，阿提拉下令暂停进攻。西罗马瓦伦丁尼安三世惶恐不已，从拉文纳逃到旧都罗马，旋即派出由教皇利奥一世、元老院首席议员阿维努斯（Aviennus）、禁卫军统领特里杰久斯（Trigetius）等人组成的议和团。

阿提拉接受了西罗马帝国的议和条款。但阿提拉同时也放出狠话说，若是罗马帝国违反婚约，他会再次入侵！

这是一匹狼的宣言。阿提拉曾说过："被我的马践踏过的地方，都不会再长出新草。"由于极度的恐惧，西方人将阿提拉称之为"上帝之鞭"，意思是阿提拉是上帝派来惩罚他们的人。

公元453年，得胜归来的阿提拉并没有因为西罗马的妥协而停止战争，而是在紧锣密鼓地策划再次攻打君士坦丁堡。与此同时，如日中天的阿提拉再次迎娶了一个哥德或勃艮第裔的美女伊笛可（Hildico）为阏氏。婚后第二天一大早，人们发现阿提拉暴死婚床，身上毫无伤痕，但口鼻中有淤结的鲜血。

驰骋大半个欧洲的阿提拉死了。有史学家推测，阿提拉是因饮酒过度，睡梦中鼻腔血管破裂，血液倒流，致其窒息而死。还有一个猜测是，阿提拉被新迎娶的女子用短刀刺中咽喉暴毙而亡。前一种猜测可能更符合事实，后一种则有些牵强。但不管怎么说，在欧亚大陆飞扬跋扈多年的匈奴帝国最后一个汗王，当时世界上最强悍的军事领袖，以蹊跷的方式告别了人世。在对待阿提拉的问题上，西方诸多研究者总是用一种猜疑的、妖魔化的方式进行叙述。

公元4世纪前半叶，蛮族入侵不仅是亚欧大陆上一个独立事件，而且全球也都在经历着这种阵痛。

公元454年，阿提拉的子孙们在战争中失利，人心分散，阿提拉和不同族裔阏氏生的众多儿子们缺乏统一的领导核心，且利益方向不同，诉求各异，使得匈奴帝国就此分崩离析——"阿提拉于公元453年过早地去世，这个混杂的帝国也就随之自行灭亡了。东哥特人与格比德人首先叛变，他们在班诺尼亚的一次大的战役中将匈奴人击败，阿提拉的长子埃拉克在此次战役中被杀（公元454年）。这时，匈奴人在阿提拉的儿子腾吉齐克的率领下又重新回到俄罗斯草原，而阿提拉的其他儿子则来到了罗马帝国。罗马帝国将阿提拉的一个儿子埃讷克安置在多布鲁甲，另外两个儿子额木尼查尔与乌金都尔安置在麦西亚。而腾吉齐克又一次率领匈奴人在多瑙河下游攻击东罗马帝国，结果战败被杀。他的头颅被陈列在君士坦丁堡的马戏场里（公元468年）。之后，残留下来的匈奴人部落分为两部分，生存于黑海以北的地方，库特里果尔匈奴人游牧于亚速海以北，兀都果尔匈奴人则流浪于顿河入海口附近。这两个匈奴人部落很快变成了仇敌。他们之间的分裂是拜占庭运用外交手段在暗中进行挑拨引起的。公元545年左右，查士丁尼大帝曾鼓动兀都果尔的散的勒克王子去攻击敌库特里果尔的匈奴部落，库特里果尔人遭到散的勒克王的屠杀。但他们在国王匝别干统治的时候得到了复兴。公元558—559年冬季，匝别干和他的部落从冰上渡过多瑙河，出人意料地在君士坦丁堡城下出现。但由于贝塞留将军拯救了首都，匝别干又重新回到顿河草原，在那里继续和散的勒克国王进行斗争。两个兄弟部落间的战争再次开始之后，一直难以和解。当第三个游牧部落——阿瓦尔人从亚洲到来的时候，这场战争还在进行着。阿瓦尔人把他们都击败后，全部占领了俄罗斯草原帝国。这次新的侵略引起了亚洲高原的几次革命，是突厥历史上的奇迹。"（勒内·格鲁塞《草原帝国》）直到2004年，匈牙利二千多人仍要求政府承认他们的匈奴族后裔身份，但未获批准。

而在阿提拉还没有开始掌权并横扫欧洲时（1世纪），东方蒙古高原上的鲜卑，再度活跃在中国历史舞台上。

5. 从鲜卑到北魏

鲜卑族是继匈奴之后在蒙古高原崛起的游牧民族，起源于东胡族，是东胡的后裔。侥幸存活下来的那些东胡人一部分逃到鲜卑山，一部分遁入乌桓山，均以山名作为族名，形成鲜卑族、乌桓族。

从谭其骧先生主编的《中国历史地图集》看，所谓的鲜卑山即是今天的大兴安岭北麓。1980年7月，考古工作者发现了位于内蒙古呼伦贝尔盟鄂伦春自治旗阿里河镇西北深山密林中山崖上的"嘎仙洞"。洞中有少量陶器、石器和骨器，还有遗留的石刻铭文，铭文与《魏书·礼志》"国有大鲜卑山，因以为号，其后，世为君长，统幽都之北，广漠之野，畜牧迁徙，射猎为业，淳朴为俗，简易为化，不为文字，刻木纪契而已"记载较为符合。

乌桓山，又名乌丸山，大约在今西拉木伦河两岸及归喇里河西南地区，一说在今内蒙古阿鲁科尔沁旗以北，即大兴安岭山脉南端。乌桓一度曾成为匈奴的附属，在冒顿的直接领导下，参与了匈奴对西汉的战争。公元200年的白登之围，冒顿所属的四十万大军之中，就有乌桓部落。

东胡也算是一个古老的民族，他们的历史可以追溯到上古时期，如匈奴民众一起，也与夏商周历朝有过正面冲突。《逸周书·王会篇》有"东胡、黄罴（pí）"的记述。与东胡和匈奴同时出现的，还有屠何、孤竹、令支等族同为边疆民族。战国后，促使偏远小国燕国成为战国七雄之一的燕昭王在任期间，招募贤才，乐毅、秦开等助其兼并了其中一些部落。《山海经·海内西经》载："东胡在大泽东，夷人在东胡东。"大泽据考证是今天内蒙古的达来诺尔，另说为贝加尔湖。东胡在大泽东，在今西拉木伦河流域，其中的夷人应为居住在今辽东一带的东夷。司马迁《史记·匈奴列传》载，晋文公继位初期，"晋北有林胡、楼烦之戎，燕北有东胡、山戎"。

从1世纪开始，鲜卑就开始了对中原的不间断入侵。当然，与这一民族一起搅动当时"中国"的，还有匈奴、氏族、羯族。但大都不成气候，立国也速，灭国也快。

无独有偶的是，当东胡后裔鲜卑再次强大的阵容出现在历史舞台上的时候，其统一北方的汉王拓跋焘竟然与阿提拉生在了同一个世纪，就连发迹与死亡的时间也相差无几。阿提拉生于公元406年，死于453年。拓跋焘生于公元408年，死于452年。阿提拉在公元436年达到了事业顶峰，拓跋焘在公元425年开始，先后多次深入漠北，痛击柔然，到449年，曾经威震大漠的柔然慑于其武功谋略，再不敢与北魏进行正面冲突，向北撤退。拓跋焘在世期间，柔然"怖威北窜，不敢复南"，"边疆息警矣"。（北齐·魏收《魏书》卷一百三）

当然，从武功谋略、野心、政治智慧甚至残暴程度、对后世的影响等方面来说，拓跋焘远不能与阿提拉相提并论。

阿提拉的影响是全球性的，拓跋焘的活动范围只是在今西伯利亚、蒙古、北京和山西、甘肃一带，他的一系列武功作为，只是对当时你方唱罢我登场的黑暗乱世产生了一定的政治影响和军事压力。但阿提拉是一个勇于摧毁的人，而不是一个建造者。北魏时期最大的贡献就是留存于今甘肃敦煌莫高窟、马蹄寺石窟、麦积山石窟，山西云冈石窟，河南龙门石窟之中那些历经千年仍旧令人为之惊叹的艺术痕迹。

天水：伏羲之地和李氏家族

　　这莽苍的黄土，暗含寂寥、怒吼、火焰、动力、刀锋、民谣、孤独、血流、暖意、屈辱、梦魇、幻想、日月光明与黑暗，派生天地，腾跃洪荒，每一座都起伏有致，如龙如奔，抑或似乳似腹，其上的草木、村镇，却是稀疏的。可在我眼里，甚至内心、灵魂和精神当中，却深厚博大、苍茫无匹。这样的一种地质构成，极易令人想起，或干脆就是《易经》中坤卦卦象的具体体现与象征。在遥远的上古时期，我们的先贤圣者便认为，所谓的大地，便是以"载物""容物"为其先天的主要使命，无论怎样的事物，包括人对自然、自然之间的冲撞与互毁、撕裂、深陷、移动与凿开等，不管伤口多深、破坏程度多大，哪怕是十多颗核弹和氢弹的爆炸当量，

群山　刘振友摄

这莽苍的黄土，暗含寂寥、怒吼、火焰、动力、刀锋、民谣、孤独、血流、暖意、屈辱、梦魇、幻想、日月光明与黑暗，派生天地，腾跃洪荒，每一座都起伏有致，如龙如奔，抑或似乳似腹，其上的草木、村镇，却是稀疏的。可在我眼里，甚至内心、灵魂和精神当中，却深厚博大、苍茫无匹。

大地也是可以容纳、忍受且自行调节和恢复的，也唯有大地，才是人类及这个星球上所有生灵的起始点、活动场所与归宿地。而与之相对的天或说苍天，即《易经》中的乾卦所喻，则是刚健的、周而复始的，虽时常变幻莫测，但总是日月交替，星辰布阵、风雨雷电，霜雪云霓聚集与诞生、照耀与消匿的虚无之所。人和万物处在中间位置，构成了天地人三层"伦理"结构。这种结构和"伦理"的由来与发散性，对一个民族乃至亚洲各国文化的深刻影响，一言难以蔽之。但可以确认的是，中国古人对天体的观测乃至其宇宙观的形成，以及对三者之间的定义和联系，都有着一套玄妙而又不可思议的表达和确认方式。

此山孤立，不高，却位于这一带山川的核心，左右皆为渭河。再四周，均是高低相近但形体各异的黄土山冈。事实上，前一天乘车进入天水地界的时候，我就惊异于这里的山体构成。黄土之厚、之多姿，乃至生长其上的物种之繁杂，人们生活习俗和文化的迥异、深沉、绵长，使得我对人文始祖诞生，乃至中国文化肇始之地，有了一种莫名的感觉。对于伏羲、女娲的传说，带有明显外来色彩的麦积山石窟，嬴政以及后来的李氏家族，特别是其在陆上丝绸之路的重要作用等，都是我必须崇敬，并赋予丰富猜想、情感寄寓的理由。

对于天水，这座中国文化第一城，一个后代，或者干脆说不成器的子孙，将身而来，除了朝圣和拜谒，再无其他合适的词汇。因为，无论辉煌的帝都、灿烂的文化考古、人类起源、氏族社会还是奴隶制联盟共主，甚至今天的宇宙探测、量子力学，等等，都实在不可以与之相提并论，辉映一词也不堪用。相比伏羲的文化开创和立判混沌的功德，后人再高精尖的技术都难以望其项背。

沿四周的黄土堤堰行走，远天苍苍，流云飞纵。烈日之下，一边走，我一边观察，临近的八个方位，平缓山冈，层层梯田，个别山顶上还有村庄。端详许久，我也没有发现伏羲当年于此画卦的卦象在大地上的明显痕迹。或许，如刀如斧的时间杀戮的不仅仅是代代生灵，还有大地自然本身，甚至苍天与宇宙。此地的山川河流，或许早已不是伏羲当年的模样了。我有些遗憾，但脑子里一直在放映着伏羲创立的先天八卦及其简单而又玄奥、诡异的卦象。即通常所说的乾、兑、离、震、巽、坎、艮、坤。《说卦传》曰："幽赞神明而生蓍。"又，"观变于阴阳，而立卦；发挥于刚柔，而生爻；和顺于道德，而理于义；穷理尽性，以至于命。将以顺性命之理。是以立天之道，曰阴与阳；立地之道，曰柔与刚；立人之道，曰仁与义。兼三才而两之，故易六画而成卦。分阴分阳，迭用柔刚，故易六位而成章。天地定位，山泽通气，雷风相薄，水火不相射，八卦相错，数往者顺，知来者逆；是故，易逆数也。"

幽赞神明这句让我有一种敬畏感，这种源自先祖对于天地莫测变化的情感和精神的假设与寄寓，是当时环境的结果，也是人在混冥之中对于自身渺小而天地自然博大无常的无条件确认与俯首膜拜。伏羲创立的八卦，取乎于他或者先民们对自然现象的观察，乃至于高度概括、赋予与阐发。而且，八卦与数理浑然天成。乾一、兑二、离三、震四、巽五、坎六、艮七、坤八。其中，乾不仅代表天，还是纯阳卦象，并且代表头部、君王、父亲、马、金、寒、大赤等；兑代表少女、妾、口舌、羊、巫等；离为火，代表中女、太阳、电、甲胄等；震为长子，也代表雷、玄黄等；巽为长女，为木、风、绳直、工、白、长、高、进退、臭等；坎为水，也为沟渎、隐伏、矫輮、弓轮等；艮为山，也为径路、小石、门阙、果蓏、阍寺、指、鼠等；坤不仅为地，还有母亲、月亮、布、釜等人事物。

这种类分或者说命名法则，完全是天人感应、高度抽象，又广泛引申的。在古人的认知当中，所谓世间万物，再纷纭繁杂，这八个现象就足以代表和概括了。不仅包括自然本身的规律与特点，也可以落实到人及一切事物当中去。而伏羲生活的年代被称为上古时代，在公元前8000年左右，以其混沌元始、缥缈迷离，至今尚没有有力的考古发现佐证。这种对时代的划分方式，暴露了自从发明文字之后，人类对于先祖以及自身来处的某种迷茫和缺憾。由此，我觉得，上古神话存在的概率很大。不仅中国，古希腊、埃及、印度等国家和民族，也有类似的神话传说。如同亚当夏娃一如我们的伏羲和女娲。东西方，甚至各民族对于自我出身的描述和设定都有异曲同工之妙。可以坚信的一点是，这个星球上的人类，根本上就是一家人，我们的祖先或许只有一对或者十几对，进而繁衍壮大，进而，为了资源和利益，争斗，然后各奔西东，择地而居；再后来，是环境导致了语言、风俗、文化信仰、精神图腾和生活方式的不同；再后来，人类之间陌生了，就被自称或者冠以各种名称。

关于这一点，也是假设，正如达尔文在《人类的起源和性的选择》中的大胆猜测，以及海格尔《自然创造史》中提出的"进化"观点一样，迄今为止，人类对自己真正的诞生原因尚不明确。此外，还有次元说、生命说、能量说、基因说、细胞说、神话说、外星说、海洋说、动物说，以及人是太空人的后代、海陆双祖复合说、外星人与古代森林猿的结合、人类是被某种高等生物或者神灵制造，并被呼唤而出、由植物演变而来和泥土制造，等等，不一而足。从目前的考古成果看，人类的起源地一直在各大地区摇摆，有非洲说、南亚、南欧、北京类人猿等。近年又有诸多假想，江发世《地球新说》一书则使用逆向思维假设：如地球破碎了，其上存在的生命将如何？所有动植物都将或碎或以完好个体飘浮在宇宙中。动物或破碎或肢解而死亡，或缺氧死亡，或冻死，或饿死，或因其他原因而死亡；或呈冬眠冻僵状态。另外一些资料则显示，人类在冷冻状态下，是可以穿越时间，并且被唤醒的。但，一个冷冻人，被异性肉身贴近，唤醒的概率更大。据说德国希特勒时期就做过这方面的试验，并有成功个例。

更根深蒂固的，大致是神造人。盘古开天辟地、女娲抟土造人、伏羲依据龙马负图而画八卦开启鸿蒙，更是妇孺皆知。或许，从伏羲开始，东方人便是非理性，或者感性强于理性的。伏羲得益于龙马负图，而创立先天八卦，进而获得了自然万物乃至浩荡宇宙的运行密码，正伦理、开秩序、教人渔猎、养殖、垦田、农桑、取火种、化生为熟，使得万民放弃了茹毛饮血的原始生活。

就此，《山海经·海内经》载说："南海之内，黑水、青水之间，有木，名曰建木。太白皋爰过，黄帝所归。"伏羲因其功业，也被后世的东方子孙尊称为人根、人文始祖及

女娲、伏羲（砖画） 胡杨摄

盘古开天辟地、女娲抟土造人、伏羲依据龙马负图而画八卦开启鸿蒙，更是妇孺皆知。

"东方木德大帝"。唐人司马贞《续〈三皇本纪〉》里也说:"太皥,庖牺氏,风姓。代燧人氏,继天而王。母曰华胥。履大人迹于雷泽,而生庖牺于成纪。蛇身人首。有圣德。仰则观象于天,俯则观法于地,旁观鸟兽之文,与地之宜,近取诸身,远取诸物。始画八卦,以通神明之德,以类万物之情。造书契以代结绳之政。于是始制嫁娶,以俪皮为礼。养牺牲以庖厨。故曰庖牺。有龙瑞。以龙纪官。号曰龙师。作三十五弦之瑟。木德王。注春令。故《易》称帝出乎震,月令孟春其帝太皥。是也。都于陈。东封太山。立一百一十一年崩。其后裔,当春秋时,有任、宿、须、句、颛臾,皆风姓之胤也。"

"继天为王""有圣德"之说,大致是后来者,特别是在王朝当中更容易产生和广泛接受。司马贞等人这一类的说法,无非强调"天命神授"及王权的不可置疑。但以现在的眼光来看,将这些词汇放在伏羲身上,就有了强加的嫌疑。搞艺术的人似乎都有这样的一种经验,即某些诗句乃至好的想法、结构,新鲜的发现和譬喻、隐喻等,都是在一瞬间爆发的。以此推论,伏羲以龙马负图而画卦,大致也是出自瞬间的灵感爆发。当然,这也包含了伏羲长期仰观天象、俯察地理的长期经验。但不论如何,伏羲之开创,盖前人所未有。而后世的《易经》对中国文化乃至国人(包括亚洲各部族)

的生活、精神、信仰的浸润与影响无与伦比,且至今绵延不绝。

出于对伏羲的尊崇,拜谒伏羲庙时,我撇开众人,率先以虔诚俯身下跪的形式,对伏羲表示了一个后世子孙的敬意。天水的朋友玩笑说我见庙就拜,是有罪过之故。这虽然是玩笑,但在我看来,我一定是有罪的。基督教讲原罪,认为人生下来就是恶的或者恶的产物。而在中国的先贤圣哲看来,人生和被生,都是善的原因。至于后来的人生,高低贵贱,也都与善恶有关。在中国,与基督教不同的,佛教和道教,甚至儒家的认知当中,善恶都是具备可积累性、可传承性的。不仅会对当世人产生影响,甚至左右他们的命运,富贵寿夭、现世状态等实际问题。在四十岁之前,我是倾向于基督教,特别是《圣经》的,而四十岁后,一个偶然的人生际遇,让我彻底转回了中国的传统文化。这种机缘,虽然简单,但绝非"常人"可以体会和理解。

在伏羲之地,当然是朝圣。这个圣,不仅是伏羲,还有更多的先民与先祖。尽管他们多数在各种史书中了无踪影,即使在最有趣,往往又被斥责为野狐禅的民间故事当中,也没有丝毫的记载。但是,每一个人都有来处和出处,数典忘祖不可为,重显赫轻贫贱亦为君子不取。可残酷的是,小民之小，微若尘埃。历史，向来是帝王将相的舞台，万众不过是陪衬。伏羲、女娲之外，天水的名人，大致就是始皇帝嬴政和李广、李世民家族了。关于前者，大抵是没有异议的。天水、武都一代，原本就是先秦人的发祥地。先秦者，大致是被商纣灭亡，姬发成周之后，被分封于此的家族，为秦地。这一点，从秦安县、秦岭、秦州等地名可以看出。先秦移居咸阳，最终统一中原，创始为皇帝之前。天水乃至邻近的武都等地，都对他们的发展壮大有过巨大的影响。嬴政家族也姓赵，始皇帝就出生在赵国的邯郸。

关于春秋战国，看起来就是一笔烂账，也是一个群雄与圣哲辈出，思想、精神及其实践最为光辉的年代。乱而思太平。对于周朝崩溃之后的社会现状及以后的发展，每一个人都忧心忡忡。但可贵的是，这些人从不空谈，从老庄、孔孟到墨家、法家、纵横家，每个创造者在提出自己思想主张的同时，也勤于实践。这种尚学问、逐真理、求秩序、谋发展的治学风气，可能在中国历史上空前绝后。嗣后的学问，在秦始皇和汉武帝两轮政治裁判之下，再也没有了那种活跃气氛与思想上的创新创造。再后来，吾国之学问家，无非是继往圣绝学，为的是开万世太平。

伏羲之作为，在于开创，若非如此，今天的天水，怎么敢以中华文化第一城自居？从这一点上说，一个地域，一个民族，一个国家乃至整个人类，文化才是核心和灵魂，经济等等无非是手段。先秦的发展，应当是彼时年代最强劲的，犹如弓弦，慢慢伸张，然后用足力气，一发即中。传至嬴政，这一位雄才伟略的帝王，开始了他兼并诸侯、统一中原诸国的征程。那一段历史，残酷也灿烂，剧烈也辉煌。期间的英雄，至今熠熠有光，令人钦佩和敬仰。如王翦、李牧、赵奢、廉颇、白起等，这些人的接连出现，在战国的天空与大地上，构成了史前时期最为浩繁与明亮的画卷。尽管，杀戮是主题，叛变与忠义交相奏响，热血与冷血此起彼伏、滔滔不尽。但，真正的中国历史，尤其是政治体制、社会理念和人文精神，乃至隆重深刻的民族性格、文化和大同小异的风习，由此萌发并凶猛开始和延续。

与之相对，被唐帝国李氏奉为先祖的老子李聃及其陇西飞将军李广家族，还有建立西凉王朝的李暠、天才诗人李白等，也是天水、平凉、武都等地的文化符号。单就文化旅游论，对于天水来说，一位伏羲便足够了。其他的都是陪衬。太史公马迁《史记·李将军列传》中说："李将军广者，陇西成纪人也。其先曰李信，秦时为将，逐得燕太子丹者也。故槐里，徙成纪。"也就是说，李广先祖为秦时大将李信，老家在今陕西兴平一带，汉高祖时迁徙到成纪。《新唐书·高祖本纪》中说："高祖神尧大圣大光孝皇帝讳渊，字叔德，姓李氏，陇西成纪人也。其七世祖暠，当晋末，据秦、凉以自王，是为凉武昭王。"如此，李广及李唐帝国家族应当就是出自成纪。李白之《赠张相镐二首》中"本家陇西人，先为汉边将。功略盖天地，名飞青云上"之说，估计也是靠谱的。因为，两汉对于西域，即今新疆和中亚部分地区的经营，也是颇为用心的。唐代更是。但一个不可忽视的特点是，中央帝国强盛则边疆稳定，四夷归服；反之，则四分五裂，外敌入寇，渐渐失去控制，转为他国控制区。李白说他先祖曾为汉边将，最终沦落为域外之人，于盛唐再度返回，也是极有可能的。

但李暠及至李广、李陵，甚至李唐帝国家族，无论是皇帝本人还是皇族中人，悲剧性总是超过喜剧性。如李广及其子李敢、孙李陵的命运，还有李建成、李元吉以及中唐之后的历代李氏皇族，结局和命运都不怎么样。这也从另一方面证实，伏羲乃至周易所认识到的事物和人的命运，物极必反、盛极必衰及生命、万事皆无常等，都是富有科学性与启示意义的。如乾卦上九爻卦辞："亢龙有悔"，其根本的意义就是，任何事物的发展都是有极点的，一旦接近和到达，而当事者不知节制和警惕,保持谦卑,便会迅速走向反面。也正如《易经》中的阳极成阴、阴极成阳转换之道。李广的悲剧在于他早年受错印绶,再加上文帝、景帝治下王朝养精蓄锐,以恢复民生及国力为主,对匈奴采取的依旧是避其锋锐、妥协苟全策略,李广虽在雁门、代郡等地连续为都尉,每对匈奴,"皆以力战闻名"。但终究与封侯无关不说,还在作战失利后,"不复面对刀笔吏"而引刀自刎。其幼子李敢封关内侯不久,便在甘泉宫被霍去病一箭射死。汉武帝询问,霍去病说是误杀,便没有追究。其长子李当户遗腹子李陵带五千兵力,于大漠腹地寻击匈奴主力,遭逢单于军团,李陵与副将韩延年并诸将士苦战七昼夜,"杀伤过当",李陵被俘之前,汉军有七百人得脱。

李广家族的悲剧,反映的是历代王朝边将共有的命运,也体现了王权之中任人唯亲是普遍行为。再者,在同一个政权当中,效忠于谁,怎么效忠,也是决定个人命运、荣耀与否的"总开关"与"计价器"。

李陵之后,陇西李家便没落了。记得 2010 年,我曾去过一次甘肃静宁县,当地朋友引我们去了李广的老家,即该县的李店镇,并参观了连废墟都没了的成纪老城遗址。在那里，想起"飞将军"李广，胸中便有浩气与悲情，也有无奈与喟叹。一个人，一个家族，总是依附于更大的家族及其党羽，"树倒猢狲散""一朝天子一朝臣"等说法，基本上构成了数千年来的帝国政治生态。

而李白这位千古独一的人物，中国乃至世界诗歌史上最为骄傲的天才，创造力最为奇诡和伟大的诗人，他对李广的家族和血缘认同，体现的是对于先辈英雄的憧憬。当然，也不能排除他想与李世民后人攀亲，以得官位的个人想法。但不管怎么说，时间是所有人、事、物最好的注脚，如李白《登金陵凤凰台》诗中所说："吴宫荒草埋幽径，晋代衣冠成古丘。"此外，还有被王国维赞为古来第一大境界的"夕阳残照，汉家宫阙"。而今，唐帝国至今不过千余年，皇皇帝国已经烟消云散，处处荒丘陵墓，帝国的当家人乃至其一干臣子，除了少数留名于世之外，多数不复耳闻。李白之大名和诗作，包括其生平事迹，却越来越令人遐思无限、羡慕不已。

最好的人生，是开创和创新，是艺术和精神、思想、境界、情感，与时间、与众生的持续共振和鸣。这个道理谁都知道，可遵循者极少，实践者寥寥。所以，艺术家和思想家，也便被赋予了天才的说法和称号。对此，我特别喜欢王阳明的志向，不做官，不做富豪，做圣人。如果每个人，特别是历代的知识分子，都如此，那么，他所在的帝国将是兴盛的、有道的，草寇小民也会跟着享福，何等地好啊！

去参观麦积山石窟，那些端坐或者站在峭壁上的佛龛、佛像，其开凿和建筑年代从西魏一直延续到隋唐，这一个年代序列，也是佛教在中国深入扎根、产生广泛影响的重要时期。尽管，宋元时期佛道还进行过类似图谋正统，借助皇权进行推广的辩法与斗争。但也由此开始，儒释道真正地进入了融合的阶段。今天，无论去佛教还是道教圣地，其中必有儒家一席之地，两个宗教，也将寺庙道观融合在了一起。

麦积山其实不高，走近了仰头，才令人觉得巍峨、峭拔，有一种凛然之气，横在白云苍天之下。我忽然想到，人造神，神也造人，人和神，其实是互相成就的。并且，人在尘世的所有现实和精神诉求、梦想等，都在神和神的经典教义当中；而神对人世及其命运的基本判断和终极关怀，也都潜藏在人心当中。不然的话，人为何造神，神又为什么造人呢？总体而言，人和神，都在替对方辩解与维护，并且把最好的和最坏的，放置在各自的灵魂深处，进行一轮轮的鉴别、扬弃、保存和销毁。尽管，这一切，往往周而复始，永无休止。一代代的人，被同类消耗，也被自己消耗。最终，还是归于寂静。

沿着台阶向上，每一步都惊心动魄。我在想，是谁第一个在此开凿佛龛，并将慈悲的佛像安放于此？信仰的力量，总可以激发人的巨大潜能。倘若没有更大的精神支撑，在高崖上冒着生命危险悬身造像，这是何等高绝的行为？可惜的是，年代久了，有些佛像残缺不全，有些彩绘已经严重剥落。法力无边的佛，也无法保全自己的肢体，还有起初的面容与颜色。这样说，我知道是不敬的，但似乎，佛陀也在借此告知人们，唯有时间，因果相因，才是生生不息的。人在大地上，在日月星辰之下所有的痕迹，哪怕再隆重和深刻，终究也会残损。这是天地自然、生命现实之万世法则。正如老子《道德经》中所说的那样："天长地久。天地所以能长且久者，以其不自生，故能长生。是以圣人后其身而身先，外其身而身存。非以其无私邪，故能成其私。"

再向上，我居然头晕，有一种强烈的眩晕感，站在铁板做的台阶上，天旋地转，几欲摔倒，手把栏杆向下看，更晕。那一瞬间，我想，如果从这里掉下去，一定是这里的哪位菩萨看中了我的灵魂。但又想，不可能，我这样的一个人，看起来微小，却也是有罪孽的；不居高位，无多少浮财，更无多少资源的配置权利，影响他人的力量。也做过一些对不起人的事情，比如奶奶和大舅去世之时，我没在身边；父亲去世时也没有，他在一个凌晨去了，一只眼睛没闭，还盯着门口，等我和妻子回去为他送终。再者，我也说过很多谎话，占过别人的便宜，坏过他人的好事，还有许多的不道之为。即使在佛陀与神灵面前，我还是不敢、不想——袒露，如实交代。匆匆观瞻和拜谒之后，我便从另一侧下到了平地上。途中，一位老太太的行为引起了我的注意，每到一门佛窟，她都用手机贴紧铁纱窗，拍摄佛像，而且面无表情，动作极其果断，充满暴力与掠夺意味。对此，我表示深深的厌恶。哦，或许，这也是有罪的一种表现。但我觉得，人若是对某些事物采取冷漠与暴力的态度，那么，这个人起码是缺乏教养和敬畏之心的。

天水市区和外郊，看起来有些陈旧，黄土的颜色已经深植于这片土地和城镇了。我一向觉得，人在大地上，每一块地域的颜色决定了他们内心的厚度、丰赡与否，也决定了他们及其附属物的基本色调。天水这个地方，其地势，西北高，东南低，东部和南部因古老地层褶皱而隆起，形成山地地貌。北部因受地质沉陷和红、黄土层沉积，形成黄土丘陵地貌。中部小部分地区为渭河地堑，渭河及其支流横贯其中，形成了宽谷与峡谷相间的盆地与河谷阶地。中东部为秦岭、关山山区。西部是以尽皇山、云雾山、景东梁为主体的西秦岭山地，东部为以八卦山、火焰山、秦岭大堡、关山为主体的小陇山、陇山山地。这种纵横复杂又底蕴深厚、人文和自然有着密切联系、呈现出多种形状的地形地貌，使得位于陕甘川三省之地的天水，从来就是弓马铁蹄、农耕游牧、交通运输与文明文化碰撞交流的前沿。

秦武公时期，天水名为邽县，后改为上邽县。邽字，为小姓，因此地原为邽戎族驻地而得名。至于天水这个美轮美奂的名字，也和河西走廊的武威、张掖、酒泉、敦煌等地一样，与汉武帝有关。至今有"天河注水"之传说，曰：初，天水地区"山水灵秀，林木密茂"。至秦末汉初，战乱频仍，致使安乐之地残垣断壁，民不聊生。某日夜间，狂风呼啸并雷电交加，一道金光之后，红光乍现，随即，一条大缝徐徐裂开，天河之水倾泻而下，注入其中，翌日成湖，水质纯净，甘洌醇厚，"春不涸，夏不溢，四季滢然"，称之为"天水井"，后汉武帝直接命名为天水郡。

此类的传说，大致是牵强附会，虽然美好，但终究有"媚上""谄皇"的嫌疑。倒是这天水之名，端的是诗意四溅，有着诗歌的韵味与独创色彩。难怪杜甫来此之后，虽在这里不受待见，但也住了些日子。斯时，正是公元759年，安史之乱爆发第四年。安禄山、史思明部队在黄河以南，即今北京和河北、山西一带，兵过城毁，尸横遍野。吐蕃、回鹘等趁机引兵犯疆。唐帝国不得不借兵平叛，虽说西域诸部落和民族都派出了精锐部队，但更加可恶的是，多数游牧藩国向唐帝国提出：战胜之后，城市归唐，物产和人皆为他们所有，烧杀掠夺，唐政府不得干预。李隆基仓皇出逃四川，李亨在灵武继位，与李泌、郭子仪、李光弼、封常清等中兴大臣一起，指挥平叛。一个皇皇帝国，瞬间瓦解，尽管后来安禄山死于史思明之手，叛军失败，但唐帝国由此没落。

杜甫这个不得志的人，一生都在路上，颠沛流离是他生活的主旋律，写诗用以抒发愁绪与家国情怀，算是最好的娱乐。他来天水，寄居于街子东柯谷八槐村柳家河（今天水市麦积区甘泉镇柳河村），后世称之为东柯草堂。我来这里，显然也是为了拜谒。几座茅庐隐在树林当中，旁边是一片巨大的苹果园。正在修建的道路，直直通往杜甫的家门口。屋内极其简陋，只挂了一张杜甫画像。旁边还有一座茅屋，说是杜甫的厨房。门前倒是比较宽敞，几个台阶之下，便是田地。如此环境，今人住下，当是安逸和清静的。杜甫当年在这里，据说生活极其拮据。他来，原意是规避战乱，投靠侄儿杜佑，于乡野埋踪，结庐而自居。在这里，杜甫写下了《秦州杂诗》二十首。其一为："满目悲生事，因人作远游。迟回度陇怯，浩荡及关愁。水落鱼龙夜，山空鸟鼠秋。西征问烽火，心折此淹留。"表达了个人流落至此的原因，最后还不忘关心国事，哀叹自身的际遇。闲暇之时，他也出门游览，回来或现场作诗。该组诗其二："秦州城北寺，胜迹隗嚣宫。苔藓山门古，丹青野殿空。月明垂叶露，云逐度溪风。清渭无情极，愁时独向东。"大致是写南郭寺的。

南郭寺在今秦州区龙王沟东侧之慧音山坳，建于南北朝时期。跨进大门，只觉得一股幽静的禅意凭空而来。院内古朴，有奇妙的龙爪槐，还有被雷击或者地震导致的、猛然劈开的大槐树，一头伸向大雄宝殿，头顶上一簇绿色顽强而又清脆，另一头垂在天王殿上空，同样伸出一簇绿色，人皆惊异。导游说是地震或者雷电的结果。但我觉得，一株大树的如此命运及形状，一定另有原因。寺内原有一汪清泉，可如今却没有了水，管理者将之用玻璃罩了起来。关于此寺，杜甫曾经多次造访，据说，他在天水所作的一百多首诗歌，有不少是写南郭寺的。其中"山头南郭寺，水号北流泉。老树空庭得，清渠一邑传。秋花危石底，晚景卧钟边。俯仰悲身世，溪风为飒然。"大致是最好的了。

这不是否定杜甫，而是，每一个诗人，不可能每一首都是经典之作，也不可能写下就是永恒和不朽的。有些作品，或许在当世流传甚广，影响巨大，但被时间淘洗之后，肯定会有另一种际遇和命运。事实上,每一件艺术品,包括其创作者,都是有自己命运的,看起来一般无二,却在细微处,甚至巨大处显示出不同的景象与遭际。好在,杜甫已经不朽了,造成他令人尊崇至今的根本在于他的那些作品,而不是他的那具如今已不复存在的肉身。

南郭寺至今香火不衰,在天水,乃至当下中国,也是一个奇迹。因为,很多的寺庙道观被时间销毁了,或者被人放弃了。而南郭寺,偏居西北,陇地以东南,战争与民族流变又如此剧烈和绵长,一座寺庙尚能如此完整与悠久,是很多地方做不到的。当然,那些闻名遐迩、人神忌惮的名刹古观除外。

我一直觉得,佛陀就是信仰,就是内心的安慰与精神的寄托。与所有的神灵一样,佛陀总是让人在无尽的苦难中发现亮光,在极度的绝望与庸常的麻木无聊当中,拥有一方梦想的幻境与净土。也或许应当这样说,佛陀本身是不具备超能力的,所有的宗教及宗教的各位神灵,提供给广大信众的,只是一种无上的智慧,即从有限的生命及其众多附着物当中,实现精神的超越,进而达到一种无限的境界。

盘桓多日,我蓦然觉得,或许是天水的地理位置,导致了它的风俗与习惯，既有陕西的一面，又有甘肃的特点。我注意到，在甘肃以及宁夏许多地方当中，天水的牛肉面大致是最难吃，或者说最不正宗的。这个问题虽然小且有些无稽，但也可以看出，天水从根脉和风土上与兰州，乃至整个西北地区有巨大差异。它源自青藏高原缓坡地带的黄土与泥石地质，与接近南北气候分界线的岩石与沙土的秦岭，构成了天水刚柔相济、阴阳协调的本质属性。从气候上说，天水既有蜀地的温润，又有陇原的峭冷，以及秦川的粗糙、直接与莽苍。因此，在天水，我感受到的，是多种地域气息及其民生风情，也有深厚人文积淀的光华灿烂与现实发展的急不可耐。

夜晚的秦州区，所见无非餐馆、广场舞、超市之类，其他则很难见到。在大街上行走，我唯一能够明确感到的是那种习以为常，甚至与这里的所有人和物相辅相成的尘土气息。各种建筑不多，也不漂亮，个性更谈不上，多数隶属于政府和企业，个人的极少，就连小区，也显得正统有余、活泼不足。天水的这种面貌，其实是整个西北地区的缩影，从陕西到新疆、西藏、宁夏、甘肃、青海，甚至内蒙古和山西，大抵都是如此。也就是说，这座城市的现代化进程，尚处于北京、上海、广州等地20世纪80年代的末期。但从另一方面来看，天水的这种现代文明进程的缓慢，也使得它最大限度地保持了农耕与游牧交界地区的特有魅力。尽管，在天水及其所属的县区当中，放牧这种古老的职业，以及充满原始动感的生存方式，基本上消失殆尽了。

其实，我还想去拜谒李广墓。这位英雄，因了司马迁的神鬼之笔，比汉武帝更光彩照人，比当时的红人卫青、霍去病更具有人格魅力。他一生失意，却从不怯战，多次被派作配合作战的角色，失败成为其作战生涯当中最频繁的"战利品"，直到自刎而死，他只是一个悲剧人物。我去拜谒他，其实是想向他表达一份敬意，而且是一位后来军人对于遥远前辈的崇敬之心。可惜，终究没有成行。我心里也想着，天水这个地方，仅仅几天的走马观花是不可以的。它如此深厚悠长、丰赡独到，怎么能一掠而过呢。躺在宾馆的床上，仔细究问内心，我才明白，来天水，只需要膜拜伏羲和麦积山石窟、拜谒东柯草堂和李广墓就足够了，其他地方根本不需要去。

最重要的还是伏羲，这个风姓的、人面蛇身的人，确实是中华文明起点一个突兀而又亮丽、独特而具有普及型的奇迹，他之所以成为中华民族的人根、人文始祖，完全在于其先天性的、具有爆破力和创始性的智慧和创造能力，以及有效的农耕渔猎技术，还有取火种、尝百草等等，都是其他先贤圣哲无可匹敌的。尤其是他灵感突发，以神来之思，创制八卦的作为，实在是比任何智慧都要高上一层的天赋。在伏羲庙参观时，我还仔细观察了八卦的形状，并在心里琢磨。如乾卦，上天下天，六个阳爻，叠加在一起，就形成了一个纯阳卦象。后世《易经》分别以龙喻之，如初九爻卦辞为："初九：潜龙，勿用。"九二爻为："见龙再田，利见大人。"九三爻为："君子终日乾乾，夕惕若，厉无咎。"九四爻为："或跃在渊，无咎。"九五爻为："飞龙在天，利见大人。"上九爻为："亢龙有悔。"

六爻构成，整体为一卦，每一爻又各有其用与暗示、预知和象征，还有规诫、教化与端正。从最初到最高，再从最高到最初，周而复始。且每一个爻都可能有变，使得整个卦转换为另一个卦象。《易经》对先天八卦的再发挥，构成了卦卦相连的六十四卦。对此，杰出的心理学分析大师荣格在其《金花的秘密——中国人的生命之书》中说："《易经》中包含着中国文化的精神与心灵，包融着几千年来中国伟大智者们的共同倾注，历久而弥新，至今仍然对理解它的人，展现着无穷的意义和无限的启迪。……任何一个像我这样，生而有幸能够与维尔海姆，与《易经》的预见性力量，做直接精神交流的人，都不能够忽视这样一个事实，在这里我们已经接触到了一个'阿基米德点',而这一'阿基米德点',足以动摇我们西方对于心理态度的基础。"

荣格所说的"阿基米德点",就是他对《易经》的接受和理解,也正是荣格心理学发展的关键。对此,在阅读此书之前,我始料未及,也觉得,《易经》乃至由它开始而衍生的诸多命理学和术数学,多是无稽之谈,同时也对道家的修炼之法表示莫大的怀疑。但现在看来,八卦及《易经》并非这么简单,就此,荣格也说,《易经》是迄今为止世上唯一一种可以用一条理论来解释不同事物的哲学。

可惜,我除了对此所知甚少之外,还有长期的偏见,这使我无比惭愧,无颜再去伏羲庙与卦台山,好在先贤圣哲都是宽容的,我暗暗发誓,再有时机,一定要再来天水,仔细瞻仰与拜谒,并且要在卦台山、南郭寺、麦积山石窟等处分别住上一晚,以体验伏羲当年之情境,以及神灵佛陀们的修行生活。

翌日,一大早离开天水,回望之间,有点怅然若失。我再次深刻觉得,来天水,就是来朝天的,不是天水这个地方,而是这个地方的文化,特别是伏羲的智慧,英雄李广家族的悲情,当然还有诗圣杜甫在这里留下的寂寥痕迹。天水,这个充满奇迹的地方,与八百里秦川一起构成了中华民族早期的传奇历史，其塑造和养育的人物，各领风骚，各有创举。这在东方大地上，是非常少见的，又是不朽的。而在信息化和全球化语境下，作为通往西北的第一个站点，它所呈现给我的，稍微有些呆板、固执，还有习惯于自安、自足，以及在某些现实和物质要求方面欲速则不达的焦躁。我想，这些大致是目前西北地区的一个共同现象，并不是什么缺点。时代和社会，在其向前的过程当中，总是要有先来后到，有开创者，必然有效仿者；有奔跑的，也允许有人慢行；有腰缠万贯的恣意，更要有夜以继日的自我突破与精打细算。正如《易经》中的地山谦卦所说："亨，君子有终。"并其六四爻辞："无不利，撝谦。"只要保持谦卑，守正持中，必定是"谦谦君子，用涉大川，吉"。

其实，这些，也都是一种美好的祝念。万物各有其道，循环往复，无有休止，天下人事物大致如此。回到成都后，仿佛还在天水，恍然之间，有诸多思想与感受，先后作诗多首，其中一首，直接命名为《天水》，兹抄录如下：

> 高呀高的，麦积山上，斧凿空谷
> 人神互造，用以安放灵魂
> 与罪孽。世上所有的活着，皆短如马鬃

长也不过渭河。黄土台上,观天测地
圣人胡须伸张,智慧奔跑
从四周山冈,到内心,纹路蜿蜒
直线及其断开以后:混沌开,圣人出
于此:日月掘进地狱,草木反刍枯骨
远眺的事物,格外憨厚。人世沟壑如海
所谓生灵,不过一道一道的涟漪
一阵风在麦浪上不住咳嗽
天水:东去西往的何止王朝
丝绸的历史:星空涵养的血泊及其家族
骑马的人效忠夕阳
如今我来了,在圣人与佛陀之间
手拿空荡,脚踩厚土,每晚不得不喝酒
于朝圣极点,以无知和癫狂,求得两宿安眠

兰州：黄河岸边的世俗生活

这座城市也是由来已久，公元前4世纪已经被立为一方行政中心。其名字，原为金城郡（以出产金子而得名），隋大业（公元621）年间，设立兰州总管府。一般来说，从西安出发，要去向新疆（即小西域）并沿着欧亚大陆前往丝绸之路公认的终点站——伊斯坦布尔，兰州肯定是必经之路。当然，也有一条路是从长安出发，经陕西榆林，进而宁夏，自青海湖直上西藏，由山南进入印度。但在两汉和隋唐时期，长安—天水—陇西—兰州—乌鞘岭—武威—金昌—山丹—张掖—酒泉—敦煌—阳关并数条分支线才是丝绸之路的"官道"。所谓官道，是谓政府着力经营，并且配备相关设施与检查制度的道路。据历史学家严耕旺先生《唐代交通图考》

一书介绍，唐代于丝绸之路沿途设置了诸多的驿站、军事设施，并建立了一整套的保障制度。有五里一亭站、十里一邮亭（驿站）之说，一直从长安绵延到今吉尔吉斯斯坦和阿富汗等地。

我本人第一次去兰州，好像是1998年的8月，斯时，庄稼成熟的味道从山脚蔓延到山顶，浓稠而芳香，令人咽喉发甜。皋兰山上，天空湛蓝，流云如白色飘逸之丝绸。在三台阁一侧的空地上，我租了一匹枣红色的马。因为心急，讲好价钱就抬腿跨上马背。那马开始很听话，四蹄稳健。我想要它跑起来，双脚下意识地夹了一下马肚。它似乎懂我的意思，放开四蹄奔跑起来。路过一片麦地时，马鞍忽然歪了一下，我上身猛地向一侧漂移。我急忙抓紧马鬃，扶正身子，才长出了一口气。回到终点后，租马的人满脸歉意地告诉我，他刚才给马喂草料和水，松了一下马鞍，我骑时他忘了系紧。若是摔下去，我想我会负伤，至于会不会和租马者理论，自己也不确定。

皋兰山位于兰州市南侧，应当是匈奴人留下的称呼，意思是"河边的大山"。

一个人在西北久了，就格外地热爱空旷、骏马、骆驼、羔羊、刀子、雪山、丝绸、大河、绿色等单纯而雄阔的事物，诗歌、古曲、流沙、风暴、梦想、远行、孤独等不切实的东西。那一次去兰州，照例和几个诗人朋友一起玩。闲来无聊，就去皋兰山。骑马是我长期以来热爱的一项运动。总觉得，一个男人只有在马背上，才能真正感受西北，从中感觉和体验到西域之心。也只有在马背上飞驰，男人骨子里的英雄、骑士、刀客、诗人之梦才会显露端倪，并且与个人灵魂合体。

从马场向上，到三台阁一边，选择一棵姿态老迈的槐树坐下来，喝三泡台。这是兰州的一种美妙茶饮。冰糖、桂圆、茶叶、枸杞、大枣，清水之中俨然泡起了甘青宁，其中的民族味道更是叫人心神别异。几个人扯了一顿淡话，又说兰州最近发生的奇怪事情。实在无话可说，就老调重弹，说起兰州的历史。以往，我基本上做听众，想发言却在他们土著面前都是常识。这一次，我说得最多。其中原因，是年前受一家出版社之约，写匈奴的东方历史和隋唐时期的丝绸之路。

这真是一种历练和汇聚。在此之前，对于自己容身多年的西北，尤其是丝绸之路沿线地区，我知道的不过是皮毛。匈奴是史前时期在蒙古高原崛起的第一个大部落联盟，由冒顿建立起强盛奴隶制帝国横贯南北，借秦汉之争将自己的版图和势力延伸到了俄罗斯和中亚地区。然后，冒顿死后不过30年，曾屡遭匈奴羞辱的西汉便展开了对匈奴持续半个多世纪的反击战。骠骑将军霍去病曾独自带领三千人马强袭皋兰山,一战而俘获匈奴名王三十多人。自此,西汉对匈奴连续作战并取得决定性胜利,直到匈奴退出兰州及其周边如灵武、榆林、托克托等地。具有决定性的漠北之战后,匈奴被迫向西转移,没过多久,驻守河西走廊地区的匈奴浑邪王因惧怕伊稚斜单于问罪,便暗通卫青,并在霍去病率兵接应之下,率众投降西汉。

尽管河西地区不是霍去病强攻下的,但霍去病对浑邪王的接应,以及他对河西走廊的开拓,显然值得彪炳史册。自此之后,兰州便不再是中央帝国的边疆了,黄河对于汉王朝而言,也不再不可逾越。由此而形成的巨大版图,把兰州囊括在了西北的入口和缓冲地带。东汉班超家族经由兰州而西域,在各种游牧势力此消彼长的环境中,不仅为帝国建立了不朽功业,也使得他们一家青史留名。可所有的历史都是时间的陪葬品。两汉之后的大混乱,兰州以西地区,再度成为素来"以战止战,以战养生"和"举事常随月,利则进,不利则退。不羞遁走"的游牧民族逐鹿的疆场。

随后的西域历史是从隋朝开始的,杨坚从一开始就下决心经营西域,派出当时的地理学家和大臣长孙晟(字季晟,河南洛阳人,北魏太师、上党文宣王长孙稚曾孙,也是贞观名相长孙无忌的父亲，隋朝名将。《隋书·长孙晟列传》说他"性通敏，略涉书记，善弹工射，矫捷过人"）出使西域，并在张掖长期住下来，沟通西域与中央帝国经济和政治的往来。随后的杨广即使在高句丽战争中多次失败，也没有放弃西域。他兴之所至还御驾西征，在张掖召开了一次盛大的"万国博览会"。唐初的侯君集（豳州三水，即今陕西旬邑北人。唐初名将，多次带兵对吐蕃、高昌进行征伐，多有克捷，后因与太子李承乾密谋政变，遭诛）、李祎（李世民宗亲，对吐蕃作战有功）、李靖（唐初名将，善谋略，用兵鲜有败绩）、李道宗（李世民宗亲，名将，多次带兵与高句丽并吐蕃作战；传说为文成公主父亲）以及阿史那社尔（出身突厥贵族，唐初名将，长期为突厥名誉首领，其家族也在突厥掌有实权）等人对河西及今新疆地区的再恢复之功，使得整个唐帝国受益匪浅，也使得唐朝成为历史上对外交往与东西文明文化相互渗透和流播的最兴盛时期。

日渐当空，头顶热，坡上的植物和泥土也似乎有些焦躁。乘坐缆车下山，打车到滨河路找了一家餐馆吃饭。因为都是舞文弄墨之人，吃饭总少不了酒。喝得有点晕乎了，就大谈诗歌，或直接隔桌朗诵。热闹了几个小时，转到黄河边喝茶。坐在永不航行的船上，面对滔滔黄河，喝一口三泡台，大着嗓门冲裹石卷沙的大河胡乱大喊。没人听到我们在喊什么，甚至连我们自己都不知道。喊声还没出口，就被大水或者迎面的河风吞噬了。但在黄河边固船上喝三泡台、聊天，是在兰州最有诗意的活动之一，堪与皋兰山骑马充英雄、圆骑士梦相提并论。

三泡台，又称为盖碗茶，原产于成都，据说是时任剑南道牙将、后为西川节度使的崔宁女儿发明的。崔宁是河南人，《旧唐书》上称其为儒家学子，喜好纵横之术。所谓"盖碗茶"，由茶盖、茶碗、茶船子三部分组成，故名之，寓意为"天盖之，茶盖；地载之，茶船；人育之，茶碗"。这既体现了蜀地的人文思想，又显示了川人对于生活的理解和日常方式。大致由明清时期传至西北，在回民之间流行开来，逐渐成为兰州的一种特产。其主要用料为上等菊花、福建桂圆、新疆葡萄干、甘肃临泽小枣、荔枝干、优质冰糖等，味道极为鲜、爽、滑。

几乎每次到兰州，不管季节，我都要去黄河边上坐一会儿，要一杯三泡台，对着泱泱黄河，边喝边思绪纷飞。那种感觉，没有去过的人是难以体会、理解的。其实，每一个地方都有它的妙处，而这些妙处，不是因为某些宏伟建筑，而是因为某种特有的细节。兰州是一个被黄河一分为二的城市，皋兰山（五泉山）在其左，白塔山在其右。黄河携带万千泥沙，从巴颜喀拉山以冰雪之身滔滔而来，在兰州地段，以弯曲、平缓的姿势款款走过，绵绵不绝。

黄河是一个庞大而悠长的名词，它的文化承载量显然超过了小小的皋兰山。黄河，古代史书上称之为"河"，发源于巴颜喀拉山脉，全长五千四百六十四公里，沿途穿越青海、四川、甘肃、宁夏、内蒙古、陕西、山西、河南、山东等九个省区，并在山东垦利县注入渤海。黄河流的是文明和思想，是北方文化的代名词。

事实上，黄河在兰州一点都不安稳，平静的表面之下，隐藏和激荡着无数的旋涡。坐在河边，可以闻到浓烈的土腥味，很呛人。黄河作为北方文化的一个象征，其蕴含绝不是母亲这个词汇可以包括的。黄河还有暴虐的一面，它对山川乃至沿途的冲刷和撞击、撕裂和破坏也是极大的。几乎每一朝的史书上，都有黄河决堤、冲毁城镇及良田的记载。仅李世民时代，黄河就有上百次决堤，面积包括它所流经的每一个具体省份和地方。

如果从实而论，隋炀帝杨广大抵是第一个贯通黄河与长江的皇帝。由他主持和推动修成的大运河便是融合黄河与长

兰州铁桥　曹伯正摄

事实上,黄河在兰州一点都不安稳,平静的表面之下,隐藏和激荡着无数的旋涡。坐在河边,可以闻到浓烈的土腥味,很呛人。

江文明的纽带。仅从这一点来看,隋炀帝并非一无是处,也有他自己的功德。

很多的诗人来到黄河岸边,想的肯定是巍峨的雪山,青藏高地上的云朵、牦牛、冰雪和信仰;还有浩荡之水从高处向低处的流动和灌溉,是一种圣洁和超拔对低地生灵的洗礼和召唤。尤其黄河兰州段,七里河区的坦荡宽阔与城关区的湍急流深,再向高处的狭窄逼仄和参差地势,使得黄河在不同流域具有不同的身姿和内涵,进而影响着两岸的生态甚至生民的习性。

兰州段的黄河流态似乎塑造了兰州人的某种脾性,直率而又木讷诚实,暗藏心机而又思维沉潜,乐于表现却又内敛,坦诚又不忘自我保留。好在,诗人都是性情中人,即使无数次面对黄河,也还是心潮起伏,如风鼓荡。羊皮筏子如同滚动的褐红色岩石,好像不属于兰州,而是青藏高原的微缩部分,抑或辽远高地上的某种神谕或谶语。

羊皮筏子是兰州乃至宁夏黄河沿岸人们常用的一种水上运输工具,其发明的时间可以追溯到西汉初年。具体做法是"缝革为囊",即宰杀牛羊之后,掏空内脏,然后注入相当的空气,便可以用来在水上运输少量物资,并助人泅渡所用。后为了加大运载量,采用缝合的方式,将几张或者数张牛羊

羊皮筏子和它的主人　曹伯正摄

羊皮筏子是兰州乃至宁夏黄河沿岸人们常用的一种水上运输工具,其发明的时间可以追溯到西汉初年。具体做法是"缝革为囊",宰杀牛羊之后,掏空内脏,然后注入相当的空气,便可以用来在水上运输少量物资,并助人泅渡所用。

皮缝合在一起,进而构成了大小不一的筏子。

羊皮筏子在黄河之上,看起来是笨拙的,但运动起来又特别飘逸。

那一次,几个人稍微清醒一点后,又说起古来写黄河的诗歌。大家一致以为,李白"君不见黄河之水天上来,奔流到海不复回"之外,再无人超越。一句"天上来",黄河如有神,黄河如大吕,黄河苍茫,神龙见尾不见首,缥缈之中自有神意,迢遥之中横贯华夏。后世诗人,面对此句,当心神黯然,诗情消泯。李白独步天下。

作为今人,也妄称诗人,也为李太白此句感到气馁。入夜,两岸灯火次第,映在滔滔河流上,土腥味越发浓郁,兼有牛羊粪便和青草腐烂的气息。有风吹来,凉意如清水袭身。站起身来,看河水暗自喧哗,灯火不过是其上的一种色彩。人世间,所有的一切都在流动和转换,都在被时间悄悄篡改。我们几个在河边消磨时光,无论高雅还是低俗,都逝不再来。这种悲伤,无以复加。回到住处,我在便笺上写下一首命名为《面对黄河》的新诗。

这一天我在黄河,数河沙
数年华,数一个男人和一个女人

怎么才能够滔滔不绝，数黄河兰州段的羊皮筏子
以及渡河的风，怎么才能躲避
近在咫尺的生死。自古以来，人类多么不安
在黄河一边，数着河沙一样的时光
意志昂扬
低眉顺首
最深的疼痛如水滴石穿
如铁桥之上的脚迹，总是被尘土灌满

那时候正是核心
皋兰山上没了文成公主，也没了捉蝴蝶的小女子
兰州城里都是水，以及水和泥做的人
以及他们的居所。我在黄河边上与诗歌坐下来
像一块石头，或者被另一块石头碰碎后的肉色石头

人生何尝不是如此？面对黄河
繁如蚕丝的世事，只剩下几句老诗
"派生昆仑五色流""铁马长鸣不知数"
"黄河之水天上来"，"椎鼓鸣钟天下闻"
我只能喑哑不语，看对面的白塔山

看掌纹，看这个世界在我内心的那种颜色和响动
然后叹息，然后把今生此前的灵魂经验付之一炬

落日向黄河之心撒马狂奔。我复归安静
黄河之声在黑暗中加紧喧哗，身后是灯盏
等我淹没，等我从黄河岸边，向着北中国最结实的水槽和栏杆

好像写完这首诗后，我就从兰州回到了酒泉。列车过了铁桥，就觉得兰州离我非常遥远。我不知道如何产生这样的情绪，但它却异常亲切。作为甘肃省府所在地，兰州显然是甘、青、宁、新交会之地，是进出西北的第一站和最后一站。躺在硬卧上，一下子想起很多关于兰州的往事：除了皋兰山骑马黄河边喝茶，似乎还有与朋友到酒吧小坐的癫狂，在东方红广场吃烤肉、金鼎牛肉面和砂锅的惬意。喝啤酒是兰州夏天最好的活动吧？！烤肉串一把，把嘴唇染黑，啤酒不用杯子，举瓶仰头猛灌，流到胸脯上。这大致是兰州人最经常的消夏方式，夜里，常见几个人扎堆吃烤肉喝啤酒，开始时声音较小，一旦有人喝高，喧哗和嘶喊之声便此起彼伏，一直喧闹到凌晨，方才晃悠着回家。

相对于南方城市，兰州比较粗糙，大块的羊肉和牛肉，以及加了辣椒和醋的各种面食，大抵是这一带人最喜欢的。其中的牛肉面与兰州人息息相关，从大人到小孩，每一天都要吃一顿牛肉面才算舒服，这一天才觉得充实，没有白过。如此，对于兰州乃至甘肃人来说，牛肉面已经不是一种简单的饭食，而是一种心理的依赖与文化了。据说，牛肉面是一位名叫马保子的人发明于1916年。起初，此人贫寒，挑着做好的面食沿街叫卖。先是由炖熟的牛肉作为主料，后将煮过牛、羊肝的汤兑入，以至于牛肉面奇香扑鼻，受到人们的喜爱。继而，他开了一家店，他的面食随后大范围地流行开来。有美食者说，牛肉面以"汤镜者清，肉烂者香，面细者精"为其独特风味，以"一清二白三红四绿"的色彩取胜。

在甘肃的最初几年，我实在不喜欢牛肉面。几年后，却对牛肉面有了很深的依赖。每次到兰州，一下火车，要是早上，必定找一家牛肉面馆吃一碗面，然后再去办事。兰州的金鼎牛肉面，花样繁多，也最好吃。现南昌路及西北宾馆附近有一家牛肉面馆，也非常好吃。

当然，兰州不止这些。有些时候，不喝酒，而是几个朋友饭后去茶吧小坐，说各自的心事，讨论一些很严肃的问题，也非常地惬意。尤其是夜深人静之时,在安静的路灯下告别的情境,似乎比宏大的宴会和聚会更动人。

每每如此,回到宾馆,总是睡不着。在兰州,我总是如此。心里似乎有些东西,要吐露出来才能让自己安静一些。披衣站在窗前,夜越来越深的兰州有一种说不清的味道,稀疏的人和车辆,偶尔的呼啸和寂静略微慌张地走远。黄河涛声依稀可闻。更神奇的是,听觉里似乎有钟声,方向好像是三台阁或者五泉山。

五泉山在兰州市区南侧,皋兰山的北麓,因山上有甘露泉、掬月泉、摸子泉、惠泉和蒙泉五眼清泉而得名。有传说曰:汉武帝元狩三年(公元前120年),霍去病带兵至此,以马鞭抽打山崖,遂有泉水。传说嘛,当然有些穿凿附会。五眼清泉之外,庞大的古代建筑群如蝴蝶亭、金刚殿、大雄宝殿、万源阁、文昌宫、地藏寺、千佛阁等依山就势,层层相叠。此外,还有文昌宫并诸多石阶栈桥和亭阁四廊。

站在五泉山上,兰州尽收眼底,窄长的城市分披黄河两岸。对面的白塔山植被厚密,极负盛名。因为在兰州黄河北侧,古来便是重要关口。山下有金城、玉迭两关,山上白塔始建于元代。斯时,兰州等地为西夏占据。及至元初,成吉思汗致书吐蕃乌斯藏地区的萨迦派法王,希望通过会议和平统一藏区。萨迦派法王分析形势后，派属下一位喇嘛（名已不可考）去蒙古拜见成吉思汗，行至兰州时不幸病逝。1226年冬，元朝灭西夏，为纪念那位喇嘛，遂在白塔山巅修建了一座垩饰如雪的白塔并寺院。数十年后白塔塌毁，现存的白塔为明景泰（明代宗，1450—1457年在位）时期，镇守甘肃的内监刘永成重建，至清康熙五十四年（1715年）兰州巡抚绰奇再次修葺一新。

2007年夏天，我在网上与生活在江南地区的一位朋友说起西北。我说，要了解真正的西北，就必须从兰州开始行走。他连声说，一定要去一次兰州，再越过黄河到河西走廊，每到一个地方，停留几天专心看看，如此一直到敦煌、阳关，如果时间允许，还可以去新疆看看。我没想到他会对西北有那么大的兴致。他反复说，丝绸之路，那么遥远、神秘，充满混血情调。地域的无遮挡与独自巍峨，是江南地区所不具备的。唯独西北，才是放纵胸襟和驰骋想象，并在黄沙围困的诸多遗迹中念想往事的最佳之地。

朋友说来就来，而且要我去兰州接。一上火车，心里就隐约升起一团兴奋情绪。我也不知道这种情绪从何而来。对于兰州，我去过十多次，每一次都串街走巷，遍阅这座城市各种人为与人文。每次都会产生一些新的想法，关于那座城市及其民众的某种状态，充塞的满心都是。这时候我才发现，我与兰州这座城市已经有了一种相互渗透、不忍割舍的关系。接到朋友，一起再去皋兰山，给他讲自己获知的历史渊源和逸闻；在黄河边喝三泡台，背诵李白的《将进酒》。晚上去东方红广场吃地道的烧烤，喝啤酒。第二天去什川梨园（在皋兰县境内，以种植大量梨树而闻名，为当地著名的农家景点）。可惜过了春天，满树都是绿叶和梨子。蜜蜂在烂了的梨子上低头猛钻。我说，前几年春天，梨花开得如雪，我和几个诗人到过这里，在梨树下吃饭喝酒，再喝茶，日光从树叶之间不断西移，斑驳的光亮落在身上，有一种温热。我还对着他背诵了当年在这里写的一首诗：

  落叶下面是青草，酒水之上是苍天
  兰州什川梨园，阔大、安静
  秋风横穿稀疏花朵，梨子满树
  我注意到一些黄色的胶泥
  数十只黑色蚂蚁，还有翻来覆去的人的脚迹
  陌生、遥远、意义寡淡
  前来倒水的女孩子是羞涩的

一只蜜蜂，从我头顶，再到我的头顶

飞多么玄妙，梨子一生都想着大地不要逃跑

这首诗显然是一时意气，情绪一如既往低沉，虽有一点轻快。朋友也说，这首诗感觉包含不多，意指也有些单薄。几天后，我陪着朋友从兰州出发，过黄河、乌鞘岭，到凉州，去天梯山、文庙、白塔寺。一切都是我熟悉的，说起来就头头是道。再到张掖、酒泉、嘉峪关。在长城最西边，说起冯胜（明初名将，嘉峪关的主要修建者）和赵朴初的书法。再去敦煌、阳关。当年的李广利（西汉名将，曾征大宛，并带回汗血马，后被匈奴生擒，杀）、张仁愿（唐名将，曾修筑十二受降城，为河西节度使并安西都护府节度使）、张守珪（唐名将，曾为敦煌太守，安西都护节度使）等名将，还说到张议潮、曹仪金（二者皆为河西归义军首领），以及王圆箓（莫高窟主持，道士，湖北人，藏经洞的发现者）等人。返回酒泉，我送朋友上车，他举着相机，又拍拍旅行包，说这一次是满载而归。

却不料，我在返回单位的路上就接到他的电话。他用一口吴侬软语说，他没有直接坐车到上海再回宁波，而是又在兰州下车了。他说他还想去皋兰山上待一会儿，顺便去三台阁敲钟祈福；白塔山也要上去，据说那里有文成公主栽种的银杏树。我笑笑，说这样也好。他还告诉我，他此刻正在黄河边喝三泡台，还想起了我以前写的那首诗。他最喜欢其中"这一天我在黄河，数河沙 / 数年华，数一个男人和一个女人 / 怎么才能够滔滔不绝，数黄河兰州段的羊皮筏子 / 以及渡河的风，怎么才能躲避 / 近在咫尺的生死"。我笑了起来，声音很大，脑海里又出现了自己坐在黄河边的情景。挂了电话，忽然想，要是和他一起去兰州的话，此时我一定也在黄河边。再一次面对黄河，背后是楼宇和车辆，皋兰山上天空晴好，一些来自高崖与雪山的鹰隼，在空无和高渺之地鼓舞长风，神性而自由。

宁夏：贺兰山缺与塞上盆地

13世纪，元灭西夏，设立宁夏行省，取"平定西夏永远安宁"之意，"宁夏"之名由此肇始。而在此之前，昭昭日月之间，宁夏也是丝绸之路要道之一。从地图上看，整个宁夏就像一只大雁——鹰可能更准确，且朝向西北；再看，又像一个独舞的男子，姿态笨拙但却威武。整个宁夏，南北中轴，处在华北、阿拉善台地与祁连山褶皱之间。从腾格里—沙坡头进入之后，忽然就有了别样的意味，是那种开阔的起伏、宽厚的限制。腾格里最早出自匈奴语，且与祁连山同为"天"和"天神"。这片沙漠及其临近的黄河、中卫等大地脉流与人类聚居地，应是一种三角关系：一边远上青藏，一边匍匐入银川盆地，一边则攀缘阿拉善高原。其中的黄河，无疑是一根深植于宁夏内心的文化藤蔓与文明标尺。它携泥带沙，滔滔横贯，源头却是庞大的积雪和青藏高原的泥土、草根与砾石。

黄河就是一种浑黄的带走与绵绵不绝。

有几次在白天路过沙坡头，车在高坡上如钢铁旱龙蜿蜒，忽见一汪静水在一道峡谷里低眉信手，佯装贤淑女子。日光反射其上，波光犹如荡漾的黄金，向着天空和两边的石壁做出富贵的慷慨之姿。再从车窗另一侧看，黄沙成丘，平缓向上，间或有几株满身绿叶的沙枣树、沙棘和红柳灌木，以墨黑的散淡之色，临绝境而依然故我，自生自灭却不顾影自怜。

众多的小亭子以金碧辉煌的姿势，也像沙枣树一样站在各个山头上，而我却觉得有些骄慢和不相匹配。对于沙漠，树木才是它真心拥戴的王者，人工的构造显然做作。临河的地方是旅游区的中心地带，漫漫黄沙之中，众人奔腾呼啸，驼队响着铃铛。炎炎烈日，干燥的黄沙越发璀璨。

因为常年在另一片名叫巴丹吉林的沙漠生活和工作，对于腾格里乃至毛乌素、乌兰布和、塔克拉玛干等相同之地，总有一种难以言说的亲切感。这绝对算得上惺惺相惜、同气连枝。当时我还想，为什么有那么多人来沙坡头？一个荒凉之地、粗糙的场所，与时代氛围格格不入。

有几次于傍晚时分乘火车行至沙坡头,只见落日辉煌,苍天如幕,黄河在一道峡谷里乖顺如刚生产的新母亲,腾格里则以凸起的姿势,为它低头合十。那种情形令人震撼,又让人浮想联翩。

河流本就是对大地的一种持续串联和改造,就是对万物生灵的篡改与饲养。而黄河之于中卫和中宁,是一种回旋和休息,并缓慢地将它泥浆的身体与一方地域融合。

早期时候,腾格里乃至中卫、中宁、银川、灵武、吴忠、固原等地,是逐水草而居的牧场,是混血之地和帝国的边疆。商周至春秋战国,一个时为玁狁、后被称作匈奴的民族就在此地驻牧。他们显然是从腾格里的另一端——巴彦浩特—阿拉善高原—漠北蒙古地区汹涌而来的。他们在这里休养生息,自相雄长,也对中原帝国形成强大威胁。

这一片瀚海内外,该有多少杀戮的战争?闪闪的丝绸和宗教的筚路蓝缕。骑兵的马蹄飞溅黄沙,商旅的驼队满面惊慌。

入夜,我于昏黄的车厢内,在手机上写了一首命名为《夜过沙坡头》的诗:

嘿，北斗星在腾格里悬挂

北方匈奴横刀，黄河拐角有一声羊咩

在沙坡头我只是路过

跌倒的黄沙之间，西夏的刀子夜半啸鸣

铛铛铛，鹰隼从此失眠

刀锋从此锋利。向南踏碎农耕的马蹄

丰腴的突厥女人

胡腾舞里，饮酒的将军被风砍掉胡须

而此刻大地如此荒芜

除了星子，黄河一丝不挂，如人类最深的悲悯

静缓和奔腾，此刻我在火车上

灯光幽暗。邻铺的一个女人嘴唇微动

是北疆之外血红的情欲

是一个老人，怀抱羊皮于积雪中的睡眠

嘿，黄河从此流，黄河远上青藏

黄河见我在此黯然而过，滔滔逝者于此间悉数出现

这首诗歌该是无意识的，完全信手而出。我想，沙坡头乃至整个腾格里，包括临近的巴彦浩特、中卫、中宁等地，混血的、战争的、情欲的、悲怆的味道足够浓郁。而中卫给

人的第一印象该是枸杞了。多年前得知此物产自宁夏的时候，心里还惊诧了一下，觉得这不大可能。在没有来宁夏之前，我总以为宁夏如同一个气血虚弱的人，躲在甘宁蒙陕之间，要么有气无力难有作为，要么英雄按剑而不铁血沙场。怎么会有枸杞这种令人心疼和柔情万种的果实呢？

宁夏境内，水源最充沛的地方，莫过于中卫和银川。中卫虽然是一个县级市，但列车停靠的时间比区府所在地银川还要长一些。站台上大都是售卖枸杞的，我每次都买一些，带给朋友或者家人。有一次，娘家在西北的妻子说，枸杞是好东西，滋阴、明目，可以放在粥里煮，也可以泡酒喝，可入药，还可抓一把放在嘴里慢慢嚼着吃。

枸杞和我老家太行山的酸枣有些相像，红，小。但酸枣只可以润肺、去毒，枸杞则针对人的肾脏，这种鲜艳的果实，微小而有烈度的红、凝聚的力，有着脆弱的外表、强大的内心。这与宁夏给人的感觉有些相像。有几次下车，在月台上溜达，即使炎夏，空气也异常潮湿，风也是凉的，且有一种穿透的力量。

中卫的那种潮湿，也是西北很多地方不具备的，这是它的优势，也是它与西北其他地区形成区别的因素之一。从中卫到中宁，一路都是沃野，树木苍郁，两边的低山有着逃避的神色，感觉像是进入了一个别样的境地。也使人不得不感叹气候的力量，以及大地自适应和自改造能力。

银川也是如此，甚至较卫宁平原更为潮湿。尤其是从包头进入宁夏的时候，看到的是一种"清脆的苍茫"，还有一些缓慢"下陷的干净"。在西北，能够使人在瞬间恍若异地的，似乎只有宁夏和新疆的某些地方。从北京、张家口、集宁、呼和浩特、包头而石嘴山之后，躺在奔跑的钢铁机器上，很远就能闻到一种浓郁的水汽，沿途干燥而粗粝的空气陡然清冽起来，像是贴着阴处的水面呼吸，又像是在大雪后的冰上鼻翼翕动。不用想，银川就要到了。

四野平阔，如果是晚上，再有月亮，心中就瞬间幻化出边塞诗的意象和感觉。然后想起西夏、李元昊、兴庆府、西夏王陵、岳武穆的《满江红》、贺兰山岩画，以及张贤亮和他后来的那些作家诗人们。想起顿顿都会遭遇的羊肉；想起犹如南国水境的沙湖；想起最早居民遗迹的发掘地和现在镇北堡影视城；想起唐肃宗李亨继位并组织反击安禄山叛乱的灵武……尤其是这些人和遗迹身上所携带的历史文化意蕴乃至文学和精神的品质。

2013年，宁夏举办黄河金岸诗歌大赛，我以上述的那首和另外一首写黄河的诗歌获得二等奖,这才得以深入银川。第一个晚上,和梦也、阿尔、杨梓等人吃饭。饭后散步,梦也给我讲了诸多关于银川的事情。晚上躺在宾馆里,清晰地感觉到一种熟稔而又潮湿的气息。当然,如今的银川今非昔比,因为沙尘和工业,前十多年多次在列车上嗅到的那种宁夏特有的气味,虽然还在,但微弱了很多。

但它的天空依旧是西北的,高蓝,深邃,云朵变化无穷。尤其傍晚,落日之下,西天血染,俯仰之间,金碧辉煌,也悲壮莫名。

去看西夏王陵,正是中午。热烈的阳光将远处的贺兰山烧得乌黑而又光芒四溅。想起那山里先民画于岩石上的图腾,匈奴、突厥、党项、蒙古等民族留在那里的痕迹,羚羊、岩羊、北山羊、飞雀、牧马图,系有尾饰的人物、人面像、舞者,天体和马、羊、虎、神牛图……是他们的一种生活写实,也充满巫性;是一种记录,抑或也是创造文字的一种努力及其雏形。

岳武穆的《满江红》只一句笼统的"踏破贺兰山缺",便使得这一座其实不高也并不怎么著名的山脉令后世人耳熟能详,且一提起这个名字,就条件反射般地想起并没有率兵到过此地的岳飞及其事迹。这就是文学的力量。

在西夏王陵，感觉悲怆而又充满旖旎之想。党项和羌族，大抵是先前生存在青海和祁连山等地的吐谷浑后裔或者别支。这个民族在隋唐时期曾与中央帝国发生过剧烈摩擦，他们也都骁勇善战，曾经在陕西榆林地区包围杨广及其西巡部队，但很快又被贺若弼等人击败。不久，吐谷浑转而被逐渐强大起来的吐蕃慑服。党项先后两次向唐帝国请求归附，李世民和李隆基分两次将他们安置在今甘肃庆阳、四川松潘、内蒙古鄂尔多斯等地。

西夏的李继迁是一个枭雄式的人物，可惜英年时期死于吐蕃人的暗算；其子李德明再接再厉，使得这一民族初具帝国规模，尤其是他从盐池县迁至银川（兴州、兴庆府）的作为，体现了一个战略家的眼光。李元昊继位，开始向西征讨，他的大军越过卫宁平原和腾格里沙漠，数年之间，便将武威至敦煌，乃至整个阿拉善高原纳入自己的统治版图。尽管创立了文字，一切仿照宋室，但西夏也终究没有脱尽游牧民族残暴与"以力为雄"的传统。由李元昊掠夺其子妃为妻，其子不忿，用刀削掉李元昊鼻子，李元昊痛极而死开始，这个庞大一时、长期与宋辽呈鼎立之势的半游牧汗国，也没能逃过"其兴也勃焉，其亡也忽焉"的命运。

西夏王陵静静地坐落在一块偌大的平地上，背后的山势浑圆，状如王冠，也如墓冢，在日光下显得黝黑。四面空旷，两侧和前方有树林。站在前面凝望，忽然觉得离奇，还有些莫名的惋惜。西夏王朝的党项，似乎与五胡十六国时期的匈奴鲜卑后裔很相似，都是儒家文化的学习者和农耕帝国文明的极力仿制者。但他们从中学到的不是宽仁统治与安民之术，而是权谋与兵法。

中原帝国也是如此。

作为一个强大的游牧汗国，西夏染指过北宋，也打了几次胜仗，但却难以持续。因为在它背后，先后有女真和蒙古崛起。尤其是后者，不仅是西夏的掘墓人，也是女真和宋朝的终极敌人。1227年，蒙古铁骑横扫西夏，这个鼎盛一时的帝国，数月之间就形同乌有。在王陵一侧的博物馆参观时，我也惊异于西夏人创造的文明，尤其是它对宁夏地区历史和文化的影响，只是太过短暂了。看李继迁、李元昊、李乾顺等人的往事，虽然也有可圈点之处，但不够大气和恢宏。说到底，西夏王朝有气吞万里的气概，却没有至高至大的东西让人心悦诚服、心怀敬仰。

在去沙湖的路上，我以《在西夏王陵》为题，即兴写了一首诗。

西夏王陵　张立杰摄

西夏王陵静静地坐落在一块偌大的平地上。背后的山势浑圆，状如王冠，也如墓冢，在日光下也显得黝黑。

或许只是一连串坟墓

王者和他的殉葬品。这一片地方过于开阔

连背后的山头都在摩挲青天

两边的杨树林足够茂密

前侧也是。起码胜过党项人的历史

这一个秃发的国家

茂盛从不是西北地区的强项

西夏依然。从盐池到兴州或兴庆府

黄河是拴在腰上的

大漠捧在手心。玉门绝不是他家的门槛

唯有萧关。李继迁

李德明、李元昊、李乾顺

发灰的名字,怀抱马蹄和火焰

还有文字和经卷。而这是一千多年后的银川

大地一如既往。一个人有时候不如一只小麻雀

用以覆盖王者的一百斤黄土

在西夏王陵我左走三步,右走三步

影子也是,然后看看天

想叹息,但没有力气;想和你说说往事

蝉鸣震地，我只好摸摸鼻尖，到那边买水喝去

这种心态很复杂，但与我在西夏王陵的个人感想极为吻合。

车辆穿过的银川城市阔大而整洁，尤其它的街道，多数笔直且雄阔。两边的楼房没有太高的和特别华丽的。从高处俯瞰，整个银川就像是坐落在滩涂上的一处略带仙气的众生聚居之地。

沿途视野极为开阔，大野苍茫，长天流云，极目远眺，横无阻隔。

沙湖地处宁夏石嘴山市平罗县境内。远远看到一大片绿色之地，在四野焦黄之中赫然匍匐。俨然一个巨大的胸腔，安静、幽深、卑微而又自在。沙湖的题名很多人知道，导游的解释不仅无聊，且腐朽得让人想起王刚扮演的和珅恭维乾隆皇帝的那些话，尤其是那种神态。但笑笑是最好的。

那种饱含泥土的水汽，还有植物根和叶子在生和死当中挥发出来的味道，强大而细致地逼近人的呼吸。我没想到沙湖那么大，茂盛的芦苇犹如列阵齐整的兵阵，平缓之水宽阔无际。有一种犹如置身海南，将身泽国的恍惚感。

沙湖这个名字极为形象、准确。沙中之湖，庞大的湿地，

大地之肺。日光凌厉，照得混浊的水面波光粼粼，令人眼花缭乱。船行之后的旋涡很小，但很多，一圈圈荡漾，不急不躁，犹如淑女的碎步。

众人大声惊讶。他们也和我一样，没想到银川还有如此大的一面水域。河流不仅是一种汇集和流向，且是一种贯穿。人也是如此。黄河对它沿岸事物，尤其是人的影响，从来就是潜移默化而又立竿见影的。因为黄河，宁夏之地才在刚硬的自立之中多了一些柔媚与兼爱；因为黄河，也才使得版图最小的宁夏具备了一种独特的地理文化和人文性格；因为黄河，宁夏完全可以成为易于安身立命又充满兼容气质的一方水土。就像这万顷沙湖，众鸟翔集，众鱼活跃，众多的植物虽然不善于腾跃闪现，但异常葳蕤，且充满粗硬的向上的力量。

尤其是湖中的沙丘，或三五毗连，或单独耸立，或在湖水之外，或在湖水内里。远远看，苍翠与焦黄相依并存，死亡与生机交互出现。自然是生命各种形态在大地上的镌刻与显示，也总是在揭示生命真理。在船上想到这些，心情不免沉重。转而看犹如绿色围墙的芦苇，丰密、深邃。导游说，沙湖有白尾海雕、黑鹳、白额雁、天鹅、鸳鸯、灰鹤、苍鹭等，芦苇丛中，鸟巢多得数不过来，鸟蛋五颜六色。湖里还有鱼，尤其武昌鱼、大鲵，北方一般地方没有。鳖大得好像成了精。

每一个地方都有异于其他地方的生物圈。在宁夏，沙湖可能是自成系统的一个生物生态圈。船的尽头，是巨大的沙山，光脚爬上去，张目环视，只见蒹葭苍苍、大水汪洋，令人心胸浩瀚、气韵丰沛。沙子滚烫，但很松软。一路狂奔，到岸边歇息。同行的朋友说就在这里等到傍晚，再看贺兰晴雪。

对这一盛景，我听说许久，当然想亲眼一睹。可惜，导游没有安排这项活动，只好登车返回银川。一路平坦，使人不由觉得，从石嘴山到卫宁平原，其地理人文是一脉相承的。在古时，完全就是一个大校场，可以策马狂奔而不用缰绳，放牧万千牛羊却不必担心无法收拢。

诗人杨森君从灵武来。这是一个黑脸大汉，优秀诗人。几个人坐下来吃驴肉，喝一点酒，聊诗歌。森君说可以去他的灵武看看，我说下次肯定还要来。灵武是粟特人后裔居住之地。安史之乱爆发后，李隆基由灵武转道成都。太子李亨留下，与李泌、郭子仪、李光弼等人组织平叛。不久，李亨继位为唐肃宗。多年前读《新唐书》，我记得这个发生在灵武的故事。

唐德宗时期，灵武是唐与吐蕃的边界。以参与平定安史

沙湖　杨献平摄

每一个地方都有异于其他地方的生物圈，在宁夏，沙湖可能是自成系统的一个生物生态圈。船的尽头，是巨大的沙山，光脚爬上去，张目环视，只见蒹葭苍苍、大水汪洋，令人心胸浩瀚、气韵丰沛。

之乱为由，吐蕃和回鹘恃功自傲，在唐境内烧杀抢掠，唐各级政府不敢约束。某一日，吐蕃突董等商人带几百峰骆驼的货物至灵武。

振武军首领李晟闻听，故意留突董等人住下。同时请示唐德宗。李晟故意让士卒轻慢突董等吐蕃商人。突董大怒，鞭打唐士卒，李晟借机将之全部杀掉。解开货物一看，吐蕃商人所运的都是从唐地抢掠的年轻妇女。粟特人大都来自汉唐时期西域的昭武九姓国，全民皆商，无人匹敌，是当时亚欧大陆上最成功的商人。

张贤亮是他那一代作家中最为卓尔不群的，他的《绿化树》《男人的一半是女人》等作品，我十多岁时就读过，至今记忆犹新。次日去他的影视城，张贤亮在其中复原了一个民国的银川，虽然只有一条街，置身其中，真的有穿越之感。其他景点也充满边地与冷兵器时代特色，穿行其中，总觉时空交错。

下午返回时，银川诗人和诗评家小田送我到河东机场，还给我带了一大箱子红煞人的枸杞子。

飞机升空，从舷窗俯瞰，如带的黄河，犹如大雁与鹰隼，男性独舞者的宁夏，逐渐小了，也逐渐深了。想起前些年的穿行和这一次的"身体力行"，感觉丰饶而又咸涩，还有些迷离和不可言说。表达永无止境，尤其是一方地域的地理人文和个人感受，文字很多时候显得单薄。唯有前往，唯有体验，唯有用心，也唯有"此时我在"与"大地永恒"。我拿出纸笔，再次以诗歌的形式，写下对银川抑或整个宁夏的一些似是而非、欲言又止的感觉与认知。

像一只鹰，一只大雁
一个独舞的男人。整个宁夏恰如其名
黄沙作为外衣，大河穿心洗骨
在银川我总是潮湿的
一百颗红枸杞
羊肉的多种做法
就好像，一个人一个脾性
一个人一种看我的
深黑和幽蓝。可惜我只是稍待几天
在沙湖看到贺兰山，于西夏王陵感觉时间洞穿
亲爱的朋友总是美好，亲爱的大街上
尘土之中的水腥味。楼下的商铺被柳枝挤满
夜里我呼吸干净
不做梦，可总觉得有些往事

在窗外翩跹。有些刀尖入水的贴切
有些风专抚额头。当我睡下,醒来的银川日光爆满
身体内总有一种味道
灵魂站在草尖上。也总有那么样的一个人
笑或者不笑,就那么随意地发出一声呼喊

包头：赵国边塞与敕勒民歌

包头是银川的近邻，也是丝绸之路的交通要冲。在史前时期，阴山上下，浩荡的群草葳蕤丛立，无数的花朵在日月光亮之中与众不同；牛羊和它们的牧人在岩石上端坐，或者在马背上甩响鞭梢；当然，那些男人是带刀的，背上还有弓箭；女人一般不出远门、不参与战事，就在某一处临水的草地上，用雪白的胸脯奶孩子，或者蹲在牛羊的后胯挤弄奶汁。

山顶永远是开阔之地，站在上面的人，不是勇士就是巫师。这是一个逐水草而居，"举事常随月，不苟礼仪，胜则进，败则退，不羞遁走"的民族，他们的先祖可以追溯到百年前闪电于整个北方草野和荒原的匈奴民族。淳维、头曼、冒顿、老上、军臣等名字，不仅是他们的先祖，更是他们的血脉和精神图腾。然而，当中央帝国耗尽百年积蓄，与之决战的时候，这个蒙古高原上第一支苍狼劲旅与强大游牧军团，也在"其兴也勃焉，其亡也忽焉"的历史铁律中分崩离析，最终分成南北匈奴。南匈奴攀附于西汉政权，进而内融，被分置于安徽、河南、山西、陕西、河北、山东等地，在强大的汉文化之中，逐渐消匿了自身的民族习性和特征；北匈奴向西征战，威震西域和中亚，但最终在陈汤、甘延寿并西域诸国联军之下，失败于郅支城。

然而，人也如草木，只要大地还在，就会年年滋生。尽管无人躲得过生死，但生命始终是强盛的，也是接续的，就像那些遍布泥土和砾石之间的根脉。我想，当初生存于阴山一带的敕勒人，大抵是南匈奴呼韩邪与丁零的后裔或者旁支。在历史蒙昧时期，中国北部之苍茫高原与瀚海泽卤之地，多的是"以战止战""以战养生"的大小游牧部落，他们相互杀戮，以争夺有限的生存资源和军事纵深。弱者为强者附属，强者主导弱者命运，这不仅是丛林法则，也是历史演化之必然环节。

异族之间通婚的表面是一种极为有效的血缘融合，但新的民族也因此诞生。敕勒族大抵是《魏书》中所记载的高车，前身可能是丁零（长期为匈奴所驱使），他们的图腾崇拜是苍狼。《魏书·高车传》中有这样的记载：单于生有两个女儿，长大后，臣子们建议将她们嫁给本部贵族。单于则说，不可以，这么美丽的女儿，一定是上天的眷顾，怎能嫁与凡人？还是许给天神好。后置一高台，让两个女儿在上面等候天神迎娶。多日后，不见天神，只见不远处有一公狼日夜冲着高台号叫。单于女儿觉得，那狼应当就是天神的化身了，遂下高台，与公狼婚配，后繁衍成国，是为高车。而高车，即为后世强大一时、与唐帝国有过深刻接触的回纥（回鹘）。北朝时期，阴山就是高车的领地。这个几乎与匈奴、东胡、羌、乌孙、楼烦等一样古老的游牧部落，在北地农耕帝国区域之外，生活习性几个世纪以来并没有太多的改变，依旧随水草迁徙，在不断的征战之中获取狭小和有限的生存空间和资源。公元5世纪末期，北朝著名将领、后来的东魏帝国建立者高欢便出生在怀朔镇，即今天的内蒙古包头市固阳县。

事实上，早在启程之前，阴山就横亘在了我的念想里。2015年6月的成都，持续发热，而我的内心却总有一种清凉。不仅阴山，甚至整个中国北部边疆，在身居南方的人意识当中，都自然地散发着一种类似风吹积雪的感觉。作为一条伟大的山脉，一旦想起，耳际就会传来那首古歌："敕勒川，阴山下。天似穹庐，笼盖四野。天苍苍，野茫茫，风吹草低见牛羊。"词很简单，却又丰饶到了极致；只是一种描述，但具备了直击人心与打磨灵魂的力量，尤其在人和自然越来越远的当下，一首古歌所承载和表达的，已经不仅仅是一种古典而美好的情绪和生活图景，而是一种具有纵深度的悲悯与宛若悼歌的惆怅。

飞机进入北部山野，俯视之下，苍茫大地，大面积裸露，越发接近它原始、蛮荒、起伏、无际的本质；越发使得观者内心产生一种深刻的悲悯与无法遏制的心灵回想。对于包头，这是我第二次来到。第一次是在十多年前，同两位朋友由呼和浩特于傍晚闯入，紧接着是一场豪酒，再后来沉沉醉倒；直到第二天上火车，心智和身体也还被有些沙沙的马奶酒所劫持，到兰州才发现，这一次的包头行竟没一点实际印象，只是马奶酒、羊肉、灯光和几张日渐模糊的脸。

而这一次，我却发现，包头虽然在北部边疆，但其面貌和气质，是与西北息息相通的。热烈的日光无遮无拦，在同样无遮无拦的荒滩、城镇与村舍田地之上，像是一层慢慢燃烧的火焰，总给人一种阔大的焦灼之感。傍晚，落日熔金，大地雄浑，极目之处与仰望之间，忽然觉得那首古歌越发清晰，好像就在风中，或者说，那里的风似乎一直在重复着那首古老的歌谣："敕勒川，阴山下。天似穹庐，笼盖四野。天苍苍，野茫茫。风吹草低见牛羊。"如此循环往复，一刻不停。好像是包头乃至阴山地区的一种特有的声音，雪意浓重并且低沉、辽阔。我甚至可以从中感觉到尘土和草芥混杂的气息，感觉到牛羊粪便及其交配与遭遇狼群时候的惊慌失措意味。

这就是古老牧场传承的地域力量，这也是苍茫北疆在时间长河中积攒和挥发的、氤氲不散的原始气息。

说到底，骨子里我还是向往披发猎苑、纵横草原瀚海的游牧生活。尽管从族源上说我早已是纯粹的汉族人了，可心性和血液里，始终涌动着放任大漠与草原的雄性力量与铁血梦想。而阴山及其绵延的狼山、乌拉山、大青山、色尔腾山，都曾经是历史上各大游牧民族的驻牧地与军事屏障，也是中央帝国与游牧军团屡次大规模战争对决之地。阴山及河套平原发生的大小战事，从本质上说，更能代表农耕和游牧文化之间的不兼容，以及历代中原王朝与边疆民族互不相让的利益诉求与文明冲突特征。

当晚，与当地诗人赵剑华、马端刚和王旭东等人饮酒之间，我猛然感受到游牧文化对生存于此地人群之绵延无尽的影响力。他们每一个人都歌喉嘹亮、雄性张扬，歌声中既有游牧的粗犷,也有北地之苍茫与粗粝。

对于游牧民族来说,肉、奶、盐巴和茶叶是必不可少的。盐巴和肉滋生力量,奶与茶叶则衍生柔肠。在辽阔的高寒地带,在无休止的积雪与荒原之间,游牧的精神力量往往来自于天空和大地之间雄壮而奇特事物的影响,以至于他们认为万物有灵,苍天最大,大地上的一切事物,包括人和其他生灵的命运,都出自上天的意志。这些生活在游牧者故地的人,其先祖大抵是从内地省份因各种原因迁居包头的,是包头、庞大的阴山,特别是那种自古以来的游牧文化底蕴,深刻地影响了他们的饮食习惯和文化传统,以至于他们也像蒙古人那样,性格坦诚而雄健,并善用歌舞抒发内心的情感。

似乎还没行驶多长时间,就到了固阳县。单从名字看,这里一定是兵戈之地,还可能做过某个王朝的边疆要塞。车子出城,迎面便是青山,不高,山道弯曲,坡上青草刚刚长成。这也是北方与南方的区别之一。春风及其携带的生机虽然均匀和平等,但大地是有秩序和次序的。此时的成都乃至四川境内,草木茂盛,新叶再绿,而塞外阴山,却还是仲春模样。

我不免有些失望,《敕勒歌》中的情景早已荡然不存,草木竟然如此稀薄,连低眉顺眼的岩石都没能遮住,别说狼、豹子、老虎、棕熊，即使野鸡和野兔安家也成问题。"天苍苍，野茫茫。风吹草低见牛羊"的远古盛景只能在想象中起伏浩荡了。禁牧成了保护环境的一个冠冕堂皇的借口。人总是在追究自然之过，而很少反省自己之错。沿着一面植被稀薄的土坡向上，登上一座低矮的山头，方才看到，这一带并没有特别突出的山峰，只是一座座的小岭和山包，莽苍而又深远。一侧山岭上，有一座塑像，一个勇士骑马射箭，盔甲黝黑，战马嘶鸣。这造型在河北邯郸也有几座。我知道，在战国时期，阴山曾经是匈奴和东胡的领地，四周还散落着丁零、楼烦、白羊等较小的游牧部落。

如今的山岭之上，还有断续的赵长城，蜿蜒曲折，伸入天际。

赵武灵王是一个十足的"军国主义者"，是彼时中原诸侯国中最具雄才伟略的君主和王者。他改长袍宽袖为易于作战的"胡服"的第二年，这个被梁启超称为"中国之大彼得"的军事家和战略家，便开始了对时常侵扰赵国边疆的北部游牧力量彻底反击，并在短短几年时间内，就将那些"来如闪电，去如飞鸟"的"野蛮力量"驱逐到阴山以北的空旷地带，彻底消除了这些游牧力量对赵国的威胁。与此同时，赵武灵王还展开了对中山国连续性的军事打击，并于公元前296年

赵武灵王雕塑　杨献平摄

赵武灵王是一个十足的"军国主义者",是彼时中原诸侯国中最具雄才伟略的君主和王者。他改长袍宽袖为易于作战的"胡服"的第二年,这个被梁启超称为"中国之大彼得"的军事家和战略家,便开始对时常侵扰赵国边疆的北部游牧力量进行彻底反击,并在短短几年时间内,就将那些"来如闪电,去如飞鸟"的"野蛮力量"驱逐到了阴山以北的空旷地带,彻底消除了这些游牧力量对赵国的威胁。

将之消灭。

这可能是赵国强盛的顶点。赵雍这个君王特点独具,即使在彼时纷纭的诸侯国中,他也极少与人雷同。赵雍理想主义情怀颇重,且非常有情义,禅位于公子何(赵雍次子,赵惠文王),令其主内,自己则领军事,自称主父。这种超越时代局限的二元政治模式,可谓赵雍首创。期间,赵武灵王曾乔装打扮深入秦国,并见到秦昭王,其胆略,在彼时诸侯国君之中,鲜有人能比。但问题往往出自内部,原太子章与辅国田不礼不满于赵惠文王,起兵杀死赵惠文王的得力助手肥义,但很快失败,投奔时在沙丘(今河北隆尧)的主父赵武灵王。赵惠文王令公子成和李兑围困沙丘长达三个月,并以主父窝藏反叛者为由,断绝粮食和水供应。可惜一世英武的赵武灵王,生生被饿死,年仅四十五岁。

站在早已面目全非的赵长城上,黄土凝重、湿润,杂草丛生,时间是消弭一切的万能神药。斗转星移,物是人非。想起那位骑马奔纵于北疆旷野的君王,不由黯然。倘若上天再假以赵武灵王生年,赵国的疆土未必只是那么大,赵长城或许会修建在阴山之外,最终统一全国的未必就是虎狼之秦。尽管,再坚固的城墙也不能阻挡游牧民族的马蹄和弓箭,长城最多算是连续的界碑罢了。真正强大的国家,一定是开放的、包容的,也一定是自信的,绝不是向内收紧、向外唯诺。在君王时代,领导者阔大的胸襟,对臣子和民众的信任,往往是凝聚全民之心、聚敛勇气与英雄主义的不二法门。

与赵武灵王同样是军事家和战略家的李牧,也是一位旷古烁今的战神。其在雁门和今河北怀来等地为赵国守边,以"坚壁清野,不令所获"的战术使得匈奴出兵多年而一无所获,为赵国积蓄了战备力量。后以"不战"和"怯战"之名被解职,代之的将领积极出战,但每次都被匈奴骑兵打得落花流水。赵国再起用李牧,李牧开出的条件是:将在外,请给予足够的自主权。重新上任之后,李牧集中兵力,一举击溃匈奴主力,使得匈奴多年"不敢近赵边"。在与秦国对垒中,李牧领兵稳扎稳打,秦国不得前进一步。秦国贿赂赵丞相郭开,郭开贪而卖国,目力短浅,逼迫李牧自杀。几个月后,秦国大军鲸吞昔日雄赵,强盛一时、出现过廉颇、韩厥、程婴、公孙杵臼、蔺相如、赵奢、李牧等七贤,唯一堪与秦国相抗衡的赵国就此成为秦的一个郡。

山峦莽苍,天地恒久,人在大地上感喟,无非历史,无非前人,成败其实并不重要。重要的是历史常常让我们觉出世间诸般事物的奥义,如人的命运,君王也好,布衣草民也罢，再卓绝的智慧和作为也有缺憾存在，再微小的生命也会创造奇迹。历史教给我们的，只是后世无尽的猜想和叹嘘。再转到秦长城，蜿蜒如龙的山脊上，一道石砌城墙在日光流云之下沉默，与周边的岩石草木混为一体。如果不标明，谁也不会认为这是二千年前的一道军事屏障。

这一带的秦长城大抵是嬴政蒙恬、太子扶苏的"作品"。刚刚取得对诸侯国兼并的胜利，秦始皇即组织了对长期以来的边患——匈奴的反击。蒙恬以三十万大军出塞，数月之间，就将时由头曼为单于的匈奴驱逐千余里，一举收复河套地区并阴山南北。与此同时，秦以犯人并多地移民充实边地，修筑城池亭障及防御设施。这一次，是中原帝国继赵武灵王、燕国秦开等之后，对北疆游牧民族的又一次大规模反击和空前胜利。可惜，公元前210年，秦始皇驾崩沙丘，赵高和李斯篡改诏书，逼迫太子扶苏自杀，蒙恬被押回咸阳后服毒而死。几年后，皇皇大秦，在未见衰败与消亡的巍然之下，顷刻间分崩离析，气象倾颓，短暂如候然一梦。

如今的我们，时间中的又一波尘沙，在大秦的长城上，无非是看看、走走、想想，而后作姿留影。所为不过到此一游，满足一下对历史遗迹的好奇心，进而作为一种生命和思想的履历而已。只是，这一带山上，植被较为厚实，杂草和荆棘在充满砾石的泥土中扎根,并以干枯而绿意昭然的身体在风中招摇或沉默。站在硬石堆砌的老长城上,面对时间的遗物,头顶瓦蓝天空与宛若丝绸的云朵,如此苍茫与高远之地,如此深切的历史与现实比对,我忽然想现场写一首诗,唯有诗歌,才能表达我此时此刻的内心感受与灵魂经验。

  人生如脚下硬石,头上的天空
  流云系住的,时间额头上的一绺白发
  积雪日渐成为传说,尤其在敕勒川
  阴山下,我所能看到的历史
  大地上的遗迹何止这些?秦是一个开创的朝代
  但不是唯一。时间之中一些人拔剑骑马
  一些人被铁器刺穿
  剩下的一些,不是流寇
  就是流放;贩夫走卒向来缺乏记载
  后人凭吊的,只不过是英雄脸上的一颗泪滴
  帝王及其亲属争风吃醋
  如今我还是草民,在皇皇大秦的边疆
  李靖和东突厥旧战场
  所思不过沧桑,所望的山峦

再向南百里，城市显然与之格格不入
无论你走开多么远
睡得如何深沉，"可我们同体相连
凡此疆域者，我时刻能够看到你的骨骼和血管"

当然，长期作为边疆、游牧部落的前哨阵地与牧场，敕勒川、阴山南北，从没有一场战争能够永消兵戈。唐时期，名将李靖等人在此与东突厥决战，最终活捉颉利可汗，东突厥就此消失；但不久，后突厥再起，另又有回纥、吐蕃、薛延陀、铁勒等诸多民族重新扮演了东突厥的角色。自秦汉至明清，所有发生在今之中国版图上的战争都是内战，作为一种历史演进形式，内战的作用力不仅体现在当时，也延宕至今，并使得我们在历史之间总是会发现一些令人悲伤的东西。

而这种悲伤，不仅是一国一族的，而是全人类的。带着这种飘忽而又令人心重的历史个人情绪，再去看五当召，唯一一座修建在草原上的藏传佛教寺庙。站在正在修葺的门外广场，仰望之间，红色醒目而又肃穆。我想，这座寺庙也当是历史的产物，可以看作是蒙藏民族共同历史及其民族友谊、相互融通的一部分。进门，满目都是历史陈列，都是王朝与宗教的相得益彰。面对佛像及其法器、壁画和故事，我总是觉得神奇，旋即又有一些玄妙的想象和想法在脑际展开，祥云飘生，万物安详。

连续几天走和看，每到一处，风中传来的依旧是《敕勒歌》，即使在废弃的大发煤矿诸多破烂建筑之中，《敕勒歌》的声音也丝毫不减，在小雨之中，在乌云之下，在堆满废渣的矿井和生锈的铁轨上，缓慢、别致、深沉、嘹亮的歌声一直在内心不竭回响。当地的朋友说，阴山南北矿藏众多，数量也大，但大地本身是有限的，唯有人的欲望无尽。面对一座座早已衰败的房屋与矿井、煤场，我想从中嗅到一股人味，可能这是奢侈的，当人离开之后，一切都会交还给大地，自然的吞吐能力远超人的想象。

可是，人的创造力总是与破坏力成正比。

当地的文广新局局长王旭东说，石拐区想将大发煤矿进行改造，作为一个新的文化产业点。从这一点上说，石拐区是有眼光的；经济始终是手段，文化才是灵魂的东西。至此我才准确得知，石拐区拟在近年以内，以大发煤矿、五当召、固阳的赵、秦长城遗址、达茂旗的草原等地为主要"衔接点"，联合开创旅游产业链。这个设想可能是切实的，废墟再利用、藏传佛教、风吹草低的广袤草原，一连串迥异的风景，给人

废弃的大发煤矿礼堂　杨献平摄

的观感和体验也将是与众不同的。

但在达茂旗,由于时间原因,我却没能够进入草原,只是在一个博物馆内观看。对于蒙古乃至其他游牧历史较长的民族,他们雄壮而奇崛的生存和发展历程、悲怆的传奇、卓绝而独特的风习文化,在任何时候,都体现了人类艰苦卓绝的创业精神,也体现着人类在漫长的自然变迁和生存中顽强的生命力,尤其是他们的英雄主义精神和能够与自然呼应的天性,都是我倾心热爱的。

中午我本不想喝酒,但禁不住劝,也禁不住歌声。在草原上不喝酒,我一直觉得那是懦夫行为。草原可以令人打开隐秘的内心,可以让人觉得一种开阔,尤其是在城市待久了的人,还有什么比在草原上喝醉酒,且歌且舞,而后躺在草地上仰天大睡更男人、更雄性的事情呢?!

我喝晕了,然后睡着了。

醒来已回到石拐区。这个新建的行政区,就在阴山之下、河套平原之上,四周茫茫无遮拦,区域内街道宽敞,整洁有序,人虽然少些,但非常安谧与恬静。晚上再喝酒,又多了之后,与朱纯贵、诗人梦也、郭晓琦、李皓、夏海涛、熊曼、马端刚,散文家白琳、邱爱枝、唐荣尧,小说家卓慧等人唱了几首歌,其中就有腾格尔的《蒙古人》《天堂》和《敕勒川》。

因为酒多，唱得不够舒展，但很快乐，还有些癫狂。

晚上，当地朋友送我上车，是继续向西的列车，比包头和阴山更远。

凌晨了，我还是睡不着，晃悠悠的列车越过银川、黄河，直奔甘肃境内，而我的脑海里，满是包头、阴山、残损的长城、鼎盛的寺庙、想象中的达茂旗草原、一片沉寂的大发煤矿遗址……当然还有人，这些天和我一起的那些朋友，有的早已见过，有的第一次谋面。

坐在凌晨的列车上，大地过往，一切发黑。想起数日之间的阴山，人和物，历史和现在，心里总是回旋着那一首遥远的《敕勒歌》。它总是那么深切、动听，那么富有生殖的气息与生命的动感，还有一种精神与灵魂的意味。作为一首古歌，其实它没有一点陈腐与隔膜，于现在默念和聆听，就好像一粒积雪落在心脏，一只手抚摸前额，一匹马和它的鬃发摩挲骨头……随即，群草蔓延开来，浩荡、紧密，汹涌至极，覆盖阴山乃至辽远的大地。

武威：昔日重镇与现实幽微

从兰州，过黄河和天祝藏族自治县，再乌鞘岭之后，就是武威了。乌鞘岭被认为是东亚季风到达的最西端、陇中高原和河西走廊的界山，同时也是半干旱区向干旱区过渡的分界线。其主峰海拔三千五百六十二米，气候复杂，有"盛夏飞雪，寒气砭骨"的说法。当然，乌鞘岭也是陆上丝绸之路的必经之路。

武威这个地方，历史何其悠久，大致是河西走廊诸城市之中文化最为多样、深邃与丰沛的。不论是先秦时期的磨嘴子（凉州区）、东坪（天祝藏族自治县）的马家窑文化，还是皇娘娘台、海藏寺（均在武威市区）的齐家文化，以及沙井子（民勤县）、暖泉（古浪县）的沙井文化，都是有力的证明。周时，武威为雍州属地，春秋时期被西戎占据，后为大月氏驻地。公元前174年，匈奴击败月氏，匈奴的休屠王修建了盖臧（即姑臧）城。清代武威籍的历史学家张澍《凉州府志备考》载："前126（汉武帝元朔三年），改雍州曰凉州，以其金行，土地寒凉故也。"凉州因此得名。公元前121年汉武帝派骠骑将军霍去病出陇右击匈奴之后，整个河西走廊被纳入西汉版图，设置武威、酒泉、张掖、敦煌四郡。

五胡十六国时期，武威曾经出现过五个王朝。其一前凉，为汉族人张寔所建。最强盛时候，其统治疆域包括今甘肃、新疆及内蒙古、青海等地，前后76年。其二后凉，由氐族人吕光建立。据说，吕光为西汉皇后吕雉的族人。其三西凉，为西汉名将李广后裔李暠建立，前后21年。其四北凉，由匈奴支系卢水胡族的沮渠蒙逊所建，前后38年。其五南凉，由河西鲜卑族秃发乌孤所建，前后18年。

对于此地，我去过多次。有一次，是在日暮时分，老长城在河西走廊蜿蜒隐匿。血红光芒中，祁连雪山冠带巍峨，合黎山全身光秃，偶尔的茅草在山脚下随风摇曳。快到武威的时候，再次想起《凉州词》，竟有激越之感，胸中生悲，而豪气凛然。到达武威，天幕星辰闪耀，地上灯火安闲。从汽车站出来，迎面遇上一股凉风，似乎从一侧的天梯山奔涌

武威：昔日重镇与现实幽微

而来。

夜晚的武威，有一种别样的迷离与慷慨气息——可能是携带了太多的历史烟尘之故，令人从内心深处感到某种雄浑的苍凉和繁华。或许，这种苍凉和繁华本是一个不可分割的整体。在历史的黎明时期，"蓝眼红须"的乌孙人可能是这片土地上最早的自成气候的游牧部落。再后来的印欧人种月氏部落将他们驱赶到了伊犁河流域。公元前176年，匈奴冒顿再次对月氏悍然用兵，派遣其子、后来的老上单于稽粥，将月氏一举赶出了河西走廊，从而引发了中亚至欧洲之间的一系列民族大迁徙。

这一连串的占据和撤退、胜利和失败，在武威的痕迹清晰而隆重，但在后来的汉中国、氐羌、鲜卑、党项、吐蕃、回鹘、蒙古等部族的轮番清洗和覆盖之下，渐渐销声匿迹。公元前121年，骁勇的骠骑将军霍去病引兵往河西走廊接应降汉的匈奴休屠王，对武威采取的是迂回包抄的策略，先行斩断了匈奴通往西域附属国的通道，而后将南邻乌鞘岭、东踞腾格里、南依祁连山的武威收入西汉版图。自此，在蒙古高原强盛两个多世纪的匈奴被汉中国犹如尖刀般的切割和插入，溃败之象昭然若揭。

失败了的匈奴，向西的哀歌至今在高耸的山间回荡。直到公元1969年雷台汉墓的发掘、马踏飞燕的隆重现身，才使得匈奴在武威乃至蒙古高原的历史得到隆重的印证。尽管他们以扭曲的面目、失败的姿势，展现在当今人们的面前，摒弃其中浓郁的民族主义和政治因素，只对匈奴及其帝国历史而言，应当是一个莫大的宽慰和另一种形式的见证与铭记。

而另一个王朝的出现——早年被匈奴冒顿单于一战而平的东胡，在北匈奴郅支单于兵败郅支城（今阿姆河上游），其脱难部众隐匿与转战中亚及安息（今伊朗）多年之后，东胡部落中自称鲜卑的一支后裔卷土重来，占据了匈奴旧地，并在一系列南进的征战中，取得了对中原地区的统治权。说到北魏王朝的发迹史，自然也不能绕过河西走廊，其中的敦煌莫高窟和武威以东的乌鞘岭、华藏寺美丽丰饶的草山等地，显然是北魏王朝挥军南进的大本营。

但笃信佛教的鲜卑并没有很好地经营河西，只是在敦煌的莫高窟留下了诸多王朝及民族流变的迹象——相对于此，于公元11世纪崛起的"东尽黄河，西界玉门，南接萧关，北控大漠"、以党项和羌族为主体的庞大帝国西夏，则在武威留下了浓墨重彩的历史痕迹——现存于武威市西夏博物馆的"重修护国寺感应塔碑"（即西夏碑，西夏崇宗李乾顺1094年立），还有在武威各地出土的西夏各种服饰、日常用

铜奔马（马踏飞燕）　边学泰摄

直到公元1969年雷台汉墓的发掘，马踏飞燕的隆重现身，才使得匈奴在武威乃至蒙古高原的历史得到隆重的印证。

品甚至棺椁,使得武威与银川、盐池、额济纳等地一起,成为早已灰飞灰灭的西夏王朝至今不灭的见证者和转述者。

大月氏、匈奴和西夏,是与武威渊源最深的三个帝国或游牧部落联盟,他们的失败乃至最终消失,固然有其原因,但对于今天的武威而言,无疑是其厚重的文化和精神财富不可或缺的重要组成部分。再加上辗转变换的五凉王朝、西藏宗教首领萨班与元太子阔端订立"西藏归属中国"的盟约之地——白塔寺,以及有"中国石窟之祖"之誉的天梯山石窟、大云寺内悬挂的唐代铜钟、建于明朝的文庙——文采绝伦的诗人李益(唐代著名诗人,官至礼部尚书,代表作有《从军有苦乐行》《杂曲》等)、阴铿(南朝时期最有成就的文学家之一,与江淹、何逊齐名),途经武威并写下不朽诗句的历代文中豪杰、青灯译经的僧侣,使得武威既保存了王朝国都的扑朔迷离与恢宏气象,又含纳了至今挥洒不散的边塞品质和浓郁诗意。

夜色越来越深,在武威行走,始终有一种苍茫迷离之感。这种感觉与现代的武威似乎毫无干系,它像是一个梦境,所有的人,面目相同,只是服饰稍微有些改变,不紧不慢的步速,犹如长衣宽袖的唐朝——行人不多的街道上,华灯在槐树和各种样式的建筑之间,制造出奇形怪状的阴影。这种情景,最容易让人想起诗句"葡萄美酒夜光杯,欲饮琵琶马上催。醉卧沙场君莫笑,古来征战几人回"。最喜欢的声音可能是那些夜宿街头的三弦艺人了,他们的声音粗糙沙哑,但内质自然坚韧,与武威这座城市的内在气质有着天然的吻合。

不经意之间,或许会从某个窗口传出某个人哼唱的凉州小曲——那种浓郁而持久的土腥味,那种积压在身体和情感之中的生命本质表达及其对人间俗事的渴望与临摹,是武威民众在轮换的历史和时代中最贴心的情感慰藉与生存压力的缓冲剂。

在某一处站定,背后或对面会走来几个人,可能是深夜的饮酒者,也可能是从古浪、民勤、天祝和金昌来这里办事和打工的——他们的步态有点摇晃,但基本保持了身体平衡;为数不多的车辆呼呼来去,卷起的粉尘使得灯光更加迷离昏黄。在老旧的商业步行街,透过伞状的休闲亭,仰头可以看到在青砖基座上,向着天空奋蹄的马超龙雀(出土于武威雷台墓,又称铜奔马、马踏飞燕、马踏匈奴),一边的商场、电信公司和新华书店等建筑,以高耸的姿态,尽享凉州城中的繁华与幽深。

随便找一家宾馆住下——窗外的武威安静异常,白昼的一切喧嚣和所见影像都像是昨日之梦。躺在床上，会明显地觉得这种氛围与内地乃至河西所有的城市都有所不同——张轨等人的凉朝、沮渠蒙逊等人的国都、李益的故乡、霍去病的郡治，乃至无数的丝绸和商贾、香料和象牙聚集的丝路要隘——所有的繁华和落寞，都与中原王朝的国力与兴衰息息相关。如果做梦，梦中的情景一定是：挂满灯笼的楼阁，怀抱琵琶的异族女子，高坐的刺史或者太守们饮宴的笑声，跳胡旋舞的波斯歌姬，流光溢彩的葡萄及腥臊浓郁的羊肉，还有那些被羊骨头汤煮得绵甜的洋芋蛋。

第二天一早，白昼已经来临了很久，而身处其中的人却浑然不觉。开窗之后，可以嗅到浓郁的臊子面、馄饨、油炸饼子的香味，可以听到或长或短的汽笛声——旭日打开的凉州，黄泥土房与混凝土结构的高楼大厦平分秋色，路边的槐树和空中的铅云形状相同，如果住得再高一些，可以看到整个武威绿洲的全貌——环绕城市的大片农田盛产黍子、苹果、葡萄和各种瓜果。如果对武威的南部山地有一定的了解，就一定会想到深藏山中的细毛羊、白牦牛，还有羌活、冬虫夏草、秦艽、鹿茸、麝香等名贵动植物和中草药。

大概是周末的缘故，武威人出门很晚。一个人走在街上，有一种空旷冷清之感。直到太阳照遍了整个武威，人才慢慢多起来——似乎一眨眼的工夫,不知道从哪里冒出来的人,衣饰光鲜,步子优雅;有一些在街上过夜的人,仍旧抱着脑袋,坐着或者躺在凉亭下;商铺早早将各式各样的促销商品摆了出来,遍插彩旗,拧开音乐,搅乱了武威早晨特有的宁静。

现在的武威——现代工业文明西进河西的第一站,昔日丝绸之路上主要的要隘之一,在漫长的时光变迁当中,一直处于皇朝中心之外、异族纷争的核心。自历史黎明时期到全球化进程的当代,一方面包含了太多兵戈的悲烈,一方面又在中西文明的交汇之中不断蒙受激发和教益。在游牧文化和农耕文明之间饱受挤压和洗礼,又在自给自足的绿洲当中安贫乐道、自享其乐——从而构成了武威的多种文化色彩和历史底蕴——它可以安闲地睡在热炕上"谝荒",也可啸聚山野,刀口舔血;可以家国至上、壮怀激烈,也可以一世不鸣、寂寂无声。

但在当下,武威较之更为偏远的嘉峪关、酒泉和敦煌,步履稍显缓慢甚至有些迟钝。具体因由,大抵是地域限制及根深蒂固的传统习性在起决定性作用——距离兰州不过3小时——或许是因了雄峙黄河以西的乌鞘岭和腾格里沙漠的阻隔,在现代文明和工业进程当中,多少与其所处的地理位置和资源的占有量不成比例——其中可能包含了更多的因素，政府决策及民众的思想意识、配套制度建设和相关设施进度缓慢——可能是制约武威以更快速度融入当代社会进程的重要障碍。

这样的一种局面，与地方政府及其附属机构有着重要的关系，但武威人自古以来的习性——在经历了漫长的边陲时光之后，那种长时间孤悬于皇朝后院、自给自足、蜗居一隅而独享昔日荣华、默念沧桑与陈年旧事的自在和自乐，导致了武威对现代文明的迟钝，甚至不自觉的抗拒心理——这似乎才是现在的武威在全球化语境之下，最为真实的城市姿态和核心问题所在。

如果单从文化方面考察，武威是优裕的，甚至有些骄傲——尽管这种优裕和骄傲与北京、西安、洛阳、开封等王朝古都比起来，多少有些浅薄。但在整个河西走廊，唯有武威如此反复地被少数军阀、马背民族后裔所垂青，并建国称王。而西路军在武威的遭遇，可能是武威、张掖和高台等地在20世纪蒙受的最后一次惨绝人寰的大灾难。当地有一种汁液如血的杨树，被后来文人称为"红星杨"——关于西路军及其主要将领、普通战士，尤其是那些被奸杀、被钉在树上凌迟的战士——对武威乃至整个人类都是需要记住并反复审视的残酷记忆和人道主义事件。

我与朋友一起乘车去了天梯山。四处浏览了一圈,在凉亭坐下,犹如清水的凉风蜂拥而至。蓦然发现,在夏天的天梯山上坐而论道,绝对是一种美好的享受。阔大的马莲水库碧波荡漾,附近大小村庄隐藏在大片的杨树林中,从天祝草原吹来的风,夹杂了一些新鲜的牛羊粪便味道。歌声在山坡之间传响。坐落于水中石壁之下的巨大站佛(原名大佛寺,在凉州区的中路乡灯山村,于公元439年创建),头顶上的燕子,将塌不塌的石岩,排列在半坡上的各种洞窟中供奉了上百幅面目各异的佛祖。……在这种氛围里,感觉到的是整个世界的宁静与安详,生命的愉悦与幸福。

这里忍不住要提到赵旭峰的凉州小调,绝对是武威现存的一座文化宝库,但没有引起足够的重视(我曾多次极力向电视台的编导朋友推荐)。赵旭峰原汁原味的凉州小调带有浓郁的土腥气,迸发着强烈的生命意识,与陕北和山西那些脍炙人口的民歌相比毫不逊色。

所谓凉州小调,是武威民间流行的民歌形式的演唱艺术,题材涵盖历史事件、风土人情、民谣故事、现实生活等,歌词的内容可分为爱情、生活、传说故事、新词和杂类五部分。

赵旭峰在演唱《凉州小调》 刘忠 谢荣胜摄

赵旭峰原汁原味的凉州小调带有浓郁的土腥气,迸发着强烈的生命意识,与陕北和山西那些脍炙人口的民歌相比,毫不逊色。

武威天梯山第 8 窟北魏男供养人像摹本
王文元摄

爱情类的数量最大，形式也较多，对研究武威历史沿革和人文环境变迁具有重要参考价值。目前流传下来、能收集到的达1000余首。

在我看来，身处祁连的天梯山俨然是另外一个武威——距离天祝藏区和草原很近，据说，每年春天这里的村子和村子之间都如期举行赛歌会。天梯山博物馆展出的藏品大都与古代宗教、墓葬和古代人的日常用品有关，基本上可以体现武威在各个历史时期主要居民的生活情况及其变迁。

以上这些，可能是许多外地人在武威不易看到和得知的——每一地域都有其特定的习惯和象征。武威人对外地游客的态度，有一种司空见惯，甚至不屑的感觉——他们可能在某种程度上更熟悉本地的一些生态特征和独特的文化资源，对游客的叽叽喳喳、满面惊奇不以为然——这好像是每一个旅游城市居民对参观者不约而同的心理现象吧。

第二天一大早，辞别武威，乘班车向西，背后尾随的阳光，逐渐照亮了武威的绿洲及其周边田野——我总觉得，不论是走出还是进入武威，都像是一个色彩迷离的梦境。对于了解它的历史由来和大致习性的大多数过客而言，所有的观察和发现往往会流于主观情绪及其表象——而一个城市最重要的品质却不只是这些——居住者和创造者长期积蓄和坚持的精神信仰，以及在人类文明当中所形成的群体意志和通变能力，才是一个城市的"支柱"所在。对于这一次的了解和观察，不管以上所言是否准确恰当，武威终究还是武威，从纪元前到现在，沉浸与喧哗于斯的"凉州"与传诵千古的《凉州词》一起，在时间的隧道里蜿蜒跌宕，还将继续蜿蜒向前，永不停息。

祁连：丰饶的动植物世界

每次路过河西走廊，我只是看到祁连庞大的山姿，蜿蜒的躯体宛如一条苍龙，横贯西部——蒙古高原、黄河谷地和青藏高原，俯视整个河西走廊，勾连甘、青、新、宁四省区，与渐次向上的青藏高地浑然一体。其西部如苍龙摆尾，探入塔里木盆地。常年洁如缟素的积雪在海拔4000米以上的高度，以明亮和圣洁之光，与昆仑山一起，照亮整个中国西北部的天空和大地、过往与现在。

1992年初，当我第一次乘坐火车从祁连山的山脚进入酒泉时，只见黝黑而略显贫瘠的荒坡上，牛羊散漫，低处的丘陵和山谷里横斜着一色姜黄的大小村庄。那时候我就想，在地理课本上看到的祁连山原来如此平淡甚至丑陋，与那些富有热情的描述、讲解相去甚远。这样的一种"印象"或者看法在内心牢固多年。直到2006年的皇城草原之行,我才发现,祁连山并不是我起初看到的那样单调,在它君临河西走廊、雄峙西北的内里,还有着更为广阔的存在与繁茂的景象。

从张掖向皇城草原,过倪家营子后,尽是高低不一、奇形怪状的荒山秃岭,大都寸草不生,在烈日下犹如嶙峋、庞大的史前动物骨架,其中有一段丹霞地貌,这是千万年风吹日晒的结果,是时间和风在大地上的浓墨重彩。可从本质上说,丹霞地貌只是有益于人的视觉观赏,而真正的大地,都应当水草丰茂,涟漪与日光呼应,绿树与蓝天相衬。再向祁连山腹地走约半个小时,到肃南县所属的李家庄,突见一溜酷似各种人像的黄土秃山。其中一座如将军昂首拔剑,气势悲壮决绝,令人不由想起在河西走廊人心中有着经久地位的汉之"飞将军"李广及其孙李陵。还有一座,形如妇女头包黄手巾,手提篮子,朝西北方向悲情凝望。其姿势和意蕴如李白诗所云:"此曲有意无人传,愿随春风寄燕然。"(《寄远其二》)不由赞叹大自然的神奇造化。也想到,人的事,包括心情甚至精神灵魂,都可以在自然当中找到对应物。车子出李家庄,再向祁连山腹地行大约半个小时,忽见青山叠嶂,松林森然。起伏的山坡一色青绿,众多的山如浑圆而坚

丹霞地貌　王政德摄

从本质上说,丹霞地貌只是有益于人的视觉观赏,而真正的大地,都应当水草丰茂,涟漪与日光呼应,绿树与蓝天相衬。

挺的乳房，头顶丽日白云，一眼望去，满目苍翠，碧绿如洗。

同行的肃南朋友说，这就是皇城草原！至此，我才知道，祁连山之内，还有如此丰茂的草原，众多的荒芜之间，尚有如此葱郁之大美景观。正要爬山时，忽见一片油菜花地旁边的草丛中，急慌慌地滚过一个全身毛发油亮、姿势笨拙的动物。朋友惊呼：旱獭！我惊异，没想到祁连山中，竟然还有如此笨拙而又可爱的生灵。旱獭即土拨鼠，也叫草地獭、哈拉、雪猪、曲娃（藏语）。松鼠科，陆地生，穴居，食草、冬眠，主要分布地在俄罗斯和中亚、东欧草原。国内旱獭最多的地区为黑龙江、新疆、内蒙古，共有四种，其中喜马拉雅旱獭为青藏高原特有品种。

有一年，我在成都军区的川藏兵站部，听一位大校说起过在川藏线上看到雪猪的趣事。因为没有亲见，也不知道雪猪就是土拨鼠、旱獭，更没想到祁连山内也有旱獭。同行的一个人说，旱獭的毛质极好，肉很鲜美，还可以入药治病。我不喜欢他的说法，这是一种利我主义的杀戮。还有人说，要是抓住的话，中午就可以好好吃一顿了。我觉得这种想法可耻。祁连山是整个河西走廊的生命之源——水的唯一发源地，羊河、党河、黑河三大水系都以祁连山为母体。可以说，河西走廊的人和其他动物，包括草木，甚至卵石沙子，都是祁连山雪水滋养和滋润的。

旱獭虽然是动物，但它肯定也是祁连山整个生物链乃至自然当中不可或缺的一部分。自然动物让它们遵从自然，人不干涉，才是最好的一种生命和生活方式。

进入森林，路边的金露梅、银露梅或躲在荆棘丛中，或倚在巨石旁边，寂寞而独立地开放。森林庞大，陈年的落叶层层铺垫，踩上去，松软如地毯。这里的森林是依照山势而逐渐散漫开的。山岭上、河沟里，一棵棵树扎根在湿润的土壤中，以独立的姿势向上生长，头部的枝杈散开如王冠。走在其中，有鸟儿在头顶轻盈掠过，它们无意中发出的鸣声清脆而富有音乐感。同行的人说，这是祁连山最美的地方。在古代传说中，只有神灵才可以拥有如此的美景美地。人要进来的话，要先举行一个祭告仪式，得到上天的某种暗示之后，才可以到这里来。

肃南裕固族自治县内的大部分民众是匈奴后裔，并与唐时的回纥（后自改称回鹘，10世纪左右分化成三个部分，其中一部分留在肃南和额济纳）有一定的渊源，其风俗与蒙古族近似。如果我查找的资料没错，西北地区的民族，大抵是匈奴－突厥后裔，以弱肉强食、相互兼并、此消彼长等方式，在漫长的时间中分化融合,逐渐衍生出更多的民族。据肃南散文家铁穆尔说,裕固族至今还有一部分民众信仰萨满(以自然灵物崇拜为主的原始宗教)。

这片森林是祁连山自然保护区的核心,总面积二百六十五点三万公顷,东起河西走廊与黄河谷地相交的乌鞘岭之松山,西达敦煌,即青海西北部阿尔金山与祁连山相连接处的当金山口,北临河西走廊,南靠柴达木盆地。有高等植物一千〇四十四种,野生兽类五十八种,鸟类一百四十多种,两栖、爬行类十三种。其中,白唇鹿、藏野驴、野骆驼、野牦牛、雪豹、白肩雕、白尾海雕、玉带海雕、金雕、胡兀鹫等为国家一级保护动物;白肩鹿、藏雪鸡、麝、藏原羚、猞猁、蓝马鸡、盘羊、岩羊、石貂、血雉等为国家二级保护动物。

可能是土质的原因,有些地方并没有长松树,只是一些杂草和灌木。其中一些名字很好听,如裸果木、半日花、星叶草、桃儿七、蒙古扁桃、沙冬青、延龄草、野苜蓿、紫花针茅、沙棘等。同行的朋友说,别看这些草,可是珍稀物种,受国家保护的。我笑笑,心里想,连植物都要国家保护,这是一个很可笑的事情。

自然之物,自然生长,才合乎规律。

松涛阵阵，犹如兵团集体发出的吼声，一波接着一波，似乎没有穷尽。爬上一道高耸的山坡，天空触手可及，白色流云让人想起源远流长并一度影响世界的美丽丝绸——这里也曾是月氏、乌孙和匈奴人的领地。至今流传的匈奴谶歌："失我祁连山，使我六畜不蕃息；失我焉支山，使我嫁妇无颜色。"便是最有力的证实。我想，公元前后，那些剽悍的民族曾经在祁连山内部有着漫长而残酷的生存时间，这里幽秘的森林、丰美的草场，注定要成为游牧民族赖以活命乃至发展的基地，也必然会是他们心中热爱的家园。

环顾四野，高处的积雪使得整个祁连山显得圣洁。雪在人间扮演的角色，是一种极端的矛盾体，既干净纯洁又藏污纳垢，既轻盈剔透又无形无味，既能溶解成水又可随光升空。尤其是中国西北部的山脉及其承载的积雪，还有一种通往天堂的高绝与神秘之感。祁连山最高处的雪，也应当如此吧。

几个人兴奋地在林中、山间和高岭上呼喊，声音在沟谷跌宕、轰响，然后被山野自身特有的那种强大的寂静所消弭。忽见地面上有几朵快速移动的黑影，如同箭矢，或者就像是古匈奴的飞鸣镝。抬头一看，是几只苍鹰，在烈日之下骄傲地飞行，它们的身影投射在祁连山野，让人顿生一种豪迈与凌厉之情，并想到快意的人生、迅即的时间、生命在大地上应有的姿态，以及精神和灵魂当中先天性的自由。

沿着山岭向下，是一道流水的山谷。可能是水流太小，或者坡度太缓，河水虽然自上而下奔泻，但没有叮咚之声。只有走到近前，才会听到细微的哗哗声。我想，那一定是四周的森林把声音吸纳了，成为林木的心跳或者呼吸声。山坡的阴面，树木很少，但茅草尤其茂盛，如绿毯。同行的人说，那里面药草很多，有益母草、问荆、麻黄、何首乌、刺五加、柴胡、木贼、羌活、薄荷、小茴香、黄芩、狼毒白头菊、黄花蒿等一百多种。这些名字真是好听极了，古人对药草的命名简直就是在写诗。神农氏和李时珍等人，他们本身就是诗人，他们在大地上采撷和品尝，并在大地上对有益人身的动植物进行命名。每一个名字都包含了利我与赞美的蕴意。如果把整个中药列成一个单子，仔细读起来，是不是就像在读一部关于大地生命及其伦理、性情、功效、特性的赞美诗？

祁连山里的狼非常凶猛，有时候成群结队，有时候散兵游勇。狼最喜欢吃的是羊，野兔和旱獭当然也是它们的口粮，但狼可能觉得这些吃得不过瘾，也好像专门与人类作对，就袭击羊群和牦牛，还有马、马鹿、盘羊等。棕熊和雪豹是这里的王者，因为两者都强，后者又是食肉动物，各有各的地

牦牛 王政德摄

盘羊 戴炽义摄

盘。肃南县境内的各个牧场，几乎每个月都有几只羊或者小牦牛、驴子、马驹因为不慎而被狼群袭击。

果不其然，从山上下来，到一个牧民聚居区，看到几具被狼咬死吃剩下的小牦牛的尸体。牦牛可能是西北高地上最笨拙却又最可爱和坚韧的草食动物。它们总是以缓慢或者叫作悠闲的步子，在高拔的山上攀登，以吃草活命为目的，与任何动物都不争，食草、爬山和繁衍是它们生存的全部内容，除此之外，牦牛最像觉悟和放下了的佛陀和智者，也更像是极端的和平主义者。除了内部闹一点小纠纷，用尖角和身子相互撞击之外，对这个世界和其他生物都束手无策，也懒得计较。

同行的一位裕固族朋友说，黑熊是祁连山气力最大的动物，当地人叫熊瞎子。一掌拍在人身上，五脏俱裂那是肯定的。最可怕的是，熊瞎子饿极了的时候，会把人当作它们的压缩干粮。但是一般见不到它们，它们也不屑于让人看到。只有牧人，才会在更高和隐秘的牧场林带里偶尔见到。我从资料上了解到，祁连山内的黑熊为亚洲黑熊的一种，主要分布在欧亚大陆东部、日本、中国台湾的森林地带。体长在一百五十厘米到一百七十厘米，体重约一百五十千克，体毛黑亮而长，下颏呈白色，胸部有一块"V"字形白斑。头圆，耳大，眼小，吻短而尖，鼻端裸露，足垫厚实，前后足具五趾，指爪尖锐但不能伸缩。

黑熊粗壮，主要栖息地在山地森林，白天活动，善爬树、游泳；能够直立行走，视觉较差，嗅觉、听觉发达。主要以植物的叶、芽、果实、种子为食，有时也吃昆虫、鸟卵和小型兽类。祁连山的森林环境也是黑熊的理想栖息地，如此庞大的山野，高纵连绵的山脉，丰润的土地和品种多样的动植物，使得黑熊在祁连山地得到了有效的呵护与生存保障。黑熊也有冬眠的习性，它们可以整个冬天都蛰伏在树洞或者崖洞之中，不吃不喝也不动，次年三四月份才会完全苏醒，出来觅食。它们的交配季节选在夏季，母熊的孕期达七个月，一胎可产一到三个幼崽。

黑熊也是一招致命的高手。但与狼相比，黑熊算是那种隐士级别的动物。它们一般不向外扩张，也不袭扰人和人养殖的牲畜。在祁连山内，有这样的动物，应当说是造物主的安排，也是自然界生物链奇妙的一环。

牧民聚居区有帐篷也有砖瓦房。这也就是说，游牧民族定居在今天的世界是一个普遍现象。肃南的朋友说，牧民有冬牧场、夏牧场，裕固族语称之为"冬窝子""夏窝子"或者"乌拉金"。铁穆尔曾写过一本书，就叫《星空下的乌拉金》，获得了中国少数民族文学"骏马奖"。那些帐篷大都散落在山脚下的草地上,或者其他平坦处,主要用来迎接和招待贵客和游客。砖瓦房像帐篷一样分散,主要是自家人吃住所用。

进帐篷之前,裕固族女子穿着节日盛装迎接,一人捧着青稞酒,一人端着银碗,还一边唱着歌儿。每个人到近前,先献上哈达,再斟上三碗青稞酒,一边唱着歌儿,一边看着客人当场喝下。这种饮酒方式,保留了游牧民族的传统习性,也体现了他们的狂野和豪爽性情。饮酒之前,蘸酒一向天,二向地,三点在眉心,意为敬天敬地敬父母(或自己)。我也像其他熟悉裕固族风俗的同行者一样,敬天敬地敬父母。三碗青稞酒下肚,立即全身燥热、晕眩。

肉是羊肉,清水煮的,整个羊摆在那里,还有果子(一种油炸面食)、奶茶。裕固族人有把羊尾巴最肥的肉分给在场最尊贵客人吃的风俗。一群人围坐在帐篷内,裕固族姑娘开始唱歌敬酒——歌声不断酒不断。轮到我时,我不想让她们唱很久,一首歌唱到第二句,我就把三碗酒喝了下去,她们的歌声也戛然而止。

酒喝到日落,有点多,忽然不想离开这里了。也从心里喜欢和尊敬这个民族,包括他们的风俗,他们的游牧天性和当下时代的这种生活。铁穆尔曾告诉我,他们裕固族人的牧场从乌鞘岭开始一直蜿蜒到嘉峪关七一冰川附近,然后才是肃北蒙古族和阿克塞哈萨克人的牧场,长达一千多公里。不过,他们的牧场都在祁连山内部,靠近雪线的地方,即河西走廊以南。临上车时,我在心里想,如果在这里娶一位裕固族女子为妻,和她一起在这山野之间放牧,然后再生几个孩子,就那样在马背上和草地、森林里终老,会不会也是一种美好的人生呢?

山丹：焉支山上，匈奴谶歌

从西向东的班车，在长刀一样的河西走廊船只一样漂泊，一边是巍峨祁连，一边是荒凉戈壁，流沙在额济纳和阿拉善右旗披拂，积雪在峰顶打开登天之路。假寐醒来，远远看到焉支山，心情激越，忍不住想，这座混血甚至著名的祁连山余脉，不高的山及充满生机的山地草原，在我之前，肯定还有很多人去过，一些人注定不会留下名讳，而另一些人则借助诗歌与其他壮举，成为流传。西汉的张骞、霍去病和公孙敖可能最先登上，后来是路博德、李陵和李广利，当然还有窦固及班超家人。而诗人高适、王昌龄、李贺、岑参、李昂，还有作为王朝最后名臣、人杰左宗棠和林则徐，大军西行，或者遭贬边疆，在他们的那个时代，这些人卓越得已经预示了他们的盛名和不朽。

他们也和我多年前一样，从中原或者京畿来，路过焉支山，站在山下戈壁上，抬起脑袋，朝蜿蜒而上的焉支山望了望，然后，下榻官驿，或者继续烟尘而西。他们当年站立的位置似乎就是现在的山丹县城某处，或者是大佛寺后面不高的土山上。我想到他们飘然的长须，被风掀起的衣袂或征衣，胯下马匹咴咴嘶鸣，前蹄直立。我固执地以为，高适、岑参、王昌龄和李贺一定登上过焉支山，他们的马蹄斩断青草，大风吹歪冠帽，也像我在某一个消失的夏天，满怀历史与家国，还有自己，在焉支山上远眺和行走、思忖和怀想。那时候，焉支山上的汹涌如现在，积雪在高处照亮天庭，成群的骏马叩打山脊，飞鹿在青松林中呦呦低叫，黑色或者白色的羊群四面包抄。

关于这些，他们的诗歌是最好的证明。干净奇崛的诗歌总是与地域发生刀子和骨头一般的联系。多年前，我读他们的诗歌，总觉得在雄阔之外，还有一些锥心刺骨的忧伤，激越的情绪和胸怀只是一种轮廓，而内里的，似乎贯穿了某种人世甚至人类内心的悲怆。如果不是这种贯穿和共鸣，那些汉字如何能得以铭刻？在纸张以及现在的屏幕上，在人心和灵魂当中，是美的啸鸣。

秋天的焉支山　王政德摄

我固执地以为,高适、岑参、王昌龄和李贺一定登上过焉支山,他们的马蹄斩断青草,大风吹歪冠帽,也像我在某一个消失的夏天,满怀历史与家国,还有自己,在焉支山上远眺和行走、思忖和怀想。

和妻子在山丹县城下车，山丹县城就像是一个偏僻的小镇，不多的汽车带起尘土，简陋的商店面目陈旧。这种景象，与我想象中的山丹那时候的军营、官衙及混血的民众，来往的商贾及出行的僧客、诗人及官员有着霄壤之别。在大多时候，山丹也和附近的武威、张掖一样，在兵戈之中狼烟马蹄，也会在盛世的唐朝泛起丝绸、香料和异族歌舞的开放气象。而现在的山丹，也是繁杂的，是物质的更是生存的，是顾我的也是兼容的。在一家小店我给当地的一位诗人打了电话，他还在乡下。我和妻子找了一家饭馆，没有米饭，清一色的面食。他们说，大佛寺距此不远，坐车几分钟可到。

山丹原名"删丹"，设立于西汉元鼎六年（公元前111年）。上午的山丹县城似乎有些冷清，街道上始终有风，吹动着细碎的土尘，在临近的门店、广告牌和房屋之间飞旋。行人不是很多，他们走路不紧不慢，就连做生意的人，也显得慵懒和安闲。阳光灼热，头顶的槐树叶子打着卷、急于老去；声音很大的机动车一辆接着一辆，突突往来。不知何时，旁边的百货商场播放起流行音乐，一会儿刘德华，一会儿腾格尔。

我也早就知道，张掖、山丹和武威分别有三尊大佛，张掖的那尊卧，山丹的这尊坐，武威的那尊站。关于这几尊佛，还有一个神奇的故事或者传说。我想，这佛也是经由敦煌内迁的，是佛教东进的过程，也是佛在不同信仰者内心流变的轨迹。

城郊尽是田地，油菜花开得嘹亮，藏红花把整个天空烧红。到大佛寺外，卖柏香和纸钱的人很多，我不想买，敬佛或者敬仰智者和仁者不需要任何形式，用心和在心就是最好的了。妻子买了一些。两个人拾阶而上，一步步走近大佛的时候，渐觉气息肃穆，有一种凌然的清净感，无形却强大，整个身心如沐神光，一身的热汗顿时冷却。大殿内，站立的佛犹如高山，莲花之上，身材岿然，宝象庄严。尤其是那种似笑非笑、若嗔若怒的神情，无论是从哪个角度仰望，都给人一种安静的威慑之感。

妻子跪在缭绕的香炉前，喃喃而语，完毕，拉我也跪下。那一时刻，我觉得不应当下跪的，下跪对我来说是一种尊严的损失，即使面对高德之人，也不能够。真的敬仰是实际的追随，是不渝的信仰。形式终究是形式，或许这参拜的礼俗，也是被虔诚者自觉赋予并推而广之的。正如那些和我们一样参拜的人，还没有起身，就议论说，愿佛祖保佑俺们事事顺利，没难多福。我看了看那些善男信女，男的衣饰光鲜，女的脂粉满脸。我笑笑，抬头仰望佛祖，它看我的眼神很温暖，还有些嗔怒。

步出大殿，落日余晖依旧灼热，烧得脸疼。走下台阶之后，我又回头看了看，佛被宫殿包裹，身影全无，只有一些金黄的光辉，把它们以及后面的山冈镀成了纯金色。大门之外，卖柏香和黄表纸的人还在，各种轿车依次停靠。路边的房舍里堆满商品，田野玉米成林，青稞正在抽穗，油菜花更黄了。山的阴影里的藏红花则有些暗淡，在低洼之处用逐渐降低的红，把黑夜从泥土当中温柔地勾引出来。

再回到县城，诗人朋友已经回来了。几个人在街上行走，在浓郁的尘土当中，嗅到大批面食的味道。诗人知我不大喜欢吃面食，找了一家饭店。他和他同为诗人的妻子，我和我不写诗的爱人，还有他们的孩子，跟随落日，就着窗外越来越暗淡的日光，吃饭、喝酒、谈论诗歌、说一些趣事。倒觉得，这种时光是优雅的，至少暂时没有了太多的欲望、琐事和某些不得不的戒备。一切都可以放下，也都可以打开。下楼的时候，我觉得身子有点飘，是酒鼓舞和填充的那种，还有诗歌以及诗歌之外的美好与感情。

山丹的夜晚，我感觉到大面积的安静。开始的风和尘土扑打窗棂，外面的声音在子夜之后若有若无。半夜，我醒来，在诗人的书房，翻出一些诗歌。再次想到李贺、王昌龄和岑参、高适，我发现，这个时代的诗歌气象是狭窄的，说的是一个我，不是万我，是局部而局部，是欲望的沉渣浮起来，精神乃至灵魂的光泽沉下去。放下那些诗歌，我还想到下午仰视的佛，它那种神情与姿态，是大苦难后的大解脱，大彻悟后的大慈悲。诗歌，还有现实的人，其实都需要这样一种境界，只是，没有人那样去做罢了。慧根与悟性，谁也是不缺的，只是尘世可触可摸的感官享受把我们蒙蔽了。

到凌晨，我再次睡下来，感到一种毫无挂碍的轻松与坦然，还有一种忘掉自己及身处何处的自我放置感。太阳升起不久，我也醒来了，身边的妻子也醒了，说了几句话，起床之后，诗人和他的妻子、孩子在客厅制造声音。下楼，风是冷的，像雪。我知道，在河西走廊每一个地方，再炎热的季节，清晨也是凉的。走出小区的时候，我抬眼向南看了看，是焉支山，焉支山上是祁连，祁连背后是青海，它的头顶是苍天。白昼的山丹也是异常嘈杂的，人们似乎都去吃牛肉面，宽的、细的，加肉的、加鸡蛋的，葱花和少许的碎牛肉块儿，还有不清不白的汤，充耳都是长短不一的吸食声，铺天盖地，此起彼伏。

诗人找了辆车，出县城，道路变窄，两边的民居大都是土色的，少许为砖石结构。大人们在路边行走或在地里劳作，孩子们背着书包上学。有一些羊，散落在村庄四周，有一些牛马驴子，在草滩上迎接朝阳。向上行走的时候，我看到了类似绿洲的村庄，在一道流水的山坡左右，被树木和杂草围绕。再向上，人家越来越少，大麦成片，虽然八月了，穗儿还青青，灰雀成群藏身，听到车声，呼啦啦飞到另外的大麦地里。太阳照耀的高坡陡峭而植被丰茂，下面的人居，就像是隐居者，穿红衣包红头巾的妇女，远道回家的时髦女孩子和蹲在门槛外抽烟的老人。清风吹着，燕子低飞，盛开的野花从来就不独自寂寞。

焉支山为甘（张掖）凉（武威）咽喉，距山丹县城40公里，为大马营乡所属。我对诗人说，这里是最好的隐居之地了，城市不远不近，美景就在眼前，再向南的焉支山草原简直就是一个天造地设的疆场，难怪乌孙、月氏、匈奴、东胡、鲜卑、党项和蒙古人都喜欢在这里游牧成群，并发展壮大，西伐西域，南越秦岭。

匈奴把这道雪山称为祁连，其意为"苍天"。在公元前121年，霍去病从贺兰山、过居延，穿越弱水河和流沙地带，奇袭焉支山，使得整个河西走廊尽入西汉版图。悲怆的匈奴在逃亡路上，唱出了"失我祁连山，使我六畜不蕃息，失我焉支山，使我嫁妇无颜色"的哀歌。在此后的数十年里，匈奴将其主要兵力用于对河西走廊及新疆天山南北与汉军的争夺，但在公元前87年的汉匈漠北之战后，内乱外败的匈奴彻底失去了重返焉支山的可能。南匈奴呼韩邪单于附身汉廷，慢慢失去苍狼性情；北匈奴郅支单于孤军西迁，最终只剩下三千余人。尽管如此，那只苍狼还在中亚及葱岭一带横行多年，最终被陈汤、甘延寿"矫诏"，起三十六国之兵，击杀于郅支城。

到足够的海拔，从车窗往外看，焉支山竟然如此广袤，起伏的山包果真如乳房，虽高低大小不同，但都异常坚挺，此一颗，彼一颗，无论从哪个角度看，都是两只，绝对没有孤单的。路边的青草高有一尺，绕过田地，与山丘上的同类成为一个整体。到一片阔大的油菜地边，我们惊呼起来，这黄色的花朵，单独者是孤怜的，宛若不得不叫人心疼的弱女子；连在一起，那就是一片黄金海洋了，风吹来，一波一波，犹如涟漪，节奏而次序。天空似乎摩挲着头顶，蓝得让我想到最幸福的死亡。我走上一边的山包，眼睛之下，青色与黄色壁垒分明，它们都在汹涌、在铺展、在无际。我想，这其实是大地之诗，是死难在焉支山上的军士们最灿烂和广阔的灵魂方阵。

下山的时候，转到另一边，蓦然发现几座坟茔，被野草包围。隆起的土堆前，竖着一面石碑，写着逝者的名讳。我惊诧了一下，心里有种凉。回身，又想到，安葬和长眠在焉支山上也是幸福的，草是最亲切的围拥者，是伙伴、小精灵，灵魂借助它成长，肉体是最丰富的肥料。

继续向深处奔行，汽车颠簸，人也是颠簸的，窗外的太阳从雪山之巅照下来，那种境界，只有焉支山才有。青草从各处山丘纷披而下，纵横相连。我说，除去战争，纪元前在这里生活的游牧部落是自由的，他们的性情及习俗可能也由此而来。地域的强大塑造力无可匹敌。我至今不清楚的是，匈奴妇女用来涂红指甲、抹红嘴唇、粉红两腮的"胭脂花"（古称红蓝，月氏与匈奴人"探取其花染绯黄，接取其上英鲜者作烟脂，妇人将用为颜色。匈奴名妻作'阏支'，言其可爱如烟脂也"）到底长什么样子？但这种天然植物，是匈奴妇女，尤其是阏氏们最喜欢，或者须臾不可离的上等化妆品。同行诗人说，那时，这里酷寒，文化落后，生产力又不怎么发达，就地取材是很自然且不得不为的事情。我说，对于匈奴而言，胭脂花不可或缺，尽管他们逐水草而居，战争频仍而残酷，但对美的要求及追求，也是匈奴"不知礼仪，不羞遁走"的美好天性之一。

如果有一些马匹，我觉得比汽车好。这个想法，是受路边偶尔看到骑马的牧民启发，那个头戴鸭舌帽的男人，骑在马上,扬着鞭子,马蹄踏着青草,闪电一样飞过。我想这才是诗意的、古典的、英雄的,尤其是在青草浩荡的焉支山草原,骑马绝对是一种自然行为,至少不像车轮那样残酷,汽车还有不断抛出的油烟,是对这干净之地的打搅、渎慢与破坏。到军马四场场部,再向东南,房舍和田地越来越少,山更像山,一座一座,毗连如胞。一些背阴处或者浅沟里,长着大片松树,从造型和木质上看,最小的似乎也要20年以上了,虬枝如龙舞爪,青色松针在太阳光下愈加健康和苍翠。

前方高空上,成群的鹰隼从祁连山崖飞出,用黑色的翅膀,在高渺无疆之处,鼓舞风流,它们的身姿让我想起最强大的自由和不沾尘埃的精神生活。再后来,柏油路像被刀子割断,粗大的石子,坑洼的土沟,越来越窄的道路,被青草挟持。村庄在焉支山上梦境一样归隐,而地势却逐渐隆起。相比而言,这里的山丘更加原始古朴,一看,就能觉出一种强大的未经破坏的生命力,还保持着大自然自己的那种调节与更新机制。有缓慢移动的牦牛和马匹,像各色岩石,在高处晃动而不跌落。

但靠近路边的植被是稀薄的,短粗青草之间,开过花的马莲、狗尾巴和蒲公英,黑黑的泥土和红色的石砾沉在它们下面。车子不断向上,轰鸣的声音好似马的喘息。青草占领的焉支山，就像一个巨大的盆地，四边的高山，将之包围，形成一道圆形的壁垒。也难怪，几乎所有的游牧民族都在焉支山上长时间地游牧过，从军事战略看，焉支山不仅是河西走廊也是中西通道上的一处高地。向东，可顺势而下，过沙漠，再渡河，就可以剑指长安。向西，不论是沿着祁连山根部，还是从绵延的戈壁上，穿越武威和张掖，至敦煌，稍事休整，就可以沿着罗布泊直插西域。向南，翻过去就是青海，雪山深谷，变幻不定的雨雪和无数条展开的歧路，是绝好的败退求生之地。向北，则可穿过巴丹吉林沙漠，直奔居延，可直指贺兰山，也可直奔燕然山，到阿尔泰山甚至更深远的高原。当年，汉匈最后一场大战就是在今天的蒙古激烈进行的。《史记·匈奴列传》记载，匈奴人的战马不仅来自东胡、乌孙和大月氏，而且还来自焉支山。山丹马个小，但耐力极强。当年帖木儿成吉思汗的军队横扫欧亚大陆，其中也有山丹马的功绩。

军马一场场部所在地是一座小镇，一条街道之外，是散落的民居，还有不怎么豪华的办公楼。街上只有一些上了年纪的人，堆在一起下棋、抽烟，还有的，蹲在树荫下漫无目的地看。我们下车买了一些水，沿着一边的山坡，向山上走。到半坡，看到一只被拴在铁棍子上的母羊，还有几只小羊羔，

山丹马　王政德摄

山丹马个小,但耐力极强。当年帖木儿成吉思汗的军队横扫欧亚大陆,其中也有山丹马的功绩。

围着妈妈转。到山顶，看到更多这样的山，从此处到远处，不规则但有错落的美感。迎面遇见两个采蘑菇回来的妇女，胳膊里挎着芨芨草编织的篮子，里面放满洁白的小蘑菇。妻子买了一些。诗人朋友说，这蘑菇是纯天然的，只有这焉支山有。我知道，这蘑菇其实是从牲畜粪便处生出来的，当然还有其他一些草本植物。

坐在山顶上，一种从未有过的快乐，我把自己放置在青草上，感觉自己也是青草了。天空在抚摸鼻尖，出口气好像就是云彩。要是有只苍鹰落下来，最好是大雕，我就可以骑上去。要不然，有一枚鹰羽像天书一样悠然而下，在焉支山，这对我肯定是一种恩赐和启示。诗人说，要不是有那么多的琐事，在这里搭个帐篷住下来，准备一些吃的喝的，再有一些纸张和笔墨，在焉支山写诗，那是一种绝妙之境。可惜，谁也不会有如此的时间来浪漫，也不会有人想到与自然的亲近对诗歌的益处，当下的诗歌，是丧失了自然精神与境界梦想了的。

青草之间，有些碎石子，红色的、黑色的、白色的，其中有些蚂蚁、黑甲虫，还有蚰蜒，我俯身看它们忙，觉得昆虫世界也如人群一般，所忙所累，不过是生存，不过是吃食甚至感官上的满足。站起身来，太阳西下，在南边的高岭上，依旧清新热烈。不知从何而来的风接连不断，在耳边犹如雷声。我再次想到游牧民族的马蹄，他们在马背上弯弓射箭、百步穿杨，在征战时把生肉压在马鞍下，在追杀和剿灭敌人甚至在仓皇而逃的空隙，顺手拿出来果腹。这也是他们"来如疾风，去如飞鸟"战斗力的重要环节。

我还想，这青草之下，泥土之中，肯定有着那些人的鲜血和骨头，还有灵魂和持续至今的哀歌。大地上，几乎每一处都有死难，也有爱情和繁衍，还有仇恨和权力、杀戮与温情。焉支山也不例外，它至今最壮烈的战争似乎就是汉匈河西之战，还有马步芳、马步青在河西走廊杀戮红军西路军的残酷和法西斯了。更多的时候，焉支山被中原王朝遥相统领，作为皇家马场而世代存在，为集权者的政治利益提供驰骋的武力；还有些时候，是被强悍的游牧民族所占据，如东汉之后的南、北匈奴后裔，以及重新崛起的东胡后裔鲜卑，还有柔然、党项、羌、蒙古等。焉支山的混血品性是与战争与民族迁徙紧密相连的，留在这里、躺在这里、生在这里和死在这里的，谁也难以分清他们到底是哪些人，属于哪些民族和人种。

下山时，我一步一回头，对那些山，似乎觉得，这一次之后，恐怕一生也难以再见到了。焉支山只能是焉支山，换了另外一处，氛围、底蕴就会大打折扣。到小镇，在一家饭馆吃饭，吃的是牦牛犊子肉，很大、很红、很劲道，我吃了一小块。16岁前，我是绝对的素食主义者，到外面读书和工作后，才逐渐沦为肉食主义者。我觉得，吃牦牛犊子的肉心里有愧，不得劲儿，吃下去后，好像肚子里有个牛犊子，在哞哞叫或者乱踢一样。返回路上，一切如往，只是焉支山越来越暗淡，黑夜从草尖上升起，途经油菜花时，像拉了一面宽阔的纱帐，花朵在黄昏之间，就像是神灵们的洞房，依旧明亮着、芳香着、自在着。

村庄亮起灯光，这一盏那一盏，破开黑夜，招惹的蚊虫成群结队。到山丹县城，灯光骤然加多，有不少的饭店，食客爆满，有一些车辆，在街道上呼啸来去。到诗人家里，喝茶，又喝酒，两个人一斤青稞酒，还说焉支山、诗歌等。我可能真的是乌鸦嘴，总是不说喜欢的作品的优点，就说不好处。我慢慢发现，这其实是我真诚时候的表现，要是全部说好，那肯定是虚伪的。半斤酒后，我有点发晕，和妻子睡下，还在诗人朋友书房，和昨晚一样，微机黑着，到处都是诗歌。

翻了几本杂志，看了几首分行的文字，我还是觉得，好诗太少了，包括那些刚一出世就被奉为经典的，似乎还不能打动我的心，进入不了灵魂。闭上眼睛，感觉自己还在焉支山上，几次咯咯笑出声来。妻子问我是不是喝多了，我嗯了一声,很快进入睡眠。不知何时,我做梦,梦见一个辽阔草场,有一些骑马持刀的人,一东一西对垒,后来是马蹄和战刀、旗帜和嘶喊,后来是鲜血、残阳。紧接着,是一群身穿丝绸的女子,腰挂芨芨草篮子的女子,在风吹草动的山坡采"花黄"或者蘑菇,有些人蹲在牛羊后胯下挤弄奶水,雪白如箭,打在脸上、胸前,还有草地上。凌晨,我被渴醒,坐在诗人朋友的书房里喝水的时候,总觉得有一种声音,在耳边反复响起:焉支焉支,焉支焉支……焉支焉支,像孩子的呻唤,又像智者的谶语。

扁都口：甘青两省的奇妙衔接

庞大、连贯、不可一世的祁连雪山。已是五月中旬了，它仍旧是暗色的，冰雪正在融化，流失的红土使河流浑浊。途经甘肃民乐县郊外，杨柳绿了，杏花开得惨白。去年在炒面庄看过的油菜花还是种子。仰面的山坡是黑色的，空灵的黑，让内心觉不到沉重。一群牦牛在上面缓慢挪动。

扁都口的风一以贯之，从去年吹到今年。

从时间吹向时间，从冷到冷。这种冷，似乎来自隋唐。公元609年，隋炀帝亲征吐谷浑，五月九日，出长安而扶风并陇狄道，渡黄河，至西平郡，入长宁谷（今西宁北川）、月星岭（今达坂山）。于今青海门源县永安河谷围攻吐谷浑之汗王伏允。伏允败逃。杨广率军穿越扁都口时，突遇六月飞雪，军卒冻死者千余人。其随军携带的一名宠妃也因病在此香消玉殒。1936年，西路军在高台全军覆没。马步芳部队砍下军长董振堂头颅，由此地送往西宁。

那时候，扁都口名为大斗拔谷。先后有郭元振（唐宰辅之一，名臣，曾为河西节度使和安西都护府节度使，曾推荐狄仁杰入内阁）、王忠嗣（其父王海宾，战死，少小在李隆基宫中长大，曾为河西和陇右节度使，多次击败吐蕃，并上言安禄山会反叛，遭嫉，后被贬为江夏太守，死于汉口，年仅45岁）、哥舒翰（唐名将，为突骑施别部哥舒部落人。后为河西节度使，作战身先士卒，有威名。但在安史之乱潼关失守后，投降安禄山。后被安禄山处死）、安思顺（安禄山之弟，曾为河西节度副使，安史之乱爆发，受牵连，被诛灭全族）等在此镇守并与吐蕃作战。

坐在车上，想起这些往事，心情有些沉重。也就是说，自张骞凿空西域后，丝绸之路并非一直畅通，而是随着中原帝国之盛衰而阻塞或通达。而这些历史，事实上只是一种消泯于时间深处的铭记。现在的大斗拔谷，已经被扁都口这个名字所代替。

早在几年前，我来过扁都口。

路还是旧时的，河流也是。

到紧靠民乐县炒面庄村的悟杰寺（当地人说，此寺庙为修路时炸塌山岭后，石壁上出现一尊石刻佛像所建），两边峭拔山峰似严整军阵，隐隐透露出凌厉的杀伐之气。车厢都是烟味，我注意到一位藏族汉子和一位回族妇女，他们面色沉静，与我的东张西望形成鲜明对比。向下的道路似乎是一种坠落——就像一只俯冲的鹰，也像一块缓慢下翻的石头，所有的声响都被大风遮蔽了。

我没有关心海拔，只是心跳加快，像是一块石头在敲打。

车子飞速向下，我看到四面的黄草、黑色的植被，新生的草还不能够代替它们，只是隐隐透露出一点蔓延祁连的野心。一路跟随的河流推着大小不一的石头，以黄河的颜色，滔滔不绝向北倒淌。乌云密布的天空偶尔掀开一道金色的阳光——上帝的手掌，在连绵的祁连山摸出一道亮光。积雪已经不能全部覆盖远山了，黑白分明的大地高处，是不是也有着许多躲在暗处的芬芳。

班车引擎轰鸣，车轮滑翔。

第一次进入青海就像一个亲近的梦幻，在真切的观看当中靠近。低纵连绵的山坡覆满了黄草，似乎黄金的盔甲，状似乳沟的山坳里还有大块的、表面覆满黄色尘土的坚硬冰块。

融化只是一种内部行为，是从里到外的瓦解和溃散。

悟杰寺·寺内石壁上的石刻佛像　王登学摄

当地人说，悟杰寺为修路时炸塌山岭后，石壁上出现一尊石刻佛像所建。

一道山坡之后，又一道山坡，迎面的车辆冷不丁从对面窜出——潜藏的危险，而所有的旅程都是交付，我们只能随遇而安。

峨堡镇到了。甘肃民乐和青海祁连偌大的地域中第一个人居的地方，不多的房屋，红色瓦片与大片金黄草原对比鲜明。同行的作家柯英说起途经这里的古丝绸之路、西汉的霍去病、卫青和后来的隋炀帝……四面空旷的峨堡镇，在这里的牦牛、羊群还有人，他们是不是幸福呢？这么干净的天空，雪水贯穿一生，青草就像亲人。

再后来的路程，道路虽然狭窄，但路面总是柏油的。四面的山坡偶尔闪过几顶白色的牧民帐篷，扎在黑色的牲畜圈旁，没有牛粪火，也没有羊群，感觉很是空旷。

远处的河流是银色的，叫人心碎。在大地之上，画出最美的曲线，也画出了旷古的忧伤。我忽然感觉到：

远处的河流就像是一场爱情。

大地上所有的事物都像乳房。

在阿柔乡，我们与正在赛马和摔跤的藏民不期而遇，他们在路边的草地上，而马匹静静站在山冈，风吹的鬃毛比诗人更为抒情。

祁连县城深陷在高山之中,风吹尘土,建筑都不高,行人稀少。以祁连命名的宾馆已很陈旧了,大厅的地板上都是灰尘的脚印。

美丽的小张早就在这里,腼腆的姑娘——她说道祁连独有的龙鳞大白杨、藏语的山脉、大清真寺和鹿场。县城对面的丹霞山,风雕的红色岩石,似乎燃烧的火焰,连灰烬也是红色的。圆圆的山顶覆着一抹新绿,几株松树探出脑袋,像是羞怯的女孩子,趴在闺房的窗棂上。

滔滔不绝的八宝河卷动的除了红土还是红土。

我想这就是黑河(发源于祁连山莺落峡,转道甘肃张掖、高台,终入内蒙古额济纳旗居延海。《山海经·禹贡》中称为"弱水河")的源头了。零星的田地好像种着春麦,嫩绿的身子刚刚举起。夜晚,安静的祁连县城,只有我们在喧闹——白色的酒,在七个人的身体内燃起火焰——我醉了,抬头一弯月亮,金黄的光芒——黄金的祁连县城,我沉沉躺倒,没来得及眨一下眼睛就睡着了。

凌晨被干渴惊醒,喉咙布满尖刺。这时候的祁连县城,安静得像是神仙梦境。接下来的睡眠感觉轻浮,一个人的身体,在这样一个亚高原小城,海拔使他觉得了轻,骨头的轻和灵魂的轻,还有世事、功利和肉欲的远。

早上的阳光打着窗玻璃，像透明的纸。他们都起来了，我仍旧躺着，窄小的床让肉体彻底放松，感觉似乎像一根木头，枝叶落尽，没有忧愁。

我感觉脑袋空了，昨夜的酒仍在身体里，看到的路面不停晃动。那些一大早站在街头张望的妇女和老人，表情木讷，就像山坡上的枯草和流水。驱车出县城，阳光已经很热烈了，途经的村庄挂在八宝河边缘，刚刚萌发的绿叶映衬着仍旧枯寒的祁连草坡。近距离的八宝河，奔流的河，在我的眼睛之中，宽阔而自在，激烈而温和。

到黄藏寺村，小小的村庄，藏在山坳里，两座高山似乎两对笨拙的翅膀，沉重得飞不起来。简单的房屋如同随意摆放的石头，两株干枯的庞大胡杨，看得我心生悲怆。偶尔的红腹鸟和红嘴乌鸦落下来，又弹跳而起，扑棱棱地越过附近的民居，不知飞向何方。初春的田地里油菜刚刚露出脑袋，更远的层叠的山，在日照当中，似乎众多灵魂的堆砌和凝固，抑或是祁连对附属者的放逐。

在黑河源头，来自雪的水，好像祁连山的血液，抑或匈奴、吐蕃、西羌等民族遗失在祁连深处的歌谣。它向东的身体裹挟了祁连高处的红土白土、牛羊粪便，还有层出不穷的青草、藤蔓、松针、黄金和沙砾。

河滩上成片的沙棘刚刚吐出新叶，张扬的枝条在流水当中显得寂静。柯英从河水当中打捞起一块祁连美玉——沉重的石头，我怀疑就是当年匈奴女子脖子、脚踝和手腕上的镯子。我伸手摸了一下：凉，比电流更快抵达我的骨头。

再去冰沟。向门源县方向。这道沟足够十公里长，河里还有很多的坚冰。车子似乎奔行了很久，我们都觉得这道沟太长了。一个诗人说：长得就像整个人类的忧伤。山坡上长着许多的青海云杉，挺拔得忘乎所以。又路过一座村庄，几个孩子在水渠边玩耍，身后站着几头牦牛；一个妇女正在洗衣；一座清真寺若隐若现。

我想到：所有有信仰的人是幸福的，宗教使他们的灵魂无比安详，生命有依，死有所归。幸好司机也是回民，我向他询问了一些情况。我对他说：在青海祁连生活的人们都是幸福的，物质不是很丰裕，但身体和心灵绝对是丰饶的。他告诉我：每年夏天，他们都会带一只羊，到山里住上几天，把羊杀掉吃肉，人在山中清净诵经。

终于到山脚下了，蜿蜒的公路在海拔中升高，如同一条悬梯，向着天堂的高度。我看到一顶黑色的帐篷，落在大片云杉之外，门口停靠着一辆红色的摩托车，四周却不见一个人——只有空旷,山顶上的白雪向着大地探望。窗外的远山之上乌云密布,不高的雪线之下,整个山脉都是黑色的,只有几条冰河呈现出一种嘹亮而又沉郁的洁白。

凉风不知来自哪个方向,对面平缓的草坡,倒伏的草就像勇士的身体。遍地的牦牛粪便基本保持原样,或许是太冷的缘故,嗅不到一点味道。忽然发现一面水泥碑,但没看到一个字。我抚摸着,仿佛一个异类——在祁连山上,那些现代的东西,总是与这一片偌大的原生态地域格格不入。半山坡上,有羊群开辟的无数小道,像是一把把的刀子,在整个山体上曲折环绕;还有一堆石头,已经被风削砍成了一副钢铁头盔的模样,昂首向西,怒发冲冠。

这时候的海拔大致三千八百米,我在山上爬着,比牦牛笨重。红色的岩石已经风化了,看起来坚硬,手指一碰,就成了沙土。满山遍野的黑色荆棘矮小有力,浑身布满尖刺。更高处悬挂的冰河好像镜子,至于照到了什么,我想我一定看不到——有几头牦牛停在陡峭的山坡上,庞大的身子似乎钉子——它们本就是祁连的一部分,一辈子都不可能走出祁连。

再高处,我开始头疼,空气粗粝、沉重,心脏不堪重负。而眼前的黄色草甸像是美丽的挂毯,茅草一律向下倒伏——

仿佛古代的歌姬们整齐而优美的舞蹈。坐下来，环顾四周，忽然心生豪气，想起"青海长云暗雪山"。更高处的文成公主、松赞干布，还有接近天空的布达拉宫，甚至向东的西宁、诗人昌耀和拉卜楞寺……对面的天空正在行雨，黑色的雨，悬挂在黑色的云彩上，像是神仙长垂大地的乌黑头发，像松软铅丝——我们还没来得及惊呼，雨滴就敲在了头顶，紧接着是犹如马蹄的大雨一掠而过。

宗教是一个庄严的梦想：在祁连县大清真寺，背后的雪山巍峨得令人心生沮丧，近前的教堂却令人满怀虔诚，神情安详。附近的民居外面，不少孩子在追逐玩耍，不少的当地人，张着陌生的眼睛。

又一个黄昏，祁连县城照旧安静。

我想了好多。第一次来青海的祁连，遥远的鹿场还没有去过，还有牛心山、卓尔山以及汉代的方城和风雕的石林。在黄藏寺村，正在种洋芋的回民说，他们一年的收入在3000元左右。路过田地的时候，我不想踩到一株青苗——我知道一株青苗对他们的重要性。祁连县城小得似乎只可以容纳一颗良心和一群羔羊，但它又是博大的，在祁连山上，唯有它和它身上的牦牛可以与时间相提并论。

藏族孩子 戴炽义摄

宗教是一个庄严的梦想:在祁连县大清真寺,背后的雪山巍峨得令人心生沮丧,近前的教堂却令人满怀虔诚、神情安详。附近的民居外面,不少孩子在追逐玩耍,不少的当地人,张着陌生的眼睛。

窗外的弯月又饱满了一些,清冽的光芒像诗。我幻想:是不是有一只祁连的九色鹿站在上面,孩子一样,俯瞰和关照着它们的祁连?在祁连,我第一次见到了龙鳞大白杨和青海云杉,也近距离地仰望和触摸到了祁连雪山及其局部"结构"……我想我是幸福的,也觉得自己很干净,尘世的东西荡然不存,胸中很凉,但很饱满,情绪起伏,但异常安静。

我也不止一次想道:如果我在这里定居,如果我在这里终老一生,尸骨放置深山,灵魂跟随羚羊。

晚上,我做了一个奇怪的梦,梦见一个身穿藏袍的女子站在祁连县城对面的卓尔山顶上,身姿庄重,歌声高亢,她在用汉语歌唱:

> 辽阔的草原上有无数骏马,
> 牧人喜欢的只有一匹。
> 世上的姑娘千千万,
> 我心爱的只是你一个。

我像一朵云彩,从山下的八宝河轻盈而起。山顶是辽阔的,没有风,身后的草原开满洁白的格桑花、金露梅和银露梅,一群毛发洁白的羊羔低头吃草。

第二天早上，就要离开了，在宾馆门前，我又看了看祁连县城，不舍肯定是有的，但我必须离开。到阿柔乡，在一面平缓开阔的草滩上，我看到了经幡飘扬、宝相庄严的阿柔大寺，心胸豁然澄明，灵魂猎猎有声。

再到峨堡镇古方城，基本完好的汉代军营，里面空空荡荡，一侧的民居传来狗叫。走在残存着莜麦茬儿的古城当中，风如刀子，残垣断壁上的茅草金黄得叫人心疼，我们在上面照相、唱歌、大声呼喊，站在高处的黑色牦牛是最忠实的观看者。路过一家小商店的时候，蓦然看到一位红衣喇嘛，侧在柜台上打电话，那一身藏红的袍子，让我觉得神圣，觉得空无，乃至精神信仰对于人类精神的重要性。

而喷香的卤肉让我饥饿，我们坐下来，外间的火炉子传递着温暖。同行的柯英买来了青稞酒，要了卤肉。诗人倪长录喝了平生最多的酒。我趴在餐桌上写诗。青稞酒下肚，我蓦然觉得身体发轻，骨头都是透明的。再次登上祁连山顶，到悟杰寺前，我们下车，焚香跪拜了石壁上的佛像——甘青交界处的扁都口，大风继续吹动两省，四边的高崖依旧壁垒森严——回首祁连，几天，短暂得像是一首诗歌，漫长得却像一生的梦。我在一首同样叫《青海的祁连》的诗歌里这样说：

在海拔4200米高处

我大声呼喊,头疼

而风无动于衷

还有更高处的牦牛

一切都对我不予理睬

多余得像是没有

在青海的祁连

如果我是一头牦牛的孩子

是不是要比你们想象得还要忧伤,或者富有?

肃南：青草与河流之上的定居

武威再向西，沿途有金昌、永昌等地。其中的金昌，以产镍闻名，镍是制造硬币的必需品。因此，金昌又有"镍都"之称。永昌是武威下属的一个县，该县河滩村因有不同于本地人的村民，蓝眼红发——突厥或者日耳曼人种居住，传说是北匈奴呼图吾斯收编的走散的东征十字军的后裔安置地。过山丹，就是著名的张掖。张掖市区向南，即祁连山北麓腹地，有一个以裕固族为主的自治县，行政名为肃南裕固族自治县。

裕固族是回鹘后裔，也即甘州回鹘的后裔。其风俗，与蒙古相像。现全族人数在一点六万人左右。对于此地，我并不陌生，早在2002年夏天就去过一次。那时候，不知为何，我一直处在迷蒙和亢奋之中，我的迷蒙是不自觉的，亢奋也

裕固族牧场　王政德摄

裕固族是回鹘后裔,也即甘州回鹘的后裔。其风俗,与蒙古相像。

仅仅是当时的一种状态,心情就像祁连雪山向阳坡地上的青草、金露梅或者别的一些不知名的花草,在微风中轻轻摇曳。

车子出了酒泉,可以看见高空的火焰,白色的流水,静止的、已经接近干涸的海子。巴丹吉林沙漠深处的黄色沙砾,在车辆稀少的正午,我似乎听见了它们参差不齐的呻吟和呐喊。路边的新疆白杨叶子焦躁,形态慵倦,没有了早晨的翠绿和让人敬服的森严感。偶尔的几只麻雀在泛着油光的路面上落下,又惊惊乍乍地飞走。

窗外的风声携带着黄土的气息,从玻璃边缘进入我们的身体。就像人的生命一样,我不知道前方还有多少路程,但与未知生命的区别在于:我们知道,这一天的下午或者再晚些时候,一定能够到达肃南,见到青草、飞鹰、珍珠般的羊群和散布在那片山地草原上的帐篷、放牧牲畜的人们,听见他们的歌声,喝到他们自己酿制的青稞酒……

车子里的空调吹着邓丽君的软歌声,气氛宁静而富有情调。国道宽敞而笔直,落在偌大的戈壁滩中,给人的感觉很是空旷。那些乱堆着的石头四面光洁,成群结队地落在巨大的荒野之中,除了风,没有谁来挪动它们,它们本身就是大地的一部分,从这里到那里,不过变换一下仰望或者沉睡的姿势而已,其本质不变。正在胡思乱想之间,奔驰的车子慢了下来，引擎的轰鸣声有了一种叹息的味道。几分钟时间，我们转了一个九十度的弯儿，转上一条窄窄的土石公路。抬眼看见一座村庄，因为有树，更重要的是绿色，让我们眼睛一亮，干渴喉咙里一阵欢快的哽动。在西北，有村庄才会有绿色，这是一个极为普通的经验。就拿我这个外来者来说，这样的经验我已经重复了很多次。但奇怪的是，每次重复都如此这般，感觉像是在极端枯燥的生活中，遭遇了美妙梦境一样，每次都是一种从里到外的激动和愉悦。司机先生说，这就是通往肃南县城的路了。

对于肃南，这座小小的县城，一个千年前从阿尔金山流徙而来的弱小民族的集聚地，我不陌生。1997年我来过一次，只是走的路线不同罢了。从转弯儿开始，我就知道，我们即将进入一个神圣的地方，一个一次次被历史遗忘，又被心灵珍藏的神山圣域。这不是夸张，为此，我不想解释太多。我早就说过，我们可能知道怎样去爱一个人，但我们真的无法真正进入一个地域、一个民族的内心和精神世界。在日渐物化的生存环境里，厚厚的红尘正在或者已经将我们每一个所谓的现代文明人复制成简单的机器，按照已有的程序，周而复始地重复着简单的思维和动作。这种悲哀，我们身受，但不自知。

车子向上或者向下，轰鸣或者锐啸，寸草不生的山峦过去之后，草原像是一枚绿色的箭矢，嵌入了我们的眼睛和心灵之内。满山遍野的青草触手可及，它们就在我的脚下，我来到的时候，它们已经在这里了，在自己的位置上，不断地领受阳光、空气中的羊鸣、马嘶和牦牛粪燃烧的气息。我要自己尽量不要伤害它们，不要使一双与它们无关的人类的脚踩到它们的葱绿身体——对此，人类是不自知和有罪过的，而草叶乃至更多的它们不言。它们只是以自己的方式活着、摇着、死亡。它们的简单令我想起人类复杂的可笑，想起本来一阵风可以带走的东西，竟然在人类那里变得如此繁复和隆重，比如生、比如死、比如一片雷声掠过头顶，比如一个人从远方到来，又在近处消失。

我们来到这些青草的身边，青草不做任何姿态。它们就在那里，在自己的位置上，任由陌生的人类的脚步和心灵接近。不远处的白色或者黑色羊群咩咩，那叫声好似刚出生的婴儿，天真得仿佛天堂的声音。方向不甚明了的风扑面而来，轻忽得像是神灵，在我们的头颅和胸脯上急速奔过，不带一星尘土，干净、锋利，仿佛上帝的呼吸。它们来自更远的地方，祁连山的某颗雪粒、松树的针叶抑或某个岩石的缝隙。整个肃南草原上面，到处都是它们的声音，带动更多的声音，更多的声音碰撞着，呼啸、抚摸、带走并追问着一个民族的历史、心灵、信仰和未来。

与酒泉的风不同的是，这里的风显然已经清除掉了那些烟尘、那些欲望，那些本不该发生，或者正在发生的事情，勇猛而单纯，仿佛古老的歌谣，似河流穿过巨大岩石时的声音。

我蹲下来凑在一棵高举籽粒的青草面前，我想让自己尽量和青草平等，不要总是端着自以为高贵的人类的架子，对身边那些不会说话的事物无动于衷。众生平等、博爱和宽容，这是多么紧要的品质！而在此之前，对草，对更多沉默的事物，我也犯了同样的错误。这种自以为是的愚蠢和无知，于今显得多么可耻？！我面对的青草不言不语，在我眼睛里面，简单的姿势重复着岁月的动作，茎叶翠绿而头部泛黄，沉甸甸的籽粒正在孕育成熟，梦想着跟随秋风，洒落在更远的土地上。青草的梦想就是要整个人类的土地上都生长着自己的同类。从这种意义上说，一棵青草就是一百棵青草，一百棵青草就是一万棵青草，青草青草，它们蜂拥、铺排和张扬起来，就是一个芬芳的青草的世界。

重新上车，我想：青草的世界，其实就是人类的理想境地，人穷其一生，也到达不了。这就是人的局限性。而青草是自由的，没有人来打理它们的生活，它们的生，它们的死，听从人类之外的某种号令。这就是自然。自然时常挂在我们的嘴边，在书本里面到处散落，可是真正的自然竟然这般地纯粹简单。

肃南县城到了。日渐黄昏的时候，我和铁穆尔来到一个名叫老虎沟的地方，一片很小的山地草原，一个僻静之所。青草就在身边，我们尽量不踩到它们，尽管它们不会发出疼痛的叫喊。不自觉的伤害虽然可以减轻罪过，可毕竟也是一种伤害。山顶到处都是郁郁苍苍的松树，虽然长得不够高大和粗壮，但它们依然捧出绿色，依然在这片土地上傲然生存，没有什么可以阻止生命的诞生、成长和消亡。白色的简陋帐篷扎在青草里面，宁静得像是诗歌里面一个恰如其分的词语，有一种和谐的动感。而门前的小溪流水犹如长长的马头琴曲，忧伤、悲悯、灵动而张扬。铁穆尔指着北面山坡上一道蜿蜒的沟渠说，那是"大跃进"年代的"产品"，要把这里的水引到更远的地方，把草原开垦成农田，"备战备荒为人民"。这更像是悲剧里面的声音，多少年过去了，它仍可穿透后来者的心灵。

手抓羊肉的味道弥漫开来，在青草之间，在空旷的河谷之上，诱人肠胃。铁穆尔说，羊肉其实就是青草，青草贯穿

吉祥的草原　王政德摄

了这里所有生灵的身体和血脉，没有青草和雨水，我们不知道该怎样生活。踏着一条碎石铺成的小径，我们走向帐篷，裕固族少女已经把煮熟的羊肉，连同黄瓜、西红柿等凉菜放在了帐篷里的茶几上面。蔬菜和羊肉静静地，等着我们去将它们一一吞进肚子。

酒进入身体，进入灵魂，人纯净得只剩下了思想和友谊，那些终日缠绕的琐碎和无奈，离我们远了，短短的一天时间，仿佛身处两种世界。我们跳着、舞着，轻盈得如同一枚高空飘旋的鹰羽……我第一次感觉到了酒醉的快乐。如果饮酒的时候，都有这样的情调，这样的兄弟，这样的环境，那么我愿意"常醉不复醒"。

额头的一阵凉将我唤醒，耳边传来雨的声音，这些来自高空的神灵之物，打在柔软的青草身上，像是落在棉花上一样。我想那些响亮的声音，大都来自石头，液体的雨和固体的石头接触，刚柔相济，自是一种境界。

雨过之后，太阳升起，新鲜、耀眼，光芒照亮全身，露珠摇摇晃晃，像是顽皮的孩童，在青草叶子上荡着秋千。摔落是一种宿命，而对露珠来说，却是必然的归宿。回归泥土，是包括人类在内的每一个生命的宿命，只是我们比露珠多了一些不情愿罢了。

太阳唤醒的蝴蝶，成群结队，满山遍野，飞舞在老虎沟向阳的坡地上，累了，就在一株草，或者一朵花上停留一下，一会儿就又飞了起来，一只接着一只，层层叠叠，令人眼花缭乱，不知道这些蝴蝶到底从哪儿飞出来的。令人惊奇的是，这里的蝴蝶一色地白，没有一只是杂色的。金露梅、白露梅、山丹花在微风中抖动着裙裾。我们离开帐篷，走上斜斜的山坡，尽可能地避开青草，不让自己的脚将它们踩折。倒是那些石头，为我们提供了跳跃的根基。登上不高的山顶，松树的涛声仿佛神灵在合唱，举目远望，就又看到了那些低垂的烟云，就在我们生活的地方。我想我还要回去，还要继续生活在那里，作为人，本来就无可逃避。我珍爱青草，但青草不是我的现实生活，青草仅仅是我心灵的一部分。满世界的青草，我们无法找到。

甘州肃州：向西的城池

由肃南出，便是张掖。

1995年初夏的一个傍晚，我从酒泉乘坐夜班车去兰州。过清水镇、高台县后，已经是晚上十点多了。车厢里有人歪头睡觉，有人窃窃私语。汽车发动机在逐渐寂静和空旷的河西走廊轰鸣，伴随它们的，是一往无前的汽车灯光、快速闪退的巨大荒野和零星村镇。坐在我后面的三个人，其中一个是女子。因为光线昏暗，看不清楚模样，只模糊看她身材也算婀娜。因为挨得近，他们三人的谈话我大致能够听懂。

河西走廊虽然窄长如盲肠，城与城之间相距数小时车程，村庄更是往行不便。但再远的地理、再偏僻的地方，也阻挡不了人的存在，更无法切断男人和女人、亲人和亲人之间那种看似无形但却强大的联系。毫无疑问，后排的三个人是一路的。他们家在永靖，即黄河三峡、炳灵寺和刘家峡水库所在地，具体哪个村庄不太清楚。从他们的谈话中，我了解到，他们这一次到酒泉来，是到金塔县探望亲戚。随行的两个男人，一个是她的父亲，一个是她的哥哥。

夜路行车总有一种悬浮的不安全感。虽然河西走廊一色的荒滩戈壁，多数路段都很平整。过了临泽县城，车上有人内急。司机没吭声，再行几十分钟，到一片空旷地带，班车停下，司机大喊一声：请大家下车方便。男人女人是有区别的。一下车，男人们不管三七二十一，拉开拉链、解开裤带就对着茫茫黑夜撒起尿来。女人则要矜持得多，转到马路对面，再下路基，把自己隐在黑夜和土堆后面。

我睡意蒙眬，趔趄着下车，迎面一阵冷风击中额头，瞬间清醒了许多。虽是初夏，但夜里却还是冷的。西北的天气，素来昼夜温差大。转身上车，还没坐下，就听到砰的一声，好像一件重物被一件更大的物体撞飞，一件结实的东西被打碎一样。我还没回过神来，就听有人说：车撞死人了！这句话，好像一种召唤或者神启，原先在车上睡得东倒西歪的几个人也倏地惊醒，从座位上一跃而起。

我没想到，出事的竟然是坐在我后面的那位女子。她到公路对面小解完后，边走边系腰带，走上路基，一辆同样由酒泉发往兰州的大巴车呼啸而来。她可能走神了，没有觉察到速度极快的大巴车。与一辆大轿车相比，一个人的肉身何其轻；与一堆加速度的钢铁对垒，一个人又是何其脆弱？当我转身准备下车去看的时候，却发现自己的双腿软得挪不了地方。我心跳得如五马奔腾，不可一世，脑袋瞬即一片混沌，不知道该怎么办？一个极其强烈的感受是，人怎么会这样？刚才还好好的，有说有笑，虽然鼻音粗重，但语气是安静而幸福的，怎么会一下子就被撞飞了呢？借着车前灯光，我看到一摊黑色的东西，像蛇一样蔓延开来。车下有人说："起码撞飞了十米远！"迅即，有人干号，哭声犹如裂帛。另一个男声说："尕妹子，你才结婚仨月，咋就这么糟蹋了啊？！"

这是我在河西走廊亲眼看到的一场车祸。那一年，我才二十一岁，算是一个刚步入青年的大小子。后来，两辆车都停下报警，等待交警处理。几个小时后，又一辆酒泉发往兰州的班车到来，我们被硬塞进一辆车里，继续前行。

遇难的人肉身和灵魂永远留在了临泽，生者大部分离开，好像和自己没有一点关系一样。一路上，我一闭上眼睛，就看到那团在车灯下黝黑而迅速漫延的鲜血，想到那个看不清面目,但身材婀娜的永靖女子。心里想,说不定她还是一位孕妇。一次长途探亲,怎么就把命丢在路上了呢?原先,我以为人是无比坚韧的,是这个世界上最强大的动物,再加上灵性,任何事情都无法轻易将之摧毁,死亡更是一件遥远的事情。

到兰州办完事,当地一位小说家邀我返程时和他同去张掖及其周边地区玩。我欣然应允。那时候,尽管我在河西走廊北部的巴丹吉林沙漠待了三年多,因为极少出行,对周边地区不甚了解,只从典籍上知道,西汉时骠骑将军霍去病击破匈奴,张掖与敦煌、酒泉、武威一起,被纳入西汉帝国版图。张掖的意思是:"断匈奴之臂,张中国之腋(掖)",即取得了张掖,就相当于断了匈奴的右臂。西汉初期,匈奴控制着今蒙古、内蒙古及宁夏、山西、陕西、河北、甘肃等地区。从公元前131年开始,汉武帝对匈奴展开大规模战略反攻,卫青、霍去病、公孙敖、李广等对匈奴的战争取得接连胜利,迫使其退到了黄河以西和漠北一带。

此外,我还知道,河西地区先由西戎、羌、乌孙、月氏等占据,后他们相互驱逐。公元前179年,冒顿单于派遣其子稽粥袭击月氏,将之驱逐。次年冒顿死。再一年,新继位的老上单于（稽粥）再一次发动对月氏的军事打击，一举取得战争的绝对胜利，并将月氏汗王的头颅做成了"精美的镶金酒器"。败退的月氏一路向西，也像匈奴一样，沿途击败了比他们弱小的民族和国家。这一无意动作，如同推动的多米诺骨牌，在亚欧大陆上呈狂飙式蔓延，从而引发了自蒙古高原影响整个欧亚大陆的民族大迁徙活动。甘州一名，则是因其城中有泉，甘洌清甜而得，时为沮渠蒙逊主政张掖时期。

除了这些，我对河西走廊没有直观的印象，更没有切身的体验。朋友此次相约，也激发了我亲身游历河西的强烈欲望。和朋友到张掖下车，我脑子里很自然地蹦出了《八声甘州》这个诗意四溅、满口生香的词牌名。我记得，苏轼、柳永、辛弃疾、吴文英、张炎等人皆以此词牌作词。其中，我最喜欢的一首是辛弃疾的《八声甘州·故将军饮罢夜归来》：

故将军饮罢夜归来，长亭解雕鞍。恨灞陵醉尉，匆匆未识，桃李无言。射虎山横一骑，裂石响惊弦。落魄封侯事，岁晚田间。谁向桑麻杜曲，要短衣匹马，移住南山？看风流慷慨，谈笑过残年。汉开边、功名万里，甚当时、健者也曾闲。纱窗外、斜风细雨，一阵轻寒。

苏轼的《八声甘州·寄参寥子》也算好词。但我觉得，辛弃疾的词更为刚韧苍迈，有英雄气度，凸显的是一个男人胸襟、铁血素质和家国情怀。苏轼借用此词牌名，抒发怀古之情、个人之心、人间情谊，倒是真切，但少了雄浑气象。由此而论，苏轼此词只是在境界上高于柳永之《八声甘州·对潇潇暮雨洒江天》。柳永观景入心，情动于衷，顾影自怜，词语灵秀，情感深挚，写出了一个人内心的寂寥与哀愁，包含了他个人某种切身切骨的人生体验，堪为上乘之性情之作。

在街上走了一会儿，我立即感觉到，张掖这座曾为古丝绸之路重镇，盛唐时繁华若斯的古城，更为浓郁的是那种熟稔的农耕气息。街边饭馆飘出的不是牛肉面的味道就是羊肉的膻味。行人走路的姿势、神态，很容易让我想起在田埂上荷锄、携镰下地或归家的农人。还有一些神情张扬的男子，骑着自行车或者摩托车来去。尽管他们看起来安静或者粗狂，但给我的感觉，有的像盗马贼，有的像在山坡上看管牛羊的牧人，有的就像蹲在自家门槛上抽烟的农者。我向朋友说了这种感觉。他笑说，张掖原本就是一个农耕与牧猎之地，让它像兰州或者西安那样拥有现代气息，可能还需要一段时间。

下午去大佛寺和木塔寺。大佛寺建于西夏永安年间（1098年），起因是当年西夏国师嵬眻在大佛寺原址，无意中掘出一尊翠瓦覆盖的卧佛，奏请崇宗李乾顺修建起来的。初名叫迦叶如来寺，供奉释迦牟尼涅槃睡像。现为张掖唯一存留的西夏寺庙。木塔寺始建年代不详，据《甘镇志》记载，后周已经有此寺，隋开皇二年重修；唐贞观十三年，李世民又令尉迟敬德监工重修。木塔寺为安放释迦牟尼舍利子而修建，《重修万寿寺碑记》记载说："释迦涅槃时，火化三昧，得舍利子八万四千粒，阿育王造塔置瓶每粒各建一塔，甘州木塔其一也。"

如今的大佛寺很小，门前一道窄小街道，两旁都是垂柳，旁边多售卖各类玉石及工艺品的店铺。夏天走在其中，有一种特别幽静的意味。进大门，只见拱门巍峨，牌匾森严，嘈杂市声戛然而止，即使偶尔有些特别刺耳的轰鸣，也像是来自另外一个世界。我以为只有自己有如此感觉，询问朋友，他说他也有同感。我暗暗想，这世上有些存在是不可言说的。如果赋予事物以某种神意，并且笃信不疑的话，天长日久，它们就会如人所愿吧。大佛殿内的释迦牟尼似睡而醒，长眉长目，无论从哪个方向看，他都能看到我。这似乎就是一种力量，他看穿，而不说透；他明了，却不告知。佛的智慧是一种来自天地众生的无上觉悟。他倡导的，是一种自我的干净、放下的尘世、欲望的超越、生命的实在若无、精神的澄明与灵魂的无限飞升。

在落日晚霞之中，许多燕子绕着木塔寺飞，似乎幻化了的精灵，好像也在膜拜。相对于大佛寺，木塔寺真如其名，一色的木质结构，沿着一道木梯向上，虽然上不到顶楼，但在四楼位置极目四望，可将整个张掖纳入视野。果如我刚入城时候的感觉，张掖这座城市在20世纪90年代中期，还没有几座五层高的楼房，主要街道数座楼房背后，散落着一大片一大片的黄土泥房。一家一个小四合院，与河西走廊一带农村的房屋结构没有两样。只不过，一个在田野，一个在城市。

和张掖的朋友在木塔寺下坐下来，吃烤肉喝啤酒，夜色越来越浓，木塔寺外的广场上华灯四起，光亮引得无数蚊虫围绕着它们飞舞。酒至半酣，有朋友开始朗诵诗歌，有先前提到的宋词，还有唐时岑参之《过燕支寄杜位》、林则徐《次韵答陈子茂德培》等。半夜散伙时，张掖市区除了路灯，几无灯火。和朋友在宾馆洗澡睡觉，竟然没有做一个梦。醒来时晨光打头，整个张掖市又出现在清朗天地之间。上午，张掖的朋友让我去看看黑水国遗址。黑水国这个名字异域气息浓郁。其建筑时期应在史前，即公元前200年前后，并与司马迁《史记·匈奴列传》中"行国也，与匈奴同俗"的月氏有着密切联系。匈奴攻取后,此地为右贤王麾下浑邪王驻牧地。河西划入西汉版图后,此地也曾是行政机构所在地。近年在黑水国附近的墓葬群中出土有大量汉砖,还有早期《西游记》《三国演义》的壁画等。由此可以推断,黑水国存在时间一直沿袭到明初或清初。

黑水国分南北二城,相距三公里左右,南城略小,但城墙、哨楼和门洞还在;北城略大,主要建筑已经坍塌断毁。走在城中,遍地瓦砾和青色碎砖,四面高墙,墙外是田地和杨树林。即使是正午,也觉得有一种深陷的意味,浑身上下似乎沾满了旧朝和腐朽的时光味道。同行的一位张掖朋友说,前些年,在张掖某学院,一个教授的儿子和一个农民的女儿相爱,教授嫌女孩子出身贫穷,不同意他们恋爱。后俩人在晚自习时,于教室内拥吻,被其他人看到,一时间流言四起。几日后,两人双双失踪,找寻多日不见。后有一个羊倌在黑水国南城边缘一片沙枣林里,看到两具尸体。

听了这个故事,本来炎热的天气唰地阴冷下来,浑身起了一层鸡皮疙瘩。怎么还能以出身来限制年轻人恋爱呢?这也是张掖本地人农耕思想至20世纪90年代初期仍旧根深蒂固的一个佐证。不由得想起前几天在夜路上,被车撞死的那位永靖新嫁娘。忽然觉得,生命真是不可捉摸。谁也无法知晓，下一刻会发生什么。

如眼前这废弃的黑水国。初建时人声鼎沸，失败后又有人取而代之；王朝强盛时官民皆安，衰落时盗贼蜂起，敌军残杀袭占。关于这一切，人无从记起，只有这倾塌了的残墙和碎砖，以及流转的日月目睹，用心铭记。只是后来的人，无从读取，更无从知晓一座城及其诸多居住者的当时情景。对于万物和人文来说，废墟是其命运的最好注脚，遗迹也只是后来者凭吊的依据罢了。想到这里，心情不由沉重。相对于南城，北城不仅树木众多，杂草也很丰茂。一个阔大的古城早已与其他野地无疑，几道断毁的老墙上也长着荒草。即使在残城之中，也感觉不到一丝旧时气息。出来在路边吃饭时，大家又说起隋唐时期的张掖。其中，隋朝的长孙晟和裴矩（后为唐臣）最为突出。杨坚篡位建隋，平定了南方异己势力之后，即将方向战略转向西北及西域。长孙晟（李世民长孙皇后的父亲）适逢其时，以其国人才略，为隋文帝出谋划策，为平定吐谷浑和突厥立下了汗马功劳。《隋书》上说："（长孙晟）性通敏，略涉书记，善弹工射，矫捷过人。"从后周到隋，长孙晟先后三次出使突厥，第一次被突厥沙伯略可汗扣留一年，但以其过人的骑射功夫赢得突厥尊敬。归国后，建议隋文帝对突厥采取拉拢分化、"离强合弱"战略，杨坚全部听从，并交由长孙晟实施。长孙晟不负重托，以"远交近攻""离间""收买与突厥关系较好的其他部落，令其孤立无援"等方式，果然使得突厥内部不合，不久分裂。

长孙晟死后，"（隋炀）帝深悼惜之，赙赠甚厚"。不久，后突厥始毕可汗率领大军围攻雁门，隋炀帝叹息说："假如长孙晟还在，突厥断不会如此猖獗！"可见长孙晟在当时的作用和地位。与长孙晟对西域功绩相当的另一人是裴矩，山西闻喜人，既是名臣，又是地理学家和人种学家。最初，因在广州作战有功，一路擢升。凡有各国商人到长安，裴矩就设宴招待，令其说出西域之不同地貌和国家的部落分布情况，为验证真伪，他自己还深入今新疆境内探访考察，绘制地图。回来后，去伪存真，撰写了三卷本的《西域图志》，成为隋朝对东北和西北边疆决策的主要依据。

公元607年，隋炀帝摆驾榆林，宴请突厥可汗。赏赐之多，令人胆战。功勋卓著的名将高颎和贺若弼劝谏，隋炀帝恼怒，将两人当场斩杀于军前。隋炀帝"欲出塞外，陈兵耀武"，先派裴矩到张掖，传告西域各个国家和部落。但因隋炀帝到恒山祭天，便将此事耽误了。608年，隋炀帝派大将薛世雄出兵西域，将吐鲁番（西州）纳入帝国版图，打通了西域通道。609年，隋炀帝再启西巡河右（河西地区别称，即今宁夏及河西走廊）计划，再派裴矩先行。裴矩到敦煌，派人至高昌，以厚利诱惑高昌王麴伯雄、伊吾吐屯设、西域二十七国国王。随后，隋炀帝经焉支山大斗拔谷（今甘肃民乐与青海祁连县扁都口）到达张掖。西域诸国果真遣使而来，隋炀帝以奢侈场面和丰厚的赏赐，显示了中央帝国的奢华和富有。可惜好景不长，隋炀帝在裴矩等人的极力怂恿下，不顾国情民意，连续对高句丽用兵，连遭失败，仍旧穷兵黩武，大肆搜刮民间，致使民怨沸腾，反叛四起，最终在江都被部下宇文化及兵卒所杀。

所有的历史都是幽秘的，即使典籍有明确记载。因为一旦时过境迁，任谁都难以恢复本原。班车再次路过临泽。我记得，那位新嫁娘出事的地方大致在临泽县城以南三五公里处。到那个地方，我的心就收紧了，好像有一只钢爪，在使劲回攥。朋友看出我的心思，说：这条路上，不知有多少人死于车祸。你看到了，心里难过，没看到的呢？

我一言不发，眼睛盯着窗外飞速闪过的柏油公路。直到临泽县城，也没有看到任何痕迹。我想这太不可思议了。一个人在此罹难，竟然没有留下一点痕迹。对于一个普通女子来说，这是不是有些不公？

临泽县城很小，一片楼房，孤立站在田野之间。这是出张掖（甘州）的第一站，若在汉唐，当是丝绸之路由甘州到肃州（酒泉）之间的第一个歇脚和打尖的驿站。临泽先设县衙，名渠武，再昭武。由此名可以看出，西汉时，临泽当是中央帝国安置匈奴沮渠以下降人（众）之地，渠这个字在匈奴是指沮渠（相当于团营以下军官）及其所率部众；昭武这个名字也与中亚昭武九姓国重复。昭武九姓国人最大的特长是经商，在隋唐时流居世界各地，以卓越的商业头脑和无限财富左右丝绸之路沿途各国经济，并传播宗教，参与政治斗争。唐时，临泽也可能是昭武九姓国人在河西的聚居地之一。

还没仔细看，班车就把临泽甩在后面。沿途不多的村庄，生长着许多果树，以枣树居多。在河西走廊，临泽小枣是有名的特产。若是秋天开车路过，路边有很多自己设摊卖小枣的农人。再向前，一色的大戈壁，偶尔有村庄，也都远远地躲在一片杨树林里。隔着巨大的荒滩看，不管再小的村庄，也都有一种遗世独立的况味。我想，从前的人骑马，或者乘坐木车，从长安向西，这该是怎样的一种迢遥旅途？当年的玄奘、悟空、杜环，近代的左宗棠，不管大军开进还是个人孤行，对于往返于丝绸之路上的人来说，不管有无所获，他们都将会与众不同，卓越于其他人。

紧接着的一个县城是高台，它也是月氏和匈奴的故地，后和河西四郡一起归于西汉。我和朋友下车的目的，一是去西路军烈士陵园拜谒，二是去游览骆驼城。前者堪称中国近代史上一个令人忧愤莫名的政治和严重的人道主义事件。1936年，长征胜利后，一方面在西北建立抗日根据地，另一方面为打通接受苏联援助通道，于当年10月10日，红军强渡黄河。事实上，取得暂时性胜利后，随之而来的是失败和屈辱。在永昌、古浪、武威、金昌、山丹、张掖等地，惨绝人寰的暴力事件一路发生，马步芳、马步青、马鸿逵所部之残忍程度，堪比南京大屠杀。

所谓马家军，就是指青海和宁夏军阀马步芳、马步青和马鸿逵所属部队。其中，马步芳被称为"青马"，马鸿逵则被称为"宁马"。"青马"部队士兵主要来自甘、青两省交界地区信奉伊斯兰教的回族、撒拉族、东乡族人，信仰宗教，作战内聚力极强。在古浪，西路军遭到马元海部队追击围攻，红九军伤亡惨重，政委陈海松等人战死。身负重伤的红九军军长孙玉清被俘后，誓死不投降，被马家军用大刀活活砍死；八十八师师长熊厚发身负重伤，被俘后也宁死不屈，被敌军捆绑在大炮筒上，活活轰死。其他二千四百多名男红军战士被马家军就地活埋。时为红五军四十五团政委的张力雄回忆说,"他们(马步芳部队)把俘虏的女同志,拿去集体轮奸以后,把衣服裤子脱下来,阴道上插高粱秆,捆到树上示众……"时为红军总医院二所护士牟炳贞也说:"一把把你抓起来,裤子脱掉,把树削得尖尖的,甩上去……就这么死掉。"

当时,马家军兵力总数为十八万人,西路军总数是二点一八万人。其中,倪家营子战斗尤其惨烈。倪家营子位于张掖往肃南县去的祁连山口,紧靠丹霞地貌景区。在那里,西路军以不足万人的兵力,与马家军五个步、骑兵旅、一个团和六千人的民团反复争夺阵地,鏖战一个多月,终因寡不敌众,向南突围,在梨园口至康龙寺一带,又与尾随而来的马元海军血战。与此同时,驻守在高台的红五军也陷入马家军的包围中。红五军仅有四千多人,马元海调集部队和民团二万余人进攻,还有大炮掩护。

那是1937年1月15日,红五军将士与马家军血战近五天,自身伤亡极大,敌军也有六百人毙命。更可怕的是,西路军全无补充,弹药打光后,军长董振堂命令骑兵团长吕仁礼率部突围。但上级严令死守,不得放弃,董振堂与不足三千名战士又坚守了三天四夜。1月20日早晨,马家军集合全部兵力发动进攻。与以往不同,这一次,马家军也使用了人海战术。双方用刺刀、枪托拼死互杀,没有枪支的,就用石块砸、矛戳、牙咬……凡是能致人死命的方式和物什，都派上了用场。

此时，红五军政治部主任杨克明在率军政人员增援高台西关途中中弹牺牲。军长董振堂一直坚守城东南方向阵地，腿部中弹后，从城墙跳下，摔断了腰。董振堂下令其他同志突围，他来掩护。董振堂打光了左手手枪子弹，把右手手枪里最后一颗子弹留给了自己。至此，高台陷落，董振堂、杨克明、三十师师长叶崇本等人头颅被割下，挂在高台城门示众，后又被送往西宁邀功请赏。进高台后，马家军以活埋、强奸、抢劫等方式，杀戮红军伤病员二千四百多人，烧毁大部分民房，居民财产被抢掠一空。

进烈士陵园时，正是傍晚，落日如血，将这一座小小县城涂抹得悲怆莫名。我和朋友缓步向内，先看陈列馆，董振堂、杨克明、叶崇本的头颅——黑色的、嘴巴大张、眼睛还是睁着的，头颅断处可以明显看到刀口。看简历，我才知道，董振堂竟然和我是同乡——河北邢台新河县人，保定陆军军官学校毕业，曾在冯玉祥部下任职，参加过北伐战争、反蒋战争、宁都起义，并在赣州等地与国民党军队作战。不知为什么，我竟然失声痛哭起来，无视解说员和其他朋友。他们都很惊诧，用一种负责的眼神看着我。我转出去，到董振堂和杨克明纪念碑前，向他们敬礼（我也是军人），再低下头，默哀。墓碑无语，松柏沉默。想起那场悲惨的战事，只觉得心脏四面漏风；想起那种惨无人道的杀戮手段，有一种愤怒，自丹田腾冲而去，有一种悲哀，让我不得不抬起头来，仰望那已经被黑夜填满的深邃天空。

晚上与朋友喝了几杯，心情沉郁，三杯就有些醉了。说起那位半路罹难的新嫁娘，再说西路军，尤其是战死的将士，五味杂陈。战争就是杀戮，但不杀俘虏早已是通例。马家军之残忍，与斯时在我国乃至东南亚国家制造的惨案，有什么本质区别？况且，还是同在一片土地上生存了千余年，虽不同族，但是同胞。有些中国人向来对自己人下得了手，对外夷，则惧之如虎狼。从不缺杀狼的羊，也不缺吞象的蛇，但更多是相互践踏的马群、决斗致死的公牛。

夜里忽然起风，很大，吼声如雷，把我从酒醉的睡眠中惊醒，再难睡着。辗转间，忽觉四壁清冷瘆人。也想到，高台县城此时人烟茂盛，生活安宁，有谁还记得在这里死难的万千之人、发生的惨烈战争呢？先者已矣，其实不会走远，他们的血可能还在茁壮树木和野草，也可能在荒滩下颜色依旧。

大湾城　胡杨摄

每一处遗迹都是一部史诗,每一座废墟都是一座时间墓碑。

早上起床照例吃牛肉面。再去骆驼城——在今高台县骆驼城乡永胜村西南三公里的荒滩上，一座古城堡颓然屹立。时间的刀刃把它凌迟得只剩下一些残墙和些许房屋了。骆驼城的最初建造者当是段业。段业是西安人，起初他随武威太守杜进征伐西域，因战功而封为健康郡（今酒泉）太守。氐人吕光入河西夺取政权，建立后凉，任命段业为尚书。氐人原为匈奴大部落联盟中一支，素来有"以力为雄"的暴力传统。吕光当政后，依然强调武力和暴力治国，属下多反叛。公元397年，匈奴人后裔沮渠蒙逊投靠后凉，不久，与众人拥戴段业为皇帝。段业为人刻板，好占卜，嫉妒心强，才能一般。沮渠蒙逊及其叔叔沮渠男成拥立他时，他犹豫很久才勉强答应。建立北凉当年，段业就另外修建了一座国都，即眼前的这座骆驼城。

该城分南北二城。南城面积约为二十三万平方米，其东、西、南城墙正中，各辟有一门，并建有方形瓮城。城中西南角还有一座长约百余米、宽约七十多米的小城。北城面积要比南城小一半，城南筑有一座方形瓮城，东、西有城门，直通南城。如果猜想没错，北城大概就是段业当年的皇宫了。立国后，段业将国之重任委以两个新兴匈奴人，即沮渠男成和沮渠蒙逊。不久，沮渠蒙逊看段业实在无才，难成大业，便与沮渠男成商议废之自立。沮渠男成不从。沮渠蒙逊使诈,段业逼迫沮渠男成自杀。沮渠男成劝他说,你谎称我已经死了,沮渠蒙逊闻讯必定反叛,届时,我再带兵讨伐他,一定把他一举消灭。段业不听,逼杀沮渠男成。沮渠蒙逊果然反叛。段业猜忌众将,沮渠蒙逊大军打到骆驼城外,城中有不忿于段业的大臣砍开城门,迎接沮渠蒙逊进城。段业跪求沮渠蒙逊让他回西安养老,沮渠蒙逊没有答应,将他杀掉。

沮渠蒙逊为卢水胡,也是南匈奴呼韩邪单于后裔。其发迹地,就在今肃南裕固族自治县之临松山,旁边有建于北魏时期的马蹄寺。《晋书》上说:"其先世为匈奴左沮渠,遂以官为氏焉。蒙逊博涉群史,颇晓天文,雄杰有英略,滑稽善权变。"沮渠蒙逊与刘元海、羯人石勒等皆为新兴南匈奴后裔,他们以游牧民族融入汉朝,既保持了游牧民族的苍狼习性,又深受儒法文化影响,皆为当世俊杰。只是,军事上的短视,文化上的半生不熟,一旦取得胜利,便开始追求享乐,热衷内部权斗,致使这些新兴匈奴后裔建立的国家都如其先祖建立的汗国,没能逃过"其兴也勃焉,其亡也忽焉"的历史铁律。

后来的骆驼城,相继为历代王朝所用。其中,唐时为建康军驻地。在骆驼城附近,还有一片规模较大的古墓葬,出土有彩绘画像砖、胡运子衣物疏、红纱旌铭、青海神树等多种文物。可以想象，在西汉乃至唐时，骆驼城肯定是一个水草丰茂的绿洲。人有随水而居的天性。假若骆驼城就是现在的荒芜枯寂模样，历代王朝绝不会将行政中心、驻军放在此地。只是随着环境恶化，绿洲和水源消失，才使得骆驼城荒芜，进而成为废墟。即使在科技和道路发达的20世纪90年代，骆驼城也无人问津。直到电影《双旗镇刀客》在此取外景，骆驼城才又进入少数旅行者的视野。

每一处遗迹都是一部史诗，每一座废墟都是一座时间墓碑。骆驼城是，蜿蜒在荒野之间的汉、唐、明长城也是。坐车到清水镇，就可以明确看到一条倒淌河，即黑河。它的母源地是今青海祁连县的八宝河，流经张掖，转道向西，至清水，再酒泉，折向巴丹吉林沙漠（弱水河），终点为今内蒙古额济纳旗（额济纳河）。黑河同时又是一条季节河，堪称张掖至酒泉乃至向北的金塔县、额济纳之母亲河。

清水镇很小，因祁连山中有水冒出，清澈淋漓而得名。现在的居民大都是铁路工人及其家属，还有几座兵营；当地土著多分布在镇子四周，以农耕为主，放牧为辅。由清水镇向西北，即巴丹吉林沙漠，可达酒泉卫星发射中心及额济纳；

向南是高耸的祁连雪山；向西即酒泉、清水。这样的地理位置，在古代肯定是兵家必争之地。开元初期，唐帝国持续强盛，郭元振、王忠嗣、张仁愿、张孝嵩、哥舒翰等人多次在河西走廊击败突厥和吐蕃。安史之乱后，唐国力大不如前，藩镇割据，内叛不休。再加上吐蕃、回鹘等汗国自恃助唐平定安史之乱有功，大肆抢掠唐境，并以诸多不平等条约进行要挟、勒索。唐帝国国力衰落，只能委曲求全、忍气吞声。公元799年，唐德宗令殿中少监崔汉衡、判官常鲁出使吐蕃，商议唐、吐勘定边界之事。881年，唐德宗派出安西都护李守忠、北庭都护郭昕等人负责与吐蕃勘定边界。同时派陇右节度使张镒等人与吐蕃在清水镇再次会盟，订立所谓的"和平条约"。

条约主要内容为划定双方边疆。即从陕西泾阳到弹筝峡（今宁夏泾源县）西口，陇西到清水，陕西凤翔县至甘肃成县、四川雅安石棉县大渡河流域以内为唐界；宁夏固原，甘肃兰州、通渭、会宁、临洮、成县及四川西南部包括云南等地为吐蕃界，等等。唐帝国疆界被压缩近三分之一。自此，唐帝国彻底失去了对西域的控制，也失去了丝绸及其他贸易权。回鹘和吐蕃势力在西域展开争夺。直到公元851年，敦煌望族张议潮等人趁吐蕃内乱，发动起义，将吐蕃势力驱逐出河西地区。

诸多对清水镇的介绍，均没有上述内容。大致是有意忽略，或者耻于提及。作为历史上最强盛的一个帝国，唐前期和中期之有为、之盛大、之雍容、之广博，寰宇概莫能比。后期之纷乱、之萎缩、之卑微，匪夷所思。我原以为，清水镇就是甘州和肃州之间过度的一个驿站，历朝历代所承载的客流量可能与河西其他地方差不多，但不会承载过此等军事和政治大事。

到酒泉，已经是夜里十点多了。因为驻军多，再加上玉门石油，相对于张掖，酒泉算是河西地区现代气息较浓的城市之一。各种潮流和观念最先进的，当数距离酒泉二十分钟车程的嘉峪关。

夜里的酒泉到处是饮酒的人，散步者大都在酒泉公园和泉湖公园等。人群中，操外地口音者居多，本地人则更喜欢待在家里，或者在自己小区附近活动。我和朋友要了几个小菜，喝酒。在河西，不喝酒的男人会被人耻笑。有时候，不会喝酒或者不喝酒，在河西走廊自己也觉得不好。

可以说，自秦岭向西，所有的西北地区都是混血的。异族你来我往，相互融合，进而在风习和思想上相互影响，杂交的人种也接受了汉儒和游牧两种基因。吃大块肉，喝大碗酒，行走人生，笑傲江湖，这种豁达习性，想来是西北地区男人最经典也最本色的一种状态。

第二天一大早，和朋友作别，再次乘车向北，过金塔县，再龙首山、合黎山之间的大戈壁，沿着弱水河到鼎新镇，快到单位的时候，发现一辆越野车倾翻在路边的水渠里。有人在路边大喊，要司机停车。我乘坐的是长途公共汽车，司机开始不停，我和几个军人站出来，司机无奈，停车。他嘟囔说，你们这些人没开过长途班车，根本不知道，一辆车一旦碰上死人的事儿，就晦气得很，以后也说不定会出个啥样子的事。说完，很沉地唉了一声。我忽然觉得惭愧。其实，我们是没有权利要求别人如何做的，况且，我们坐他的车，一年内也不过一两次，而他，却要常年在这条路上跑。

对一个具体人而言，这世上的人和事，很多是不可逆转的。无论是被夜班车撞死的那位新嫁娘，还是恋爱未遂双双死在黑水国遗址的两位大学生，以及回单位路上遇到的那场车祸。从个人的角度说，我不愿意任何人遭受任何不幸。物伤其类，他们的不幸也使我惊悚、不安。可我无法阻止，只能任由它们发生。以此来思考沿途的废墟及其历史，我想我也是无能为力的。作为后来者，对人世间几乎每日都在上演的暴力、英雄、死亡、悲剧、阴谋、杀戮、失败……我只有回忆和凭吊的权利。除此之外,任何的评说和判断都有可能不符其实,甚至谬以千里。唯一可安慰的,就是大地每一处都有人的遗迹,每一个人都是这片土地上的居民与过客,包括那些已然消失的。

注:张掖,古称甘州;酒泉,古称肃州。

居延：名将命运及沙漠传奇

公元前99年，酒泉、张掖教射骑都尉李陵和副手韩延年率五千"荆楚勇士，奇材剑客"出酒泉，沿弱水河，穿过阿拉善高原，行程二千多里。在浚稽山，即今蒙古国阿尔泰山中段，遭遇匈奴且鞮侯单于所率的八万主力大军。如果我没有猜错，李陵的出击路线应当是从今天的酒泉市军营带军向北，沿着讨赖河到金塔县，穿过一片茫茫戈壁。那片戈壁至今没有一个正式名字，但分列两边的马鬃山、狼心山却早有记载。如同李陵和他的军队一路循着的弱水河，《尚书·禹贡》中说"鸿毛不浮，水弱不能载舟"。与李陵遭际有着直接联系的司马迁《史记·夏本纪》也说："导弱水，至于合黎，余波入于流沙。"

其中的"流沙"即巴丹吉林沙漠。《穆天子传》中有"(周穆公)执白圭玄璧,以见西王母"的记载。其实,周穆王不止一次西征、南巡,仅在斋桑泊(位于哈萨克斯坦境内东北部,阿尔泰山西麓,额尔齐斯河流经此湖)见西王母就有三次之多。其中一次,其乘车辇由贺兰山而入巴丹吉林沙漠,过巴里坤湖,最终到达瑶池(即斋桑泊后),天子"觞西王母于瑶池之上"。西王母为天子谣曰:"白云在天,丘陵自出。道里悠远,山川之间。将子无死,尚复能来。"天子答之曰:"予归东土,和治诸夏。万民平均,吾顾见汝。比及三年,将复而野。"

两人的对话,至今听来犹如空谷之音,余响醉人。其中有家国情怀和个人志向,也颇见真情与普世哲理。而与此相对的是自公元前121年,"流沙"及其所含居延海乃至整个阿拉善高原,就已经明确纳入西汉版图。其功勋者,当是卫青,还有路博德、霍去病等人。

作为蒙古高原和漠北瀚海中最早期的一支军事力量,一个犹如苍狼啸聚、鲸吞四邻的奴隶制游牧汗国,匈奴在历史黎明时期的精彩表演,无疑是亚欧大陆上最为精彩绝伦的一幕。其周边近邻东胡、月氏虽然也强盛过,但他们从没有像匈奴那样对中央帝国产生巨大的军事、经济和政治影响。也没有哪一个民族，如此长时间、大规模、高频率地与中央帝国发生摩擦乃至生死决战，并对早期的中央帝国和亚欧大陆文明嬗变产生巨大影响。李陵进军之时，乃是且鞮侯单于当政时期。且鞮侯单于为伊稚斜单于之重孙，向蠡湖单于之弟。且鞮侯单于上台之际，匈奴经过伊稚斜单于与太子于单的争夺，再加上卫青、霍去病等西汉大军的连番打击，他所继承的匈奴，已经是千疮百孔、风雨飘摇了。

以李陵之才，独当一面，领兵作战，当是人尽其才。然贰师将军却令其运送辎重，负责后勤工作。李陵可能也觉得委屈，遂主动向汉武帝请命出击匈奴，配合李广利三万大军进击祁连山匈奴所部。当然，李陵这一做法，也有替其祖父李广和父亲李敢争口气和被封侯的个人愿望。

大致是2006年夏天，我陪同外地朋友从甘肃金塔县鼎新镇出发，越过巴丹吉林沙漠西部大戈壁，进入额济纳，并去了与蒙古国接壤的策克口岸。从地形上看，额济纳四面黄沙和秃山，旗府所在地达来呼布镇就像一块巨大的石头，深陷沙漠戈壁。如果没有弱水河及大片的胡杨林、红柳树丛，额济纳很快就会成为传说中的楼兰，被无际风沙掩埋。

从达来呼布镇向北，地势越来越高。胡杨林之后便是风吹流沙如群蛇的沙丘，有些地方还长有骆驼草、蓬棵等沙生植物。居延海已经只是一面小小的海子了。据《汉书》《新唐书》等记载，那时候的居延海（涵盖今天整个额济纳地区）水泽众多，野草茂盛，是中央帝国西北部有名的粮仓和牧场。而在风不断吹送流沙的山丘之中，今之居延海，只能以一面镜子的方式反射依旧深邃幽蓝的阿拉善天空。

到达策克口岸，站在界碑前眺望蒙古国，忽然觉得，李陵当年就是从这里深入漠北，一路寻击匈奴，到阿尔泰山中段，还没来得及休整，就遭遇到了且鞮侯单于八万骑兵。匈奴是蒙古人的先祖，作战常以轻捷骑兵取胜，"来如闪电，去如飞鸟"。在冷兵器年代，相对于以步兵为主要战力的西汉军队，匈奴骑兵部队有着无以复加的作战优势和加速度的冲击力量。再加上匈奴善于在开阔地组织大规模的野战和运动战，常采取迂回包抄、诱敌深入、闪击即走，而后四面出击之策，汉军不可即。

关于这一点，当年冒顿单于在白登山（今大同）围困刘邦大军七昼夜，数年后起全国之兵，一夜之间马踏东胡之举，便是有力佐证。有研究者认为，闪电战本就是匈奴人的专利。可以想到，五千人对八万人，两个主力战将，五千荆楚勇士，虽都是"奇材剑客"，也禁不起八万人的车轮战！然而，李陵和韩延年的五千人却与匈奴八万军队苦战八昼夜,且"杀伤过当"。(钱穆语)这该是怎么样的一场血战?是怎么样的一种英雄之战?几天后,将士损失大半,副将韩延年战死。本来,李广利令路博德率军策应李陵,但时为伏波将军的路博德却不屑于为李陵之军做后援,以"方秋匈奴马肥,未可与战,臣愿留陵至春,俱将酒泉、张掖骑各五千人并击东西浚稽,可必擒也"为由拒绝。

身陷绝境,李陵边战边退。第七天,退到距离居延百余里地方,路博德所率援兵还没到,退路又被封锁。夜幕降临,匈奴收兵。李陵将残余部队安扎在一座山头上,面对浩渺星空,他发出长叹。最终决定,让剩余的几百名将士趁夜突围,不要和他一起葬身这茫茫沙漠。战士们却都不走,愿与他同生共死。李陵说,保存实力最重要。再说,我把你们带出来,起初想带大家一起建功立业,没想到陷入此等绝境。我李陵已经没有脸再去见皇帝了。我一个人死了不要紧,你们家里还有妻儿老小,没必要陪着我一起死。

对此,司马迁《史记·李将军列传》说"而单于以兵八万围击陵军。陵军五千人,兵矢既尽,士死者过半,而所杀伤匈奴亦万余人。且引且战,连斗八日,还未到居延百余里,匈奴遮狭绝道,陵食乏而救兵不到,虏急击招降陵"。

《别歌》一诗，当是李陵在此时随口而出："径万里兮度沙漠，为君将兮奋匈奴。路穷绝兮矢刃摧，士众灭兮名已隤。老母已死，虽欲报恩将安归？"

被俘后的李陵，虽在匈奴，但从未为单于出谋划策，也没有统兵进犯过故国。就在此前一年，即公元前100年，苏武并副使张胜出使匈奴。副使张胜与匈奴緱王、丁零王卫律属下将军虞常密谋劫持匈奴单于母阏氏（原为汉公主）归汉，并欲刺杀当时在匈奴权势遮天的丁零王卫律立功。虞常也是由汉归降匈奴的，与张胜曾是好朋友。此时想返国，拿匈奴单于的母亲和丁零王卫律的人头，期望汉武帝赦免其罪。不料，还没动手，事泄。匈奴緱王在乱军中战死。虞常再次被俘。且鞮侯单于恼怒，扣留苏武等一干汉使。张胜变节投降，苏武被囚地牢。

关于李陵及其家族，钱穆《秦汉史》中的评价，我深为认同："卫霍李广利之属，名位虽盛，豪杰从军者贱之如粪土。李广父子愈摈抑，而豪杰愈宗之。……而李陵将勇敢五千人屯边，陵称其皆荆楚勇士，奇材剑客。徒步出居延北千余里，独挡单于八万骑。转战八日，杀伤过当。及陵降，而陇西之士居门下者皆用为耻。其时陵副韩延年战死，军人脱归者四百余人。李陵之才气，及其全军之勇决，令千载下读史者想慕不已。"

害李陵者，一是他自己，二是路博德，三是汉武帝，四是匈奴。如果李陵唯上级马首是瞻，安于本命，不去自讨苦吃；不过于夸大自身及其部署的战斗力，只负责后勤补给；如果路博德有一点合作之心，统一作战思想，即使他和李家有过节，战争之中，同军当相互衔接，配合作战；如果汉武帝听从司马迁等人之言，容留一段时间给李陵，说不定李陵也会如路博德当年一样寻机逃回，为西汉再立功业；匈奴若不倾兵而出，抽调一部分军队与李广利所部作战，李陵说不定也能全身而退。

然而，这些都是假设。

失败而降匈奴的李陵可谓千古第一伤心男人。一个渴望以功业恢复家族荣誉，为自己争取彪炳千古之名的将军，在匈奴和汉军的双重促压之下，本想于匈奴暂保肉身，他日择机返回，不料被汉武帝的"不察"和"专横"封绝了他对故国的最后念想。太史公司马迁仗义执言，却遭宫刑。由此看来，匈奴和汉武帝不约而同地成就了两出千古悲剧，也造就了两个伟大的男人。一个以失败的武功，一个以失去男根为代价。一个空怀壮志与韬略武功，被迫死于大漠。一个以绝世之毅力、古今之见识、神鬼之笔锋和天地之仁心，写就了一部千秋大书。

汉武帝下令诛杀李陵九族。当时以李广为荣的陇西成纪人，也都以李陵为耻。这对于在漠北的李陵来说，心一下子就死了。尽管被封为右校王，又有单于的妹妹为妻，但面对故国天子之不察、之灭绝、之残忍，李陵的悲伤，是任何人都难以体察的。

后来，李陵硬着头皮到贝加尔湖劝降苏武。苏武一开始对他轻蔑有加，但随着李陵口吐心声，再加上两个故人在敌域谋面的某种特殊氛围，很快便拉近了距离。至于两人谈了什么，今人无法得知。从两人赠答的诗歌当中，可以察觉到两人的深厚情谊与人生看法。

良时不再至，离别在须臾。屏营衢路侧，执手野踟蹰。仰视浮云驰，奄忽互相逾。风波一失所，各在天一隅。长当从此别，且复立斯须。欲因晨风发，送子以贱躯。

骨肉缘枝叶，结交亦相因。四海皆兄弟，谁为行路人。况我连枝树，与子同一身。昔为鸳和鸯，今为参与辰。昔者长相近，邈若胡与秦。惟念当乖离，恩情日以新。鹿鸣思野草，可以喻嘉宾。我有一樽酒，欲以赠远人。愿子留斟酌，叙此平生亲。

虽说这两首诗有后人托名伪作的嫌疑，但两诗之优秀，情意之深沉，情景之吻合，确实令人动心动容。由此诗歌，可以想到这样一幅情景：辽阔天地之下，莽原极目无际。天光暗下来的时候，忽然又下起了大雪。李陵和苏武站在茅庐之外，相互酬答，然后含泪躬身拜别。不同的是，李陵拜别苏武，其实也在拜别整个汉室；苏武看着李陵远去，心情也陷入了往日的空茫之中。

公元前81年，苏武返回西汉，受到汉昭帝的高度赞扬，任命为典属国（即负责帝国属国的官员）。李陵仍在大漠。公元前74年，李陵死，葬于今山西怀仁县吴家窑镇两狼山。至今，还有李陵碑留存。苏武后来参与了谋立汉宣帝刘询的活动，儿子因随燕王刘旦谋反，事败被杀。汉宣帝，对其尤为尊崇，打听到苏武在匈奴时与一匈奴女子生有一子名苏通国，派人重金赎回，并封为郎官。

苏武本人年寿八十余而善终。

与此同时，伏波将军路博德奉命在居延一带修筑的烽火台、侯官府等军事设施也逐渐齐备。因是对匈奴的漠北前线，西汉在此驻军也非常多。至今，还可以在弱水河西北岸大小不一的荒山上看到十里一座的烽火台，高二十五米左右，方圆九米多。烽火台内可供人起居，后面又有类似储物间或马棚一样的配套设施。我到巴丹吉林沙漠的第二年，单位组织春游，一行人骑着自行车从西岔村方向涉过弱水河，沿着一条土石小路连续"奔腾"。到天仓乡政府所在地，爬过几道山坡，登上了烽火台。

站在台上，漠风如涛、猎猎如割。台上垛口基本完好，张目可望四周，只见戈壁铁青如幕，沙漠在远处耸起无数金色乳房。近处的荒野上，有骆驼岿然不动，更远处一片苍茫，目力不可穿。山下的村庄被杨树包围，一色的黄泥夯筑，房子背部刷白漆。在绿野中，给人一种古朴的感觉。与当地人聊天得知，他们大抵是各朝代当中戍边者、流放者及逃难者的后裔。关于这一点，可以从当地人的口音得到验证。这也说明，从秦汉开始的移民屯边工程从没间断过。当年，西汉控制了居延地区及河西走廊之后，便也效仿秦将蒙恬，攻取一地，便移民居住，一面固边，一面推行当朝之政策风化，逐步汉化异地，使之永久成为中央帝国之"王道乐土"。路博德曾率军攻伐海南岛，移民屯田，因战功而被封环离侯，后在汉武帝组织的对匈奴的反击战中，也有诸多战功；巫蛊

黑城西夏佛塔　王文元摄

站在台上，漠风如涛、猎猎如割。台上垛口基本完好，张目可望四边，只见戈壁铁青如幕，沙漠在远处耸起无数金色乳房。

案爆发，路博德"坐法失侯"，被贬官再至居延屯边，最终也死在了这里。

如果李陵得知，不知做何感想。

据此约十公里一处荒滩上，还有一座甲渠侯官府及一座几乎湮灭了的关隘——肩水金关。一色的黄土夯筑，矗立在已经改道的弱水河左岸。据当地文化部门考证，此侯官府为汉居延地区主要屯兵之地和军事长官驻地。2007年夏天，我和几位朋友冒着西风大雪去过一次。在废弃的城中徘徊，荒草成堆，四野空旷，偶尔有几只鹰隼自祁连山飞来，在空中盘旋。建筑面积颇大，墙壁高逾五十米的侯官府内，设施一应俱全，有瞭望口、箭口、马厩及住宿地、点将台等。只不过，许多设施已经坍塌，整个甲渠侯官府内，充斥着浓郁的土腥气。登上瞭望口，可以看到方圆五里以内的荒漠戈壁。

荒漠中有一条道路，沿着弱水河可以直达额济纳和巴彦浩特。沿途的河流沉浸在茫茫的沙漠之中，水时断时续。在酒泉卫星发射中心附近，河边有许多胡杨树。据说，这一坚韧的杨柳科树种，在史前时期一直从地中海覆盖到今天的额济纳。但今天，由于气候变化，除新疆伊犁河流域及额济纳还有数千棵之外，在其他地方基本上灭迹了。从1999年开始，每年有大量的游人在初秋时节来额济纳游览，其主要看点就是灿如黄金的胡杨树叶、深陷大漠的居延海,以及居延汉简主要出土地黑城。

因为距离近,还有工作关系,数年来,我得以多次进出额济纳。但额济纳 居延这个名字不知始于何时,大致是先秦或更早,西汉时称为居延。

西汉灭亡,东汉建立近百年内,因刘秀"韬光养晦",修复战争创伤,尽管匈奴势力仍旧在国境活动,并时有倾兵入寇,但刘秀采取的是谁也不支持、谁也不得罪的"糨糊"策略;后期又以拉拢分化为主,令匈奴内斗,自己不费一兵一卒。匈奴内讧,九王争立,一番自相残杀之后,只剩下南匈奴呼韩邪、北匈奴郅支骨都侯呼屠吾斯两大势力。先前,两者都依附西汉,并质子入朝。后因汉朝赏赐不公,两个质子在长安待遇也不同。呼韩邪儿子锦衣玉食,呼屠吾斯儿子恶衣薄食。呼屠吾斯不忿,怒杀汉使,公开与汉朝决裂,进而袭击呼韩邪单于,但遭到了呼韩邪及汉军联手挫败。失败后的呼屠吾斯,只能率军向西进发,寻找立身之地。

由此,匈奴衰落便成了必然。不久,班超、班固兄妹"横空出世",东汉重建西域雄心,又以武力加强了对西域——包括居延地区的统治力和影响力,但维持的时间也不长。王莽主政,以降低匈奴封王级别、迫使匈奴纳贡等愚蠢要求,激怒匈奴各部，战争又起。但这时候的匈奴，已经是强弩之末。三国初期，曹操分匈奴为五部，将内附的呼韩邪单于后裔彻底瓜分殆尽，南匈奴再度逐渐融入中华民族。后虽有刘渊、石勒、沮渠蒙逊等异常势力崛起，但也与其先祖命运一样，没有逃过大多数游牧民族之"其兴也勃焉，其亡也忽焉"的谶语、魔咒。

有趣的是，黠戛斯（即坚昆人，居住在今叶尼塞河上游，为柯尔克孜族和吉尔吉斯之先民。先弱小，从属于薛延陀部，又以突厥、回纥为宗主国）中有黑眼睛的，自称是李陵后代（"黑瞳者，必曰陵苗裔也。"《新唐书》卷二百一十七下列传第一百四十二）。真假姑且不论，但在唐时，黠戛斯一直和中央帝国关系甚好。这对李陵来说，也算是一个没想到的安慰吧。

在很长时间内，每想起"大漠孤烟直，长河落日圆"，就有一种荣耀感。因为诗人王维也来过居延，并在此写下此等卓绝诗句。公元737年，王维受命至河西节度使驻地武威慰问将士，可能抽空到居延，见天地浩茫，大漠落日，受雄浑自然触发，写下《使至塞上》一诗："单车欲问边，属国过居延。征蓬出汉塞，归雁入胡天。大漠孤烟直，长河落日圆。

萧关逢候骑，都护在燕然。"与此同时，唐代一位不太著名、以创作咏史诗为主的诗人胡曾也有《咏史诗·居延》一诗："漠漠平沙际碧天，问人云此是居延。停骖一顾犹魂断，苏武争禁十九年。"

王维过着一种优裕的生活（后被安禄山叛军抓获，委以官职。战乱后受摈抑，斋佛终老），既做官，又辟庄园，诗画双绝。与唐代其他诗人比较，王维诗歌中的贵族及雅士气息很浓，且能够很好地把握山水、纪行和边塞等多种题材。其才，比之李白、杜甫以下的诗人，当是中上者之一。他这首名传千古的《使至塞上》，其他句子都一般，唯有状写西北大漠自然与人文风景的句子撼动人心，可谓千古第一人。胡曾的诗歌略显平，落笔典故是苏武被囚、守节忠贞。怀古意味浓，但缺乏一种独创，了无新意。由此可见，诗人之才，天赋也，也与其身份、境遇有关。可以肯定的是，物质也可以促使人提升境界、开阔胸襟，使人超越"物"的限制，专注于精神创造。

公元 755 年，安史之乱爆发，唐帝国不得不放弃对西域的经略，高仙芝、封常清等名将回长安全力应对安禄山大军。不料，李隆基听信宦官谗言，临阵先后杀了高仙芝和封常清。哥舒翰守潼关失败后投降安禄山，对其称臣，极尽谄媚，令天下英雄皆以为耻。回鹘和吐蕃军队介入平叛战争，却反制唐帝国，所到之处，杀戮搜刮比安禄山、史思明、安庆绪部更甚。与此同时，吐蕃占据了河西走廊，曾经威慑西域诸国的唐帝国专设机构"安西四镇"与中央政府的联系通道只好改在回鹘境内，即丝绸之路回鹘道。斯时，居延更名为合罗川，为进出回鹘道、衔接呼和浩特、长安、洛阳咽喉要地。

此时的回鹘完全掌控了唐帝国的丝绸对外贸易权。此外，唐帝国内部藩镇割据，各路势力征战不休，战马成为稀缺物品。为增强战力，唐帝国不得不高价向回鹘购买马匹。回鹘趁火打劫，常以病马、老马换取丝绸。尽管如此，唐帝国欠款越积越多，几任皇帝都没有彻底还清。而在欧洲，丝绸仍旧与黄金等价。白居易《阴山道》应是当时真实情况的记录和反映，全诗为："纥逻敦肥水泉好。每至戎人送马时，道旁千里无纤草。草尽泉枯马病羸，飞龙但印骨与皮。五十匹缣易一匹，缣去马来无了日。养无所用去非宜，每岁死伤十六七。缣丝不足女工苦，疏织短截充匹数。藕丝蛛网三丈余，回鹘诉称无用处。咸安公主号可敦，远为可汗频奏论。元和二年下新敕，内出金帛酬马直。仍诏江淮马价缣，从此不令疏短织。合罗将军呼万岁，捧授金银与缣彩。谁知黠虏启贪心，明年马多来一倍。缣渐好，马渐多。阴山虏，奈尔何。"

巴丹吉林沙漠之间的海子　边学泰摄

安禄山是杨国忠逼反的。安禄山原计划待李隆基死后再起兵夺取江山，但杨国忠与其争宠，多次劝李隆基干掉安禄山。李隆基不信、不干。杨国忠没法了，私自把安禄山的儿子从洛阳抓到长安，不由分说就砍了脑袋。安禄山得知后，干号两声，提前起兵，尽管仓促，但仍一路势如破竹，半个月就从范阳（今北京）杀到了洛阳，沿途守军除少数抵抗外，其他一律投降。安禄山之乱，主要原因是李隆基。早在安禄山发迹时，河西节度使王忠嗣、丞相郭元振、张九龄，包括杨国忠等人皆多次劝谏李隆基，说安禄山此人将来必然反叛。李隆基不听，且在长安倾尽所有，为安禄山造了一座豪奢府邸，并说，怎么花钱都行，千万不能让安禄山笑话他这个皇帝小气。

李隆基这个皇帝，一半明亮，一半昏暗，盛唐是他，败唐也是他。

回鹘也没有逃过"其兴也勃焉，其亡也忽焉"的历史周期定律。其兴盛时候，在额济纳修建了数座公主城。修建这些城堡的主要推动力，是当时以经商闻名的粟特人，即中亚一带的昭武九姓国人。这些人不仅商业头脑发达，而且也是宗教、文明的携带者，同时也参与亚欧大陆上各国内部斗争，操纵其政治走向。多年之后，回鹘衰落，分成几个部落，其中一个部落留在了合罗川即今额济纳，后世称之为"居延回鹘"。此外还有"高昌回鹘""甘州回鹘"等。绝大部分回鹘余部在新疆建立了强大一时的黑汗王朝（喀喇汗王朝）。

五代时期，虽然西域内部贸易兴盛，丝绸之路未曾断绝，但影响力很小。以偏安和文人政治达到鼎盛的宋朝，其军力根本无力延伸至额济纳，随之崛起的西夏王朝取代了它在西北的影响，填充了河西及宁夏、青海、新疆东部等地的权力真空，直到成吉思汗大军将之全族夷灭。西夏如水渗土，在历史长河中倏然消失，它创造的文明、文化尽管被时间淹没了，但仍有文物遗存。1884年到1886年，俄国民俗学家波塔宁夫妇到甘肃及青海等地考察土族渊源，数年后就考察经历写了一部名叫《中国的唐古特——西藏边区和中央蒙古》的书。1892年或者更早时候，俄国探险家和考古学家科兹洛夫读到波塔宁此书。从1893年开始，他先后三次带队到青海、西藏、新疆、内蒙古和甘肃等地考察，在当地一位蒙古王爷的帮助下，科兹洛夫从哈拉和林挖掘出了大量译自汉文典籍的西夏文《论语》《孟子》《孝经》《孙子兵法》《类林》等典籍和用西夏文编写的《文海》《音同》《杂字》《圣立义海》等字典、辞书。他后来也在其《蒙古、阿木道和哈拉和卓城址》一书中如是说："考察队在哈拉浩特遗址度过几天后，便获得了种种丰富的物品：书册，信函，文件，金属钱币，妇女装饰品，佛教崇拜画像，等等。至于谈到数量，那么我们搜集的考古资料一共装满了十个大邮箱，准备以后运往俄国地理学会和科学院。"

1915年，英国探险家奥莱罗·斯坦因率领中亚探险队到哈拉和林掘得二百三十余册汉文古籍和数百页西夏文书。1927年，瑞典人斯文·赫定率领中德西北科考团进入哈拉和林，发掘出包括《大藏经》在内的许多珍贵文物。斯文·赫定在得到敦煌藏经洞的诸多文物后，在欧洲考古界声名大噪。1928年到1930年，他再次随中瑞联合考察团到居延，沿着弱水河，在一些亭隧障塞中挖掘出居延汉简1万余枚。1927年到1934年，瑞士人贝格曼一直在中国西北部考古。1930年，他和几位中国学者在弱水河流域的数座汉代遗址中掘得居延汉简1万余枚。由此，形成了"简牍学"，与殷墟甲骨文、敦煌遗书、故宫大库档案并称为20世纪中国文化史上的四大发现。据称，居延汉简的书写时间跨度为二百七十多年，是研究汉代政治、军事、经济、科技、文化、法律、民族、宗教以及社会生活状况的重要依据，正史及其他典籍不可替代。在居延汉简研究方面，出现了一批成果卓著的大学者，如陈梦家、陈直、于豪亮、裘锡圭、谢桂华、李均明、何双全、薛英群、于振波、李振宏、罗见今、劳干、马先省、吴昌廉、刑义田、严耕望、张寿仁、陈文豪及日本的森鹿三、大庭修、永正英田、韩国的韩延锡等。

由此可见，西夏也在居延地区有着很长时间的活动。元初改居延海为亦集乃路，达来呼布镇叫"以稷那城（疑似额济纳异音）"。马可·波罗行游至张掖，又转道居延。他在游记中说：（以稷那城）"位于荒原沙漠的入口处，属于唐古特省。居民是偶像崇拜者，他们有骆驼和各种家畜。"他也将黑城称为"哈拉和林"，并说："哈拉和林是鞑靼最早定居之所鞑靼王朝的源起之地。哈拉和林城周长三英里……""在以稷那北境，有东西二泊，东曰朔博泊（即苏古淖尔），西曰朔克泊（即嘎顺淖尔）。""此二泊原有一渠相连，今已淤塞，古代原是一湖，名曰居延海。"如今的居延海确如马可·波罗所言，已经分成了两个很小的湖泊。昔日水泽连天、牛羊遍地的胜景，早已被庞大的沙漠吞噬，取而代之的是沙漠的扩张、绿洲的萎缩。但也可以据此推断，元代初期，哈拉和林城就已经废弃了。但在额济纳至今流传着这样一个故事：明初，大将冯胜领兵至甘肃，剿灭元朝剩余势力。在哈拉和林遭到守将帖伯颜帖木儿的坚决抵抗。久攻不下，冯胜便改道弱水河。数日后，伯颜帖木儿及城中人干渴致死多半。伯颜帖木儿见生还无望，亲手杀死自己妻儿，连同大批珠宝一起投入一口枯井。他于夜半率军突围不果，被乱军斩杀。自此，哈拉和林城废弃，直到科兹洛夫、斯坦因及贝格曼和部分中国专家在弱水河流域先后数次发掘出大量文物。

这些文物，现大都存于俄国、英国、瑞士、瑞典等地。从1930年到1972年，中国学者在居延地区共发掘汉简及各类文物三万多枚（件）。主要出土地为弱水河沿岸的亭关障塞和哈拉和林遗址。

有幸和有趣的是，因为工作关系，凡是发掘出居延汉简及其他文物的地方，我多数去过。其中，哈拉和林去得最多，它就在酒泉卫星发射中心通往额济纳道路一侧的荒漠中。和它紧密相连的，是当地人称之为怪树林的地方。所谓怪树林，是明大将冯胜改道弱水河，原先茂盛的胡杨树因为长期缺水而成批干枯。胡杨树木质极其坚硬，死而不倒，倒而不腐，只是在漫漫黄沙中被风沙磨损、打烂，成为沙漠的一部分。日久天长，便形成了一道以死去的胡杨树姿势为主的"自然风景"。

于落日西坠时进入怪树林,已经干枯的胡杨树或倒或立,形状像将军自刎长剑指天、像战马对月啸鸣、像仰天长叹的诗人,不一而足。夜里,风吹如兽吼,沙子如群发箭矢,倘若一个人在其中,即使不被冻死,也会吓破胆。

而黑城就在怪树林一边。有一座还算完好的土城,城门坍塌、洞开,四面沙漠,风沙漫漫。门前有一座坟墓,其中埋葬的是几位喇嘛。城南角空地上,有一座寺庙。西北角有一座清真寺,基座和塔身也还完好。东南角空旷,满地碎石裂瓦。城中靠北的地方,依稀可见房屋、街市痕迹。走在其中,恍惚觉得,寂静之中,忽然就人声嘈杂起来,各种方言都有,还有马匹的蹄声和嘶鸣,以及打铁的火星、满载货物的骆驼,甚至还有散漫的鸡鸭和羊只。我想,只要是人居住过的地方,无论湮灭还是消失,后来者静心聆听的话,一定会听到昔日人群的某种声响,包括他们身上那种说不清的味道。

城墙根部,确实有挖过的痕迹,我想到上述那些考古学家和学者。发现文物就是发现消失的人类。人类是一个绵长传递的过程,从他到我,从她到你,看起来是另一个,其实还是同一个。这似乎就是人类的永恒属性之一。从国籍和人种的角度,我也觉得那些将居延文物带走的外国人是可耻的,但从人类文明来看,也觉得没有什么。考古本来就是发现,

黄沙围困的黑城　杨献平摄

黑城就在怪树林一边。有一座尚还完好的土城,四面沙漠,风沙漫漫,正门前有一座坟墓,其中埋葬的是几位喇嘛。城南角空地上,有一座寺庙,也还完好。城门早已坍塌、洞开。西北角有一座清真寺,基座和塔身基本无损。

发现也是一种专利权。只要是用于研究，并且从文物之中找到和验证先民的诸多生存和文明属性，那么，任何研究都是合法和有益的。

有一年单位要拍一部纪录片，我担任撰稿和摄像，特意设置了哈拉和林及额济纳的诸多场景。当我再一次和同事扛着摄像机去到哈拉和林，它还是老样子。有人来参观，转一圈就走了。还有的人，可能也知道此地发现过许多珍贵文物，也佯装考古，在看起来有意思的地方挖一会儿，但最终都无功而返。我和同事早上拍了一次，从各个角度；晚上又拍了一遍，力求把哈拉和林拍到极致，拍到它的骨头和灵魂里。

就在我们准备收工的时候，忽然看到城垛上飞着两只类似天鹅的大鸟。在古城向上一百多米的空中，先是一前一后，再并排飞翔，很慢，很轻盈；很近，很亲近。我急忙打开摄像机，又让同事用相机抓拍。

这是动人的一幕。古城飞鸟，废墟生灵，沉重飘逸，死亡与生存……简单的对立，让人心神惶惑，不知笑好还是哭好，也不知道该怎样离开哈拉和林。回头再看的时候，夕阳就要落尽，整个哈拉和林漆黑如墨，以一种沉默而苍凉的轮廓，在无垠荒漠与苍天之下握紧大地，把自己和身外的一切，都自觉地纳入时间的刀口或者凉意森森的怀抱。

晚上住在达来呼布镇，半夜沙尘暴如万千野马受惊，天庭放逐雷霆。在摇晃不止的房间，尘土无孔不入，我感觉到了一种掩埋和漂浮。想起居延如此之多的传奇和遭际，蓦然觉得心里宛若凭空滋生出一根巨大而绵长的铁索，一头朝着过去，一头伸向无际。

巴丹吉林：沙漠中的人文地理

1. 流沙之地

沙漠是深的，所有沙漠都是。巴丹吉林——它深得让我流泪和敬畏。一些智者和勇士先后走过，我只能尾随其后。在它面前，我时常被一种强大的自然力量震慑，为它的孤傲与宽广不止一次垂下自以为高贵的头颅。来到这里的最初几年，我曾经设想：在一个天高云淡的早晨，背上干粮与水袋，一个人单枪匹马迈开趔趄的双脚，向沙漠深处行进。我梦想在孤独的死亡之旅中，遭遇到向往已久的世外桃源，在不断的行走中摘下黄沙中的美丽花朵。在空旷之中，我总是听到诗人昌耀在高处说：

> 心源有火，肉体不燃自焚，
> 留下一颗不化的颅骨。
> 红尘落地，
> 大漠深处纵驰一匹白马。

我也知道，除了那些圣者和勇士，还有很多人来过这里，但没有几个留下名字——巴丹吉林沙漠把他们的名字和身体留下之后，就化成了尘沙，收藏他们的灵魂和尸骨。我早就听说，老子骑青牛出关，"没入流沙"（即巴丹吉林沙漠）；周穆王不远万里，到昆仑幽会西王母。

我时常一个人站在寂寥怅茫的沙漠边沿，望着远处匍匐无际的瀚海，从这一端到遥远的另一端，橘黄或黑色的地平线上，始终漾着一些生动的景象：白发鹤颜的老者，集体裸体奔走的美丽女子……我想：那么大的沙漠，人间的疆场和地狱，从人间最低处，一直伸向灰黄色的天堂，一切都寂然如梦，而又充满玄机。苍老的大地、悲怆的往事、惨白的驼骨，骏马的弃缰像蛇一样蜷缩在黄沙上。听当地人说，马鬃山有美丽的红狐和白狐，我想见到它们，可是我不能够到达。有一次，我竟然梦见了红狐，在沙漠当中，它们轻盈地奔跑，在我酸疼的内心中划出一道动人的光亮。

而高低不一的沙丘,纵横交错,遮挡了多少远望的目光？硕大的太阳整年照耀,金色的光亮徜徉在巴丹吉林沙漠干燥的肌肤上。在夏天,偌大的沙漠上到处都是海洋,都是海市蜃楼——水光潋滟,毗连高耸的亭台楼阁、舞栏轩榭,足以使这个世界上最坚定的人乐不思蜀、流连忘返。

《淮南子·地形训》将巴丹吉林称为"流沙"——流动的沙漠,流动的沙,流动的天地和事物,在时间中诞生、成长、夭折和消失。在过往的年代当中,剽悍的乌孙、匈奴、月氏、西夏的强劲马蹄,以刀枪和呐喊卷起大风,吹裂了西汉名将路博德带领征夫和流犯用泥做的城堡和古关。此后,在漫长的岁月之间,多少流放者、徒步的商客、骑马的剑士与虔诚的信徒先后来到,在巴丹吉林,与尘烟同在,又如尘烟一般被岁月泯灭。

在蒙语当中,巴丹吉林还是一个带有死亡意味的名字。让我迷恋的是我总是喜欢这样带有悲怆气质的事物。这么多年以来,一个外来者,一个时光和土地的过客,我看到的仅仅是这些,纵深的沙漠,即使我把眼睛看成了黑洞,把心放在滚烫的卵石上晾干,也看不到它的尽头——在远处,浩瀚与苍茫之间,在人世,在欲望和灵魂当中,我不知道,人世间究竟还有多少看不到的沙漠。而我的身体和生命是敏感的,我在这里，一点点活着，一点点苍老，我时常看到自己的身体，刀子一样的纹路，展开、展开，没有休止。但我肯定也知道，这些都将是灰烬，只有沙漠——黄沙和那些珍贵而稀疏的名字会在风中和口中流传。

2. 弱水河的故事

源自祁连山青海境内的弱水河到金塔县境内形成两面水泊，子母相环。三墩乡的人说，很早之前，这里的一个女子和一个男子恋爱，不被允许，两个人就化作了鸳鸯，以水的形式，完成了尘世夙愿——这故事让我觉得老套。去了几次鸳鸯池，湖光之间荒山枯燥，风吹之下涟漪繁多。我端详好久，也没有觉得一点爱情的味道。附近的村庄杨树环绕，鸡鸣狗叫之间，有一些马匹或者驴子，漫步在鸳鸯池边的草滩上。日暮时分，夕阳残照，牲畜的身子被镀成金黄色，村庄慢慢下沉，连同背后的阔大戈壁，远看起来，有一种天堂的味道。

另一个故事饶有意味——唐朝的时候，弱水河泱泱而流，从祁连山南麓的璎珞峡谷，携带积雪、黄土和草屑，从甘州辗转而向居延海。玄奘一个人负笈西行，到巴丹吉林，蹚涉弱水河的时候，一个趔趄，一页经卷飘落水中，水流迅速，玄奘嗟叹。数十年后，弱水河天仓流段岸边，长出了一大片胡杨树。

这些胡杨树至今还在,每年秋天,叶子金黄,笼罩四野。在暗无星辰的夜晚,缓步其中,眼前也明亮无比。附近很多村庄但凡有人去世,便将尸骨葬身于胡杨林周围,泥土因为水流的漫洇,时常芬芳。年代久长,坟茔逐渐成为平地。远看的胡杨林依旧幽深静谧,金黄的叶子粲然于枯燥戈壁边缘,似乎匈奴的黄金甲帐。

最后一个故事是现在的。一个女人,婚后,丈夫死了,带着十岁的女儿改嫁。后夫想和她生一个自己的孩子,但又怕计划生育,于是在一天中午到学校叫出继女,用摩托车带到弱水河边废弃的肩水金关(西汉居延都尉所在地),不知用什么方法,把继女打晕后,浇了汽油,点燃。等人发现,只剩下一具焦黑的尸体。

在此之前,我去过两次肩水金关,残破的城垣,只剩下两面土墙,拱门的木板被风挖出来,横在两墙之间,似乎是悬吊的时间,从下经过,我都浑身发冷,那似乎不是木头,而是俯冲的剑刃。站在高墙上,看到的弱水河蜿蜒如蟒蛇,白色的水花连续向北。远处戈壁上沙丘连绵,缓慢的红色的骆驼夹杂其中,看得久了,只觉得整个沙漠都在晃动。

3.沙漠里的花朵

春天，巴丹吉林沙漠为数不多的花儿们是迟开的。先是杏花，因为杏树很少，花朵们也开得零零散散，只有凑近一株，才能看到灿烂。我拿了相机，一一记录了它们盛开的样子，放在电脑上观察，却发现，杏花的粉红之下，更多的是白：惨白和雪白。几天后，桃花开放，也像杏树一样地少，我寻到营区外围，在一片芦苇旁边找到两株，它们卧在去年的茅草丛中，枝干稀少，但花朵很多，在春天的阳光下，花瓣粉嫩，花蕊曼妙。

梨花要更迟些，直到农历三月初，一夜之间，就烧白了梨树青褐色的枝干。我从阳台望出去，附近的果园里有农人在侍弄葡萄，梨花开在他们身后或者面前，底层是黑色的泥土，远处是苍茫戈壁。因为天气连续阴霾，我等了几天。次日上午，春光丽日，天气乍暖，我拿了相机，穿梭在好多梨树间，采集了一些盛开的梨花。

梨花的白是大面积的，尽管还有一些梨树枯死了，周边盛开的梨花似乎是一种祭奠。清水从水龙头中哗哗而出，落到地面，又分流出去，潜伏在返青的苜蓿和茅草之间。忽然一阵风吹来，梨树摇着，梨花也跟着摇晃，像一群茫然无措的孩子。这时候，儿子来了，爬到树上，做了好几个姿势，我以盛开的梨花为背景，一一拍摄下来。

下树的时候，我将儿子从梨花之间抽出。回到家里，发现外衣上有几滴黄色的黏液，妻子说是蜂蜜。我把照片放进电脑硬盘，打开，一张一张看。花朵们完全静止下来，再大的风也吹不动了。

第二天一早，又是大风，夹杂着沙尘，在巴丹吉林沙漠横飞。再一次打开照片，花朵静止着，盛开的样子显得肃穆、优雅，有一种说不出的气息，寂寞而又悲壮。我看了好久，然后一一为它们重新命名。

我知道，这是春天的巴丹吉林沙漠的花朵，它们盛开，瞬间的美或者静穆被我采集，盛放在电脑屏幕上。事实上，再有几天，田野里的它们就会凋落成泥，随着时光中又一个春天的消失而消失——而我拍摄的这些照片，会不会在某个时候被误删了呢！

4. 沙尘暴

阿拉善高原所涵盖的巴丹吉林沙漠是中国沙尘暴的策源地之一。但在2008年，巴丹吉林沙漠的沙尘暴比2006年春天少了好多。——立春后，我就一直在隐隐担心，似乎是害怕频繁的沙尘暴。其中，还夹杂了一些不愿意被尘土裹挟和浇灌的厌烦心理。

很多天过去了，只是风，灰色的沙尘只是在远处的戈壁上飞旋和笼罩。近处的营区倒还干净，骑车或者步行上下班的路上，也没觉得多少沙尘。我忍不住暗自庆幸，春天过去了一半，沙尘暴还没真正袭身，这是我在沙漠生活，人身之外最大的幸福了。

天气一天好一天坏，3月了，还是很冷，穿着羊毛衫。天气阴时，还冻手。我时常抬头看天，看路边的植物，成排的杨树表皮发白，枝条发青，杨絮像是黑色的毛毛虫，冷不丁掉在头顶。榆树灌木有嫩黄的叶芽，盖着满身的灰尘。流水在水泥渠道里缓缓流淌，在树木根部咕咕作响。

后半夜，风声如雷，吹得窗户上的玻璃咚咚乱响，呛人的土腥味铺天盖地，我懊恼极了。躺在那里睡不着，看着黑暗中泛白的天花板，想心事。想着古代西域的居民和戍卒——他们的生活是不是也像我现在一样，或者更糟？

早上起来，沙尘暴还在继续，我心情糟糕，拉上所有的窗帘，整个房间就像黄昏。骑车上班路上，人人掩面，女人们戴着大的白色口罩，抵着脑袋，迎风而行。男人们抿着嘴巴，眯着眼睛，在风中疾走。到办公室，我是厌倦的，没心情做事情，坐在桌前怔怔想，也不知道想什么。偶尔掀开窗帘看，风尘的世界，苍黄一片，风声犹如哭声，连续不断。

下午，天晴了，乌云怒卷，在远处的敦煌和新疆之上，还有北边的阿拉善和额济纳旗之上，斜射的阳光如同剑刃，插在浩瀚的巴丹吉林沙漠。我觉得雄伟，心情陡然好转。第二天，天气依然晴好，湛蓝的天空如同汪洋，悬挂在我们的头顶。中午时分，我正坐在电脑前写字，忽然几声响雷，天马之蹄一般，踏中我的心脏。紧接着是巨大的风暴，从沙漠中心奔来，犹如古代匈奴的凶猛军团。

我感觉到楼房的晃动，窗外流沙万箭齐发，锐啸之声击疼耳膜。我惊骇了，目瞪口呆。更多的垃圾被风鼓舞，一跃升空，在楼房之间飘摇，瞬即杳无踪影。这是巴丹吉林2007年最大的一次沙尘暴了，大约持续半个多小时，随后，雷电如怒，大雨降临，尘土遁消。整个巴丹吉林都和天空一样，铅黑浓重。

5. 锁阳和苁蓉

春天的风是善意的、强迫的使者，也是衍生的床榻。2006年春天，在祁连山深处，我第一次看到在野地生长的锁阳，其全身呈朱红色，地面以上部分长约二十厘米，俯身看，昂昂乎拔地而起，形似勃起的男性生殖器。我惊异，采挖之后却发现，锁阳的根竟然也像男性睾丸，硬硬的，像正在风化的石头。

锁阳四周不见一根杂草，都是卵石和细土。三米开外处，有一汪残留的积水，周边细草生长，软如绒毛。同行的鲁青和柯英也在附近发现了几株，像我一样挖出来。握在手中，新鲜的锁阳是柔韧的，富有弹性。我想到好多，单以形状，似乎包含了某种哲学意味。其次是它昂然的紫红，那隐匿于身体，又被皮肤暴露的鲜艳之色，使我觉得了生命本身所蕴含的那种不妥协的力度。

我们手握锁阳，在河谷行走，两边高峰对峙，风吹如雷。我还发现，每一座山峰都状似乳房，即使那些尖削之物，在蓝天衬托之下，也有着一种说不清楚的雌性意味。

或许，整个世界都是由凸凹这两种简单形式构成的，凸凸凹凹之间，万物更生，万千气象。"天地绷蕴，万物化醇；男女媾精，万物化生。"（《周易》）说的似乎就是这个道理。每年春天，妻子总要从菜市场买回一些锁阳，用木质的切刀切细（锁阳沾铁即苦，不再能吃），与面粉搅匀，放在木质篦子上，放清水蒸熟后即可食用，味发甜，但不黏口。

每次吃，总会想起与锁阳紧密相连的沙漠的另一种菌类植物：肉苁蓉。传说是野马精液落地之后衍生而成，数千年来滋生不衰。伊初，以雁门并州一带生长的苁蓉为最好，后转移至甘肃、内蒙古及青海等地的沙漠边缘地区。《本草纲目》记载说："（肉苁蓉）味甘，性温热，无毒，治五劳七伤，补中，除阴茎寒热疼，养五脏……大补壮阳，日御过倍。"

肉苁蓉于春天附原根滋生，通体紫红，深入地下十米之多，秋时可采挖，通常隐于梭梭林之中，其养料则为朽死的梭梭树根。无独有偶的是，十年前的一个春天，单位组织春游，在巴丹吉林沙漠深处的一窟土窑中，看到了几幅残缺不全的彭祖御女壁画。忽然想到，彭祖之所以栖身于此，是否与肉苁蓉有关？

十多年前，我刚来巴丹吉林的时候，几乎每位同事的书架一侧都有一尊颜色紫红、混浊黏稠的酒瓶。开始不知道是何物，后来他们告诉我，是用肉苁蓉泡制的酒，还很认真地说：千万不要喝啊，喝一点都让你一晚睡不着觉。我不信，喝了三两多，还没回到宿舍，就全身发热，犹如火焰，激荡血液。

有一年住在楼下，傍晚时候，楼上酒令刺耳，人声喧哗。半夜，床板吱吱呀呀响个不停。第二天一早，才听说楼上住着一位家属临时来队的军人及其儿子，第二天就要离开了……还有几次，看到几个人喝了苁蓉酒后，当场鼻子流血。

更有意味的是,外地来的人总要想办法从这里买些苁蓉带回去。有一些同事休假,也要带一些回老家。也有一些外地朋友,来信委婉索要。

6. 红柳与沙枣花

红柳是沙漠地带生长的一种灌木,似乎永远不会长大。它表皮发红,冬天是紫红色,在一色枯燥的戈壁,一眼就可以看到。夏天,或许是绿意太浓的缘故,红柳表皮呈暗红色。春天,红柳会开花,洁白的那种,但不怎么芳香。附近村里的人们会采割了来,编成筐子和篮子,盛放果实或者给牲口盛放食料。

营区外三公里处,红柳最多,即使冬天,也显得茂密。红色隐约于盐碱的田野之上,像是凝固的鲜血。即使有风,也很少摇动,风从枝杈间溜走了。夏天时候,我路过,经常看到突然飞起的野鸡,咯咯地奔向远处。还有野兔,也在红柳的庇护下,胆战心惊过日子。

直立的红柳除了编筐子篮子之类,最大的功用就是防风固沙了。每次植树,都有上了年岁的人说,红柳还可以用来做箭杆,但要大拇指粗,干枯后才不致弯曲。秋天时候,红柳叶子为长条形,秋天时候变黄,有的会变为红色,尤其是生长在路边的那些，远远看起来，很是赏心悦目。

沙枣树像沙漠一样恒久和绵长，虽处干旱，但极少死亡，主干表皮裂痕深深，枝干极度扭曲，偶尔的干枯也是枝条的事情，与主体无关。每年农历四月初，沙枣树才长出叶子，很小，灰色，再过十多天，才开花，花朵金黄，状若米粒。

在巴丹吉林沙漠，最香的花朵就是沙枣花了，全面盛开的时候，五十米开外就可以嗅到一股浓郁的蜜香。我刚来巴丹吉林的时候，礼堂左侧就有一片沙枣树林，每次经过，鼻腔内都是蜜香，以至于整个身体都是芳香的。营区的外围还有很多，尤其是菜市场周围，枝干交错的沙枣树形成阔大的绿荫。傍晚时分，我经常去那里闲坐，嗅着花香，看漫天星斗，对面的宾馆和住宅区内灯火辉煌、歌声不断。

我一个人坐着，在土山的石头上，风吹过来，驱走蚊蝇。坐的久了，感觉自己就像一尊神。夜深了的时候，喧嚣减退，风开始发凉，我起身，伸个长长的懒腰，沿着小径下山。人工湖内的水上漂着灯光，一朵一朵，随着鱼儿跳跃而开的涟漪，在深夜扩散。

7. 内在的果实

2005年春天，连续十多天，杏花和梨花在夹杂了太多尘土的沙漠风中,持续地暗暗开放;与之相邻的杨树和沙枣树稍微迟钝一些,连绿芽都没萌出。少有的杏花开得粉红,阳光温暖,它们在正午的妖艳光泽,让周边高大的树木感到羞涩。每次路过,我都会停下来,盯着满树的杏花看(似乎重温旧年的爱情);再把鼻子凑近,它们的香味还是去年的(印象中的香味,贯穿杏花的一生)。

紧接着,梨花开了,一身的花朵。白天,它们是大地的脂粉;而晚上,则素洁异常。花朵的蓬勃味道在空中,像苏醒的蛇一样,轻盈而又懵懂。有很多次,我近距离地看到它们:灿烂的花片和花蕊竟然是惨白的,微卷的;似乎一张张皱褶的面孔。没过多久,一夜风吹,这一年的梨花就再也不在了,连同落在地上的花片,也会在瞬间杳无踪影。

然后是果实,从花朵的废墟中探出来。很早之前,我就知道,这里的杏树果实叫李广杏——以我倍加推崇的汉代将军李广命名,简单的果实,而因为这个名字,除了文化之外,还有沧桑的时光味道——悲怆的鲜血和长矛硬弓,个人武功和卓越品格……一个人,除了史书外,还被这样一种果实所传承,该是怎样的荣幸——李广杏味甜,汁多,据说还有治疗咽喉肿疼、醒神和开胃的功效——内核坚硬,杏仁很香,满口生津……每年五月,我都可以吃到。只是,还没开口,就想起那位"但使龙城飞将在,不教胡马渡阴山"的盖世将军。有时候会伤感:人不在了,尸骨成灰——将名字和故事交给这样的一种承载和流传——时间、世事、抑或灵魂的不朽,总叫人迷茫而又欣慰。

而这里的苹果梨树,则是变种,一个外来者的形象,梨子和杏子混合的形状让我匪夷所思。前些年,第一次吃的时候,心里蓦然有一种异样的感觉:混血的果实,满含的汁液似是白色的鲜血——据当地人说:这里的苹果梨树是早年从青海或者宁夏嫁接过来的——两个地方的树木,因为一根枝条,而变成了另一种树木……苹果梨树冠盖庞大,叶子呈圆锥形,树干黝黑泛红,其中有些类似雀斑的白色斑点,密密麻麻,从树根到树梢,均匀密布。

年幼的时候,杏子和苹果梨都是苦涩的。它们之间的不同之处在于:杏子小、酸、软,不用费太大的力气就可以咬开;那种酸,犹如北方的酸枣,甚至有过之而无不及。怀孕的妇女很喜欢,刚刚小指头肚大,就嚷着叫老公摘几个吃(我看到的妇女们几乎都吃得津津有味,连一点酸的皱眉都没有表现出来)。苹果梨则是坚硬的,表皮发青,再坚硬的牙齿,再大的力气咬下去,也只是一道浅浅的牙印。

杏花之后梨花。梨花之后,才是苹果花,白色的花朵,包着一层粉红的表皮，类似西北高地上的女人们脸上普遍的"高原红"。而我知道的情况是：巴丹吉林的苹果树也是外来的（有人说：苹果是最民主的水果），伊始是跟随未名者的手掌和脚步，现在是飞速的车轮。这里土质粗糙，含碱量大，再好的苹果树种也永远长不高，果实类似小孩子的拳头。十月普降白霜，叶子卷曲，呈焦黑色，仍还高悬枝头。清晨，果实坚硬，用手一摸，便可感觉到一种刺骨的冷。

这里的枣花有两种：大枣花和沙枣花。它们的根本区别是：大枣由人在自家的果园栽种，果实属私有；沙枣为野生，果实为公有。大枣大致原产于山东或河北等地（巴丹吉林沙漠以西的绿洲和村落，大都不是原住民，从方言看，大致来自山东、河北、陕西、内蒙古等地），花是米黄色的，颗粒细小，密布枝丫间，掩住伸出的长刺。有人说，最好的蜂蜜就是出自枣花，但巴丹吉林似乎没有太多蜜蜂，大都是大黄蜂和小黄蜂，这些不知来自何处的精灵，从不成群结队，而是单独一只，从一朵花到另一朵花，飞走了又来了（事实上，我根本无法判定是不是先前的那只）。

在我看来，巴丹吉林所有的果实花朵，以沙枣花为至美，香气浓郁，三十米开外就可以嗅到（这种树木，跟随沙漠河流而生，幼时成丛，逐渐有强壮者突出起来，长成大树，但躯干扭曲,皮肤皲裂,始终长不高)。记得来巴丹吉林的第一年春天,礼堂旁边有几棵沙枣树,每当开花,我总喜欢在它们周围转,一直到夕阳尽没。秋天,沙枣树绿叶枯黄,一夜之间,尽落地面,只留下一连串的红色果实,悬挂在干枯的树枝上。整整一冬后,连续的沙漠大风,也没有将它们击打下来。直到第二年的春天,花朵盛开,绿叶萌生,还有不少仍在新一年的绿叶和果实之间沉默悬挂。

杏子可以做成杏脯,摊开,晾干,冬日吃,干硬,水分尽失,但越嚼越有味道。苹果梨可以用筐子或纸箱存放于地窖(但需要悬空),可以吃到开春。对于大枣,我喜欢晒干后的,皮肉虽然干枯,但用粮食酒浸泡一段时间后,它们会膨胀起来,色彩鲜艳,肉质辣甜(据说具有补肾壮阳的功效);有闲暇了的妇女,打了沙枣,晾干,磨成细面,炸油饼的时候包在里面,香甜而又酸涩,适宜就着小米粥和咸菜吃。至于拳头一般大小的苹果,成熟后仍旧是酸的,被冬天怀孕的妇女视为佳品,但放的时间长了,就会慢慢变甜,到来年再吃,竟甜如面酱。

这些巴丹吉林的花朵和果实,突出地面的美丽之物,很多年了,我一直在其中,看着它们开花、长叶、结果、成熟和衰落。粗略计算,它们当中,起码有一吨进入我的身体,它们在我的身体消失（我在它们的轮回中慢慢消失）。曾经有几年，我看到了花朵，便不再想到果实，也很少到结了果实的树下走走看看，偶尔路过也视而不见。直到果实拿到面前，才知道它们已经又一次成熟了（对另一些事物过程的忽略是不是一种罪过呢）。所幸：看到杏子我会想起李广，看到苹果梨、大枣和苹果，潜意识里就觉察到了周边的辽阔和博大；而看到沙枣，就会想到河流，想起丑陋的形体之上盛开的最美的花朵。

额济纳：黄金甲帐与弱水黑城

从酒泉向北，过金塔盆地，沿着弱水河，车子穿行在戈壁与村镇之间，而后进入巴丹吉林沙漠，道路的尽头是额济纳，全程三百九十六公里。西汉元狩二年（前121年），骠骑将军霍去病由贺兰山进入河西走廊，自此，这个在先秦时期为乌孙所占据的地方，也和河西四郡一起被纳入西汉版图。"居延"这个名字出自于匈奴语（居延，同今日蒙古语"乞颜"，为"隐幽"之意）。唐朝中期，在居延地区设立安北都护府和宁寇军，后为西夏占据，设立黑水镇燕军司，地点即在今额济纳黑城遗址。成吉思汗二十一年（公元1226年）春，西夏败亡，元在此设立亦集乃路总管府。著名旅行家马可·波罗曾经在《马可·波罗行纪》中对额济纳有如下记载：

"从甘州城出发,如果骑行十六天,就到了亦集乃(Edzina)城。该城在荒漠戈壁的边界,隶属于唐古忒州,居民都是偶像教徒,大多有骆驼和各种家畜,以农业和畜牧业为生,但他们并不从事商业活动。当地聚居着大量的鹰。旅行之人最好在该城预备好四十天的干粮,因为离开此城之后,向北走就进入了沙漠。前行四十天,冬季酷寒无比,沿途荒无人烟,也不见任何草木;只有夏季的时候才偶尔看见有人,也能看见野兽的足迹,因为有几处小松林。"

对于此地,我异常熟悉。2006年国庆假期,外地几位朋友来,我陪同前往。车子到大树里营区外,所有过客例行检查。我们把各自的身份证递给司机。没事儿的人站在车子外面,顶着阳光抽烟,或者举着塑料瓶子小口喝水。再向北,穿过弱水河畔的酒泉卫星发射中心,道路两边忽然开阔起来。路过狼心山,我想到匈奴的壶衍鞮单于,公元前87年,他率领的军团在这里遭遇暴风雪,一夜之间,冻死者成千上万,又遭到祁连将军田广明率军进击。那一次,匈奴彻底失去了再度称雄西域的实力和机遇,在西汉的强力打击和围堵之下,慢慢龟缩,逐渐由统一走向分裂。

远处来的朋友们听我这样说,问我是不是对匈奴和这一片地域的历史研究透彻。我笑了笑,也有点扬扬自得。我说:

一个人必须要了解他所在地域的历史及其文化,这是一种素质的要求和体现。他们说,有道理。但是,很多人对自己所在地域的历史文化是熟视无睹的。这种近者无知,或者熟者无意的忽略,都是必然的。我自己也是,在南太行乡村生活了十八年,若不是走出来,肯定也会对那片山峰巍峨、水流深涧的自然存在置若罔闻。

若即若离地沿着弱水河向额济纳奔驰,路上随处可见的车辆,车牌几乎囊括了整个中国。10月,是孤悬巴丹吉林沙漠深处——阿拉善高原额济纳最美、最迷人的时节。自从2000年举办首届胡杨节后,每年10月,都有大批外地游客到来,当然也包括从南美洲、西欧、东欧,以及亚洲文化圈等国家和地区来的人。因为久居此地或者说尝惯了沙漠的孤寂与寥落,起初见大批人涌入,觉得是一种吸引的快乐,也是诱惑的结果。慢慢地却发现,这些人的到来,在不足两万人的额济纳,只是一种浏览,一种饱眼福、摄美景和想知道。当他们疲倦,或者看够了,转身离开,把原来的额济纳还给额济纳,把一些东西留下来。——除了经济上的获得,其他没有一件值得珍藏。这就是旅游的不尽人意抑或尴尬之处。这一次,远方朋友们来,要我陪着一起去额济纳,其性质也是一样。所不同的是,我去过多次,他们第一次来。他们心情愉悦，满眼好奇，我则是轻车熟路的顺从。如果说这样的旅行于我个人最大的快乐，那就是，我可以从经年累月的某种境地中解脱出来，到天似穹庐、胡杨灿烂的额济纳解放一下身心，使得灵魂在无拘无束中得到一种自由和安妥。

车里人多，再加上太阳当头，无遮无拦，热得全身出汗。但大家谈兴不减。偶尔有人发出惊呼，有人感叹，看着窗外的天空，说：这天空真的像是一口井，越是接近额济纳，越是幽深。有人说，这天空蓝的让人没有话说，甚至想到宁静的死亡，还有悟禅得道的大境界。有人说，这么干旱的地方，居然还有草，还浑身绿色。我说，每一处泥土都有自己的用处，植物们也是，气候和地质造就它们的形态和脾性，就像阿拉善高原的双峰驼。

到建国营附近，窄而坑洼的马路两边有了成堆的红柳树丛，一些不知今夕何年的沙枣树枝干弯曲，浑身皲裂，即使浑身枯枝，仍旧有青苍的枝条在空中沐浴阳光。我说，这是沙漠中最坚韧的植物了，它们跨越的时间甚至比人类还要漫长。我还说，我们单位组织种树的时候，总是先种些红柳和沙枣树，它们一旦枝繁叶茂，再种植杨树或松树，成功率非常高。

快中午的时候，路过一座桥，桥下是弱水河。《史记·

夏本纪》"导弱水至于合黎，余波入于流沙"中的弱水便是此弱水，流沙便是巴丹吉林沙漠的古称。可在此时，弱水河几近断流，只有一道细波，青蛇一样在幽深的河道里蜿蜒。偶尔可以看到小片的芦苇，贴附在河岸上，短刺一样的叶子相互摩挲，在阳光下郁郁苍苍。正在发白的苇花犹如将军头盔上骄傲的盔缨。偶尔有一些野鸭，从稀少的海子当中拔身而起，在蓝空中划出一道闪光的弧线。

到额济纳旗旗政府所在地达来呼布镇外围，戈壁照旧浩大，四野空茫。迎面的额济纳变了模样，至少它已经不再如三年前一般简陋了，有了新式的楼房、拓宽的马路、越来越多的车辆行人和服务点。我忍不住惊愕，想到经济的力量是强大的，至少可以让一个城市在外表上改变，在对此一无所知的人眼中，得到一种惊奇的回报。但是，相对于外地人，我知道额济纳的生态环境远没有这座城市的外表那么乐观，沙漠已经吞噬了它外围很多的草场和村庄。记得是1998年，我和妻子来时，正是冬天，在达来呼布镇南侧、额济纳旗中学背后，看到的沙子已经堆在了居民的家门口。人们用红柳编制了一道防沙线，成堆的沙子一天天增高，人们再把它们用架子车或者拖拉机运出去。

还有一年，到额济纳所属的古日乃草场，除了不高的芦苇，几乎没有其他草了。窄小的领地里，羊群被大地抬高，善于奔跑的蒙古马还没有展开驰骋，迎面就是耸立的沙丘。据《元史》卷六十《地理志》记载："亦集乃路在甘州北一千五百里，城东北有大泽，西北俱接沙碛，乃汉之西海郡居延故城。"

到镇子里，街边的饭店爆满，随处可见熟悉的出租车司机，载着外地人，或者同单位的人。我们找地方吃饭。饭店不是太干净，苍蝇飞舞，到处是灰土或者油垢。但饥饿锐不可当。同行的朋友有的吃面，有的吃米饭。我虽是北方人，但从来不喜欢面食，与北方那种面食氛围格格不入。出来后，天色向晚，驱车到弱水河边，迎面看到黄色的胡杨树。车上有人惊呼，有人发出赞叹。

临河的胡杨树在水中的倒影，金色夕阳与斑斓胡杨相互映照。在胡杨面前，所有的颜色都失去了光泽，所有的目光都被金子般层叠的叶片吸引。我站在桥边，忽然想到，这金色的林帐，不就是传说中的黄金宫殿吗？不就是历史黎明时期乌孙、月氏和匈奴王在额济纳的黄金甲帐吗？一个人在如此庞大的金黄之间，比蚂蚁和沙粒还要微小，所有的绚烂梦想都是苍白的，一阵风都可以戳穿。

同行的朋友临水照相，背景是灿烂胡杨。夜幕笼上之时，

孤独的红柳　赵广砚摄

水边的胡杨　刘振友摄

临河的胡杨树在大面积的水中倒影，金色夕阳与斑斓胡杨相互映照。在胡杨面前，所有的颜色都失去了光泽，所有的目光都被金子般层叠的叶片吸引。

我看到大面积的黑,正在与胡杨的金黄对抗,各不相让。坐在胡杨下温热的沙子上,我想:大地如此激情,在旷古荒寂之地,以胡杨用灿烂叶子将自己内在的激烈梦想吐露出来。尽管只有短短的一个月,可再短也是一种表达。泰戈尔所言:"生如夏花之绚烂,死如秋叶之静美",在额济纳,这种意境是足够直截了当的。想到这里,我忽然眼泪横流,有一种说不清楚的感动,从内到外,热血一样涌动。

在回住处路上,我坐在车上,趁着夜幕,用手机短信形式写道:

> 这一切比我想象得更美,当夜色隆重
> 黄金从不败退。更多的沙子之上
> 簇拥起的是这世上最安静的良心
> 和梦想。可惜我只能在一角或者下面坐坐
> 举着脑袋看着星空,把此刻之外的一切人生
> 还有纠缠不休的奇怪欲望,像一只甲虫
> 把身体压进泥土,把纯粹的灵魂
> 放置在微水静波,乃至黄昏的额济纳风声之上。

因为去得仓促,晚上只能住在农家。有土炕,还有木床。

主人家早早收拾好了，我们坐下来喝酒。几瓶酒下去，开始唱歌，领头的是一位裕固族人。他从肃南来，高亢的歌声让我想起在那里的兄长铁穆尔。那一夜，朋友们都很癫狂。我也是。自我感觉就像是刚刚逃离牢狱的囚犯，一个受惯了父母溺爱与管束而首次脱离的孩子，有点忘乎所以，还有些丑陋甚至不明所以的放浪。深夜，男女分开睡下，我怎么也睡不着，嗅着木床上氤氲的浓郁的柴火味道，听着旁边此起彼伏的呼噜声。我忽然觉得，这种状态似乎是我们每个人生命历程之中少有的。通常，我们一本正经、道貌岸然，比圣人还要君子，比君子还要矜持，而现在，因为异地的酒，乃至额济纳的黄昏，一切都被剥蚀掉了，除了肉体。也许我们原本就是这样一个人。

第二天醒来，阳光已经铺满院落，黄瓜和西葫芦等蔬菜正在开花，青色的蔓秧沿着架好的支架攀缘而上，有一种宁静的味道。我想，若是没有那么多的欲望，我完全可以在此居住，养花弄草，如每年10月之外的胡杨，过一种隐居的生活。洗漱后，到街上吃饭。那么多人，拥挤着，连吃一碗牛肉面都要排好长时间的队，有几个男的，竟然跑到厨房自己下手。我始终站着，昨夜的酒意还没过去，是那种浑身轻飘的晕眩。吃了几口半生不熟的牛肉面，喝尽了汤，才觉得好受一点。几个人走进胡杨林深处,阳光消失,取而代之的是黄色的浓荫。走在松软的沙子上,感觉就像是肥厚的地毯。遮天蔽日的胡杨叶子整齐灿烂,黄得让人觉得那就是传说中黄金宝库。静心听,叶子们在相互击打,发出清脆的黄金碰撞的声音。

走累了,坐在枯树桩上,汗水当中,充满灰土。再坐一会儿,觉得浑身发凉。而林帐之外,阳光爆裂,草木发蔫。我说,晚上在这里扎一顶帐篷,摆几瓶美酒,再有些开水和茶叶,比住在宾馆更舒服,也更诗意。我还说,要是有最爱的人,一定要在这里露宿几个晚上,在胡杨林间的拥抱是世上最纯粹的拥抱,在夜的胡杨林里肌肤相亲是世上最美好的天伦人欲。朋友们说到诗歌:大喧哗和大宁静,大悲哀与大幸福,其实都可能在同一种境界乃至同一颗灵魂完成,绝不用借代其他形式及物质。

我还想到:世间纯粹的爱情有几个?所谓的爱除了责任和义务、欲望和本能,在这个时代,梦想已经丧失殆尽,美好多是用物质堆积和填充起来的。这是悲哀的。一个人独坐在灿烂的胡杨叶下,我感觉到一种自我放逐的美好。我们本来一无所有,那些所有,都是暂时的、流转的,包括生命和生活本身。一个人最终能够留住并且绝对属于自己的,唯有这具肉体及其在尘世的种种摩擦和遭际而已。我抓起一根枯枝，在地上画了一个圆圈，再画一个自己的肖像。我忽然发现：在更多时候，人只有在可以随意自我放置的时候，他才会获得人性深处那种幽谧的快感。唯有这份快感，才是属于他自己的，也永不会被他者分享和取代。

出胡杨林，去策克口岸，铁丝网内外，两个国度，同样的戈壁。在界碑前，我真实地觉得了祖国，还有领土的意义。遥望蒙古国天空中白云成堆，如各种猛兽与神仙驾乘。到居延海，我发现这面深陷于大戈壁的水泊之地，当年王维、胡曾写诗的地方，居然是如此地安静与平淡。岸边芦苇一人多高，发白的苇花随风摇曳，捕鱼和喂食的木船惊飞在深处闲游的野鸭。临水站定，水意弥漫，笼罩周身。中心的岛上，长着许多青草，倒影在水中，犹如仙境，美轮美奂。

向北的山顶上，有一座敖包，哈达的经幡不断翻飞。流沙沿着山坡的沟槽，向下奔腾滑进。整体看，似乎俯冲的兵团，杀戮的战阵。再看看日益缩小的居延海，我感到一种不安。或者说，这种周而复始的填埋运动就像某种人生，不断地涨溢，不断地失去。如老子所说"极则反，盈则亏，此天道也"。坐在唯一的房屋中乘凉，朋友说：居延海竟然如此地美，要是周边有草木和沃土，风沙少一些，在这里建房而居，消耗一生，肯定是一种理想境界。

我说，当年的老子"骑青牛出函谷关，没入流沙"，性学鼻祖彭祖也在这里修道。当然还有约会西王母的周穆王，也都与居延海－额济纳有着深刻的联系。即使"毋文书，以言语为约束"的匈奴及先前的乌孙、月氏等先民，也都与额济纳渊源深厚。——额济纳这个名字本身就出自匈奴语，也是至今唯一保留的一个匈奴语地理名字。海子也有一首诗的副题为《献给萍水相逢的额济纳姑娘》。说到这里，一位朋友说，我们每个人现场写一首诗吧，献给这次旅行，也献给额济纳和居延海，还有我们自己。我第一个响应，站起身来，面对湖水，背对流沙，我在手机上再次写道：

> 不过是上苍的一滴眼泪，不过是一杯水
> 被沙漠及其尘沙围困。我能看到的只是水面
> 吃水很深的芦苇、野鸭，以及尘世当中最大的良心
> 我只是看到了，到此一游
> 像一个肤浅的登徒子，一个没良心的小情人
> 在居延海及额济纳放置的路途之间
> 将生命的一厘米，灵魂的一点谷粒
> 消耗殆尽。最终把这一具尚还鲜活的皮囊

  原封不动地带到来的地方去

  可我还是孤独的,在偌大的巴丹吉林沙漠当中

  我总是把自己一次次丢掉,再从远处捡起

  如同在额济纳,从胡杨林到居延海

  中间横着的是无尽的时间,还有宽阔的孤独与身不由己的伤悲。

  回程路上,苏古淖尔附近村子路边的红柳刚刚开花,连绵起伏,紫色的花朵,枝干像血一样红。到黑城外围看到怪树林——万千倒毙的胡杨树,只剩下干枯的躯干,形成各种姿势。在夕阳之中,犹如肃杀的古战场,杀戮之后的沃血之地。有好事文人总结说:胡杨生而千年不倒,倒而千年不朽。这种夸张的说法是有误导性的。其实,倒毙的胡杨树桩是一点点风化的,干燥的地表根本容不得任何腐烂之物。这也是巴丹吉林沙漠最为干净的一点,若是动物,凭借自身水分和血液腐烂后,骨架仍是完整的。

  到黑城,残垣断壁,黄沙堆涌,才发现,胡杨林的喧嚣是另一个额济纳,黑城的孤独才是真正的巴丹吉林沙漠。相对于居延海、胡杨林和策克口岸,这里的游客很少,来的大都是知道这里是居延汉简的重要出土地,其与安阳殷墟、敦

煌遗书并称为20世纪初东方文明三大发现。当年的伯希和、斯坦因、科兹洛夫等人曾在此发掘并运走了大量居延汉简及西夏文物。城中无物，只是遗留了些动物骸骨，房屋地基明显。西北角的三座清真寺塔基本完好，东南角有两座喇嘛坟及一座完好的喇嘛庙。

站在垛口上，风声如雷，夕阳余晖横扫大漠，头顶天似深井，四周空阔浩茫。这才是真正的孤独。古建筑与风沙抗衡，被时间清洗。当年的将士与似是而非的马可·波罗杳无踪影。天地之间，唯余苍茫。朋友们谁也不说一句话，在城内走了一圈，有人渴望捡到某件文物或者器皿，有人低声喟叹。我坐下来，夕阳在前面画出一个独坐的轮廓，像一尊雕塑。我想，要是有人在此雕像，肯定有一种非凡的意味。因为，在古迹之中，所有的过往都深不可测，而今人的加入，从某种程度上说，似乎是时间的一个站点，多年以后，后世人看到，肯定也会以为这是古迹的一部分。

迎着夕阳，戈壁上一片辉煌，原本铁青色的沙子，也似金黄的胡杨叶子，匍匐无际而又灿烂异常。到狼心山，看到祁连积雪，以及它头顶的带黑边的云朵，忽然想起"青海长云暗雪山"这句诗。这种境界是阔大、高绝的，今人似乎再也写不出了。坐在车厢里面，我感到一种深深的孤独，虽然有这么多同行的朋友，可我还是孤独，无法排解，更无法说出，就像是一根难以拔除的灵魂之刺，隐隐地疼。

我想到，两天的额济纳之行，其实也是孤独的。在四万平方公里的巴丹吉林沙漠的包围之中，它是深陷的人间绿洲，是中国仅存少数胡杨树的容身之地，也是弱水河终流之海。最热闹的就是每年10月，剩下的时间，没人如此密集地访问，自发看望它。在黄沙和风暴当中，额济纳独自存在。就像我，在额济纳一侧的戈壁边缘、庞大集体中，我也是一个孤独的存在。只有我自己了解自己的内心和灵魂，只有那么几个人从不忽视我的任何生命迹象。剩下的，便是如额济纳一般地孤独。车到大树里的时候，上来一个身材健壮的男人，从面目看，是蒙古族人。他说他是古日乃牧民，叫巴图。我说我去过那里，他热情起来。我说那地方没有多少人，住久了很孤独。他嗯了一声，用甘肃酒泉话说：哪儿都一样。就是别人看、想的时候不一样，其实好不好，无聊不无聊，自个儿知道就行了。

我在单位门口下车，与朋友挥别。进了大门，我忽然发现，刚才的那个自己瞬间消失了，取而代之的是三天前的那个自己。我努力调整心态，想着未完的工作，应当见的人、说的话，还有要做的各种公事、私事。这时候，黑夜降临，路边的植物只剩下黑色的一团或者一些轮廓。街灯亮起来了，散步的同事迎面而过，我急匆匆地向着自己住的地方走。我知道，只有在自己家里，面对妻儿，一切才是真实的。那些孤独，尽管时隐时现，但总归是黯淡的。这种感觉于我而言，时常有如法国诗人博纳富瓦在《正义》一诗中所表达的状态与意境："而你，而荒凉！把你的黑桌布 / 铺的更低些 / 渗到这心里让它无法停止 / 你的寂静像一桩雄伟的事业。"（树才译）

嘉峪关：明代城堞和魏晋地下墓廊

从酒泉到嘉峪关，不过二十分钟的车程。远远看到历史的城墙，修修补补的痕迹不是很明显。走近才发现，嘉峪关的外城墙上有不少类似子弹或者炮弹打击过的创口，好像是弹药轰炸的，也好像是岁月的箭矢钻开的空洞。站在城墙上，左边祁连，右边荒山，凌厉的风从宽阔的河道，万千马蹄一样轰鸣而来。祁连积雪总在高处，下半身呈黑色，看不到游弋的羊只和牦牛，只有几座单薄的村庄，在山脚下磐石一样悬挂。偌大的戈壁上的卵石似乎被洪水冲刷了千年，每一颗都像是刚刚从海底裸露出来的一样。

现存的嘉峪关城楼始建于明洪武五年（公元 1372 年），历时一百六十八年才完全竣工，由内城、外城、城壕三道防线组成重叠并守之势,以黄土夯筑,西侧以砖包墙,雄伟坚固。周长六百四十米,面积二万五千平方米,城高十点七米,形成五里一燧、十里一墩、三十里一堡、一百里一城的军事防御体系。

嘉峪关的督建者为明朝将领冯胜。这个在明初功绩仅次于徐达的草寇将军,也没有逃过被猜忌而赐死的命运。朱元璋之阴暗与歹毒,承继的不是刘邦,而是吕雉。在很多时候,一个皇帝的胸襟眼界就是一个王朝的胸襟眼界。明初皇帝将帝国的西北边关修建在嘉峪关,从地理上说,比西汉和盛唐差了不止二千公里。这也显示了明帝国建立之初就是一种萎缩的姿态,也是一种外强中干、懦弱自闭的表现。

所有的关隘都是"初有水而后置关,有关而后建楼,有楼而后筑长城,长城筑而后可守也"。(《秦边纪略》)从明朝到现在,这座近千年历史、盛名显赫、扼守要塞的城楼,无数战争的马蹄和硝烟,曾经阻断无数春风途程的嘉峪关,于时间长风之中,矗立在空旷的戈壁滩上,昔日刀光剑影中的守城将士早已不在,只留下一堆仍旧坚固的青砖巨石。

游击将军府前,一小片红柳和沙枣树,因为少水,即使在夏天也显得无精打采。高高的城楼上悬挂了赵朴初先生题写的"长城主宰"匾额。下面的关帝庙柏香缭绕,一座石碑竖立于前。好多的字已经模糊不清了，只有几个陌生的人名，在日光和风沙当中让每一个观看者看见——众多的游览者不知来自何处，高鼻蓝眼与黄色皮肤，华丽或者朴实的衣装，让我觉得了一种源于世界范围的繁华与和平。还有一些兜售工艺品的商贩，坐在城墙的阴影下，像是一只只善于守株待兔的老虎，以难以捉摸的眼神打量着每一个路过的人。

在城墙上，可以看到对面大致建于明嘉靖年代的悬壁长城，蜿蜒于光秃的黄色土山之上，远看像是一道水渠；也可以看到万里长城第一墩，黄土夯筑的明代建筑，卧在戈壁之中，原先峥嵘的头角已经浑圆，有的地方业已坍塌，融在嘉峪关和祁连山之间偌大的背景当中，有一种强烈的败落感和悲怆感。在哨楼一侧学古人射箭，那种铁制的武器被我拉开，铁箭像是子弹一样，优美而快速地命中目标——麦秸做的敌人微微摇晃，但没有轰然跌倒。在传说的雁鸣石前，我捡了一块石头，使劲敲了敲，也没有听到类似的大雁鸣声。在嘉峪关西边的戈壁上骑马——老了的马，没有脾气的马，我一直想让它飞腾起来，而它总是慢吞吞地，干燥的蹄子敲着卵石，在阳光下汗流浃背。

走到城楼下，凉风如洗，深深的拱门之下，除了几个验收门票的人，都是安静的，甚至有些破败和腐朽——许多年过去了，没有人再以一座高大的城墙作为战争的壁垒，冷兵器时代的终结和火器乃至核时代的到来，日新月异的现代军事科技可以轻松逾越古往今来每一个王朝的中心和外围——这些都是古代的皇帝和名将所想象不到的，不然，朱元璋就不会耗兵百万、白银无数，在西北的戈壁和高山之上垒砌城墙了。

然而，这道墙，挡住的只是他一个王朝的视野和国力。

这一座关隘，无非是给后人以游览的地方，而不能给人一种雄心和襟怀。

所以说，明朝在此修建关隘，大抵是其色厉内荏的一种外在表现吧。相对于西汉和盛唐，明朝实在是一个小家子气的王朝。尽管它的杀气浓郁，但大都是内斗，自相残杀。这样的王朝，虽然持续了二百多年，但对后世的影响，负面多于正面。

回到市区，正是正午，现代化的嘉峪关市区到处都是火焰，车辆和行人浑身冒着油腻的汗水，在街道上匆匆而过。我走在其中，看到路边的槐树叶子微微打卷，有的甚至干枯。再看树根，凝结的黄土仿佛石头——我知道，这是一座缺水的城市，尽管守着近在咫尺的祁连雪山。一些外观时尚的建筑上悬挂着彩色的条幅,粉红色的气球在广场上石头一样一动不动。

我有些厌倦,转了几家书店,没有买到一本书。出门,乘车向南。沿路的杨树十分整齐,大都没有五年的树龄,绿色的叶子在312国道两边织出整齐的阴凉——有风吹动,微微摇晃。戈壁就像是一节盲肠,苍灰的薄雾不知由何组成,偶尔看到一段隐隐约约的土墙,蜿蜒其中——我知道,那是早已断毁的长城,黄土的长城,路过戈壁、沙漠、村庄和河滩,在时间当中隆起,又在时间当中败落。

这是必然的,没有人在意,也没有人挽救。这时候的阳光是白色的,与更远处的戈壁上的白色卵石一起,构成了嘉峪关郊外正午的颜色。一些鸟儿在空旷中飞翔,没有鸣声,灰色的羽毛缓慢并且忧郁。一些来往的车辆,拖着浓重的油烟,轰鸣着奔向我知道和不知道的地方。

再后来,车子还没有减速,树木就消失了,余下一片卵石堆积的戈壁,那些不肯挪动的石头,一颗颗紧密相连,它们显然是一个整体,梦幻的疆场,让我想到真实的忧伤,可以用手触摸,但永远不可能深入。我想,在它们下面,会有一些什么样的东西深埋呢?再转过一个岔路,掉头向西,沿着窄细的公路,进入一片戈壁当中。博大的戈壁,使得我们的车子在正午的阳光下面，像一只快速爬行的乌龟，闷热的车厢里面，只有风在搅动，它们从戈壁而来，从我们不知道的地方，带着尘土、油烟、哭笑甚至血腥，在此刻，掀动衣襟，顽皮的像孩子一样。

下车跳进炽烈的阳光，我的头皮发疼。踩着粗大或者细小的石砾，向魏晋地下墓的入口行走，感觉很是真实，总觉得脚下有一些坚硬之物，在敲打着腿骨。只是，卵石太过灼热了，稍微站得久一些，皮鞋就有烧灼的危险。走了约五十米，抬头看见一座孤零零的房子，在偌大的戈壁当中矗立，毫无生机，身边一棵树木也没有，像是一个被遗弃了的老人，面色灰旧，太多的风沙，太多的变换，体现在它的身上，却只是一种颜色的消减。

走近的时候，看见一个女孩，红色的上衣，站在房门阴凉处。进了一边的房子，首先看见一面墙壁，白色的，毫无气质的墙壁，面孔生硬，顶角悬挂着一些细碎的蛛网。下了几个台阶之后，看见一个巨大的空洞，黑黑的，似乎一张巨口，纹丝不动，持久连贯。

而在一边宽阔的土台子上，居然摆放着一张床铺——我感到惊悸，这是古人的墓穴，而生者怎么可以在他们灵魂的门口如此摆设呢？单以胆量而论，我肯定也不及那个在别人墓穴门口睡觉的人——只是,地下那些数千年的人们早已没有了知觉,也似乎习惯了他人于门边安卧的事实。

站在通往墓底的台阶一头,冷风吹上来,打在脸上,堵住了我的呼吸,那种另类的凉爽感觉,在我们的内心和皮肤上,划出一片阴凉。我知道,这是魏晋时期(公元220—420年)众多砖墓中的一座(6号墓),采取先挖墓道和墓室洞穴,然后再用干砖垒砌墓室的方法建造的——向下的时候,感觉身上越来越凉,从地底不断吹来的风似乎含了一种奇怪的、像是人体腐朽之后的味道,又像是衣物被干土捂烂的气息。

两边的墙壁上嵌有一色的红砖,与台阶浑然一色——大致是后人帮忙垒砌的,为游人提供进入墓穴的通道。向下走的时候,我把脚步放轻,每下一个台阶,就多一层寒冷,心脏的跳动似乎迟缓了许多……在第一层墓穴站稳,迅速涌起的陈腐气息,首先进入肠胃,脚下的细碎尘土,任由参观的游人践踏。

整个墓道宽2米,长20米,为斜坡形,地上铺有各式花纹砖。墓门为拱券门,上端建有砖砌的门楼,门楼上除绘有彩色的青龙、白虎、朱雀、蜚蠊、麒麟外,还镶嵌着各种类型的建筑造型砖,如托梁赤帻力士、一手持连鼓、一手持槌的雷公画像、托梁兽，以及鸡首人身、牛首人身像等。我仔细看着，每一副图画都栩栩如生，令人惊奇的是，这么漫长的岁月，这么幽深的土地，砖上的颜色竟然新鲜如初，没有一点黯淡。

前室较为宽敞，砖画表现的大多是当时劳动人民的各种生产生活、妇婢仆从的杂役和墓主人奢侈豪华的享乐场面等。我想这墓穴的主人，一定是当时的一个达官贵族——有人说是当时酒泉的地方官，还有人说是当地的巨富商贾和文人学士——不管什么人，生前如何，所有的事实和猜想都已成了无可奈何的过往，只是留下的这些砖画，让我们的目光探触到了遥远年代人们的生活和精神状态。

这里的每一块砖都来自魏晋，颜色青冷，质地坚硬，在现代的灯光下，闪着幽蓝的光芒。就这样，一块块的青砖，从地面一直延伸到丈余高的墓顶。再向内，钻过一道拱门，到中室，一口空空的红木棺材完好无损地停放在那里，那种神态，令我想起它的主人——这里共有砖画65幅，主要表现墓主人的家居生活，衣饰华贵、神采飞扬和姿态雍容的女主人，带着宽衣长袖的女仆游玩或者嬉戏，穿梭在葡萄架或者青草绿叶之间。

还有飞翔的鸟儿，轻轻震颤着翅膀，滑过晴朗的天

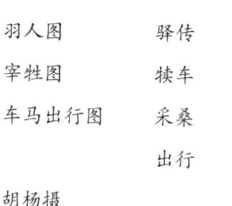
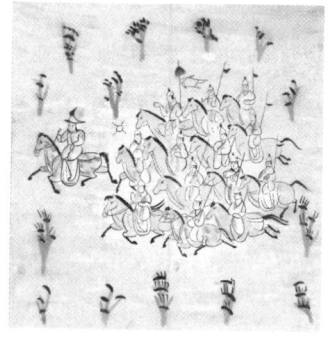

羽人图　　驿传
宰牲图　　犊车
车马出行图　采桑
　　　　　出行

胡杨摄

空——我想，这些女子一定是幸福的，抑或只是她和她们的一种愿望，被刻绘在砖上，放在灵魂的墓穴当中，成为一种永久的梦想——看着看着，我竟然忘记了寒冷，每一块砖画都给人一种联想：旖旎、高贵、自由而诗意，也忍不住羡慕，遥想那个年代的生活，想象自己也在其中该有多好！

到后室，大致是墓主夫妇合葬的地方，两口棺材也是空空荡荡的了。干净如炕的土台上就像一张织毯，盛放着夫妻二人的尸骨。这里的砖画共12幅，大致是表现墓主财富的。有放牧、农耕、采桑、养蚕、狩猎、屠宰、出巡、奏乐、博弈、舞蹈、进食、宴饮、庖厨、酿造、服饰、梳妆、布帛、丝束等内容，每一个画面都非常严谨工整，每一个动作都细腻入微，毫不夸张，看起来活色生香，令人心神安详。最有趣的是一块反映人类繁殖的砖画——男女交合的姿势和神情，看起来庄重而富有情趣。此外，还有一些画面反映了当时的农牧业，从种子的下种、土地的翻犁、耙耱，到庄稼的收割、打场，乃至采桑、养蚕等，无所不包。

而在畜牧业上，连放牧、屠宰、狩猎和牲畜的交配都刻画得详细备至，无一疏漏——这是一个有心的人，也肯定是一位相信死有灵魂、死有所知的人。把俗世的生活带到了另一个世界，他肯定也是一个渴望永生乃至再次出生人间的人——虽然只是梦想,但我相信它们都是美的、永恒的和不朽的。

沿台阶返回的时候,阴冷的风似乎没有了。我有点不愿意离开,因为另类的凉爽,又不完全是。站在台阶上,我再一次回头,看见灯光、青砖、图画消失,余下的是逼人的幽静、不动的尘土和些微的恐惧。这一时刻,我似乎真切地感觉到了地狱的温度,像冬天怀揣石头一样。我不知道为什么要走进别人的墓穴,但有一点可以肯定,每一个人的最终都是墓穴,我也相信,在酒泉漫长的过往,再没有一个人,可以像这座魏晋墓的主人一样,如此豪华地将自己在泥土下收藏。

从墓穴出来,猛然照面阳光,感觉一阵晕眩,刚才冰冷的身体瞬间恢复了炎热。在旁边的工艺品商店里,我看到了其他没开放墓穴当中出土的大部分砖画临摹纸,所表现的图景大致是:出巡的马车、对水梳妆的女子、狩猎的男人、烹饪或者烧制腊肉的妇女、奔跑的九色鹿、俘获的野兽、看不清面目的行者、挂满葡萄的藤架、摇蒲扇的仆从、行进的马匹、轮子高大的木车、颜色不一的旗帜、人类乃至牲畜的交配、吃树叶的骆驼、守门的猎犬、被追逐的青羊、奔驰的骏马……其中的每个人,包括牲畜在内,都是安详和幸福的。

这时候，戈壁上的卵石依旧热烈，到处堆涌着跳跃的火焰，一边的祁连雪山隐隐约约，向着整个河西炫耀着她白色的胸脯和头颅。返回到魏晋地下墓廊博物馆，突然又看见了一口尚完好的棺材，两侧绘有世人举杯庆祝的欢乐场景，棺顶则绘有劳动的场面。整个棺材看起来很简陋，厚约五寸，由八块白色的柏木板子组成；也看到了从这里的墓群当中出土的水罐、酒杯、木勺、逝者的鞋子和袜子残片、黑绸和白绸的采样……感觉陈旧而新鲜。

返回嘉峪关的路上，有一种说不清楚的感觉，不到一个小时的时间，经历了从墓穴到人世，这种滋味是耐人寻味的，也有着某种惊醒的意味。越过嘉峪关市区，直接到嘉峪关市西北约二十公里处的黑山峪谷，看到了著名的黑山岩画。高高的峭壁之上，大约刻有一百五十多幅的图画，绵延约二公里，刻画的时代从战国时期一直延续到明代。

这里的岩画主要有人物、动物及其各种活动场面，无论是马、牛、羊、鹿、狗、鸡、鱼，还是虎、狼、蛇、龟、雁、鹰、骆驼等，都与人们的生活息息相关。在表现人民劳动娱乐的岩画当中，既有游牧民族放牧家畜、农闲狩猎，又有弯弓射箭、操练演习的场面，还有动物角斗和人们组织大规模围捕活动的日常生活情景。在四道沟，我看到了一幅围猎图：

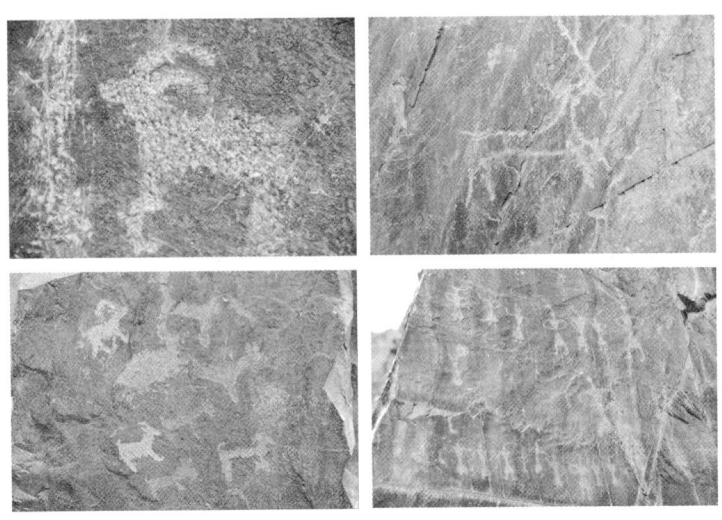

羚羊、舞蹈图(黑山岩画) 胡杨摄

许多徒步引弓的猎人，围住了几只野牛和长角鹿，这些牛和鹿体态健硕、扬尾抵角，做困兽犹斗状，除了猎人箭矢横飞之外，外围还有骑手引弓以待、防止突围，右侧还有人神情激越、呐喊助威。

还有一幅，表现的是大型演武场景。整幅画面分为上、中、下三层，共有三十人。上层九人，中层十二人，下层九人，人物形象大小不一、神情姿态各异，大都长裙束腰，头顶有尖状饰物，有的身着短裙……画风粗犷、手法古拙、境界高古——与魏晋墓砖画比较起来，这似乎才是真实的古代西域民众的生活——对于魏晋墓的主人，我总感觉到他应当是唐代的，那种雍容、富贵和奢华，在我的印象当中，似乎只有唐朝才能够完全具备。

傍晚回到嘉峪关市区，浓重的黑夜被强烈的灯光稀释，众多的车辆在饭店门口停靠，众多的脚步击打着水泥路面。远处的火车吼出长长的声音，向着西边的新疆和南边的兰州，以钢铁的形式离开与到来。这时候的嘉峪关城墙金碧辉煌，众多的霓虹和彩灯将它装点的像是一座偌大的私人宫殿。我忍不住想，现代只有流过古城墙的风是孤独的，还有戈壁上大小不一、连绵无际的卵石，而距离不远的黑山岩画以及魏晋地下墓则是安静的，宛如另一个世界：没有灯光照耀，在又一个黑夜之中,仍旧像在古代一样,落寞之中透着喧哗,阴冷当中也包含了些许温度。回到酒泉之后,我还在想,无论是嘉峪关城墙还是魏晋地下墓和黑山岩画,它们的本质是相同的,高耸与沉埋,都只不过是一种形式——看谁……在时间中……更为牢固……坚持得更久。

敦煌：丝路分径与中西文明流变

越是接近，心越惶恐。客居酒泉十多年，距敦煌千里之遥，身边很多人去了，又去了，我总是不敢。于我而言，敦煌太深了，几乎所有古代中国西域的历史都在敦煌留下了或深或浅的痕迹，再加上朝觐不绝的莫高窟、高深莫测的宗教、旷世绝伦的绘画艺术、浩如烟海的经卷文物、连绵不断的古关烽燧、络绎不绝的大师和诗人、学者与旅行家……在庞大敦煌面前，我是羞怯的，从内到外都觉得一种难以启齿的浅薄和不安。

上了往敦煌的长途班车，刚开出嘉峪关市区，我看了看西域的天空，想到即将到达的敦煌——忍不住一阵心跳。我想，敦煌会不会拒绝我这样一个浅薄的游览者？在浩杂的文明和文化、艺术和学术面前，我无疑是一粒微尘，甚至连看一眼都是奢望。

车在荒凉中奔驰，向我第一次到达的嘉峪关以西，广袤的戈壁在祁连之下匍匐，零星的骆驼草之间土色的村庄仿佛断毁的明长城，颓废陈旧。到瓜州县城，我想到唐人的一句诗："楼船夜泊瓜洲渡。"但彼"瓜洲"非此"瓜州"。瓜州盛产大风，是世界有名的风库；也盛产锁阳和蜜瓜，这里的蜜瓜和葡萄大抵是吐鲁番以南地区最好的。这里的锁阳与西方咖啡结合，成了既有滋阴壮阳作用又有镇静解渴功效的"锁阳咖啡"。

出瓜州县城时，看到路边栽着柳树的水沟里，几个孩子光着身子戏水，几位老人坐在树荫下，嘴巴忙个不停。几座村庄之后，又是无垠的戈壁滩，稀疏的骆驼草全身发绿，根部簇拥着大批焦白的沙子。南边的丘陵呈墨黑色，寸草不生，像是凝结的巨大的岩石，又似乎是古代的兵团，在高天厚土之间，成为集体雕像。

迎着落日，进入敦煌市区外围，路边的村庄被田地包围，绿色植被青翠得叫人心生爱怜。下车，我忽然发现，这是一座古旧的西北城市，太多的尘土掩住了建筑的本真面目，不高的楼房背后，散落着错落的黄土泥房。在飞天宾馆住下，给敦煌诗人方建荣打了电话，躺在逼仄的床上，心里有一种说不清楚的迷离滋味。只觉得，这房间里也弥漫着一种叫作"敦煌"的气息，而"敦煌的气息"到底是什么，我却一时说不出。

夜晚的敦煌市，华灯铺天盖地，行人三三两两，和我们一样作为观光客的中国人、日本人、法国人和意大利人悠闲地走在街道上。我和妻子、鲁青漫步其中，左右张望，在市中心看到作为敦煌市标志的反弹琵琶的伎乐天：丰腴曼妙的腰身，优雅的舞姿和神情，让我驻足惊叹。

看得久了，反弹琵琶的伎乐天真的在车水马龙的敦煌市区舞动起来，清澈的音乐在缀满星辰的西域天空缭绕——若是在唐代，我定然会沉醉其中，与这位伎乐天长久居住在敦煌，白昼昏睡，夜晚歌舞，用最激情和美妙的舞姿与音乐，在敦煌度过一生——我觉得沮丧，那个年代已然成梦，美丽的伎乐天只残存和寂寞于莫高窟幽暗的佛洞中，我也只是一个于当下尘世中碌碌无为的生存主义者。

夜越来越深了，敦煌的天空也像额济纳一样高远幽深，无论是白昼还是黑夜，都给人一种眩晕的高傲感。三个人到敦煌夜市，连串的灯火烧尽夜幕，摊贩掌灯，游人如梭。在一家摊贩前，我忽然睁大了眼睛，注目一面雕刻有狼头的木刻：眼睛迅如闪电，神情冷傲决绝，有着无限的孤独感、杀伐不尽的战斗欲望。

我询问价格：8880元，我犹豫，取下，与狼凝望，忍不住抚摸，讨价还价好久，也没谈妥，只好遗憾离开。到另一些摊子上，也看到相同的狼，但狼头太过肥大，眼神散漫，无精打采。倒是有一面反弹箜篌的伎乐天木刻，乍看倒也优雅细致、线条迷人，但腰身扭转之间，似乎是迟滞的、笨拙的、拖沓的和木讷的。

看过了作为敦煌市标志的反弹琵琶后，便觉得这些木刻太媚俗了，只是简单的模仿和机械雕刻。在石室书轩浏览时，方建荣匆匆赶到，握手问好，在一处烤肉摊前坐下来，喝酒，说话，甚是投机。作为诗人的方建荣，生活在敦煌是一种天赐之福。建荣拿出两本冯骥才《人类的敦煌》（文化艺术出版社2002年第二版）送给我和鲁青，并一再叮嘱，要我为敦煌写些东西。建荣说：无论是谁来敦煌，谁写敦煌，他都感激，并要拜读收藏。

这些话令我感动，也诧异，在我的意识当中，作为诗人，会在内心将敦煌作为私有财产，即使不可垄断，也会有一定的排斥心理……建荣的心态让我看到了敦煌的心态——起自若羌民族的敦煌（沙州），穿越数千年时光，敦煌这个一度作为西汉王朝西大门的边陲城市和丝绸之路的必经之地，从来就不是拒绝的，而是往来不断、含纳并收和积极交流融合的。

太阳升起，普照敦煌，到莫高窟，仰望之间，我就觉得了心疼，汪然欲涕，迟迟不落。明亮的阳光将陈旧甚至有点败落的莫高窟照得一片暗淡，众多的洞窟似乎庞大历史脸孔上挥之不去的斑点，以长久的静默，与强大的时间对峙；向着汹涌的参观的人流，说出自己深逾千年的隐秘心事。而到此一游的人，成千上万，千万而亿数，真正能够了解莫高窟的又有几人？大都是来去匆匆、走马观花，以身体的到达完成个人的一次浅薄旅行。

莫高窟是在等罗振玉、王国维、刘鹗、张大千、陈寅恪、常书鸿、季羡林和段文杰、樊锦诗……这样的人，自从莫高窟被发现以来，漫漫上百年，也唯有这几个人，真正发现了敦煌，投奔了敦煌，将莫高窟作为一生的使命来保护和研究、学习和弘扬。在此，我再一次感到羞怯和浅薄，站在庞大深邃的莫高窟前，仅仅是一种机械的仰望和浏览。

验票进门，在莫高窟前杨树浓荫下，再一次停住——那么多人跟随导游进入洞窟，我迟迟不敢。相比麦积山和龙门石窟，甚至甘州马蹄寺石窟和嘉峪关黑山岩画，从土质上和地理条件上看，莫高窟实在不是理想的凿窟绘佛、宏业传道之地，整个莫高窟，都是由粗大的砂石和少许黄土构成，以我的判断，如果有连续一周以上的暴雨，莫高窟会彻底瘫软，轰然化虚。

莫高窟已经穿越数千年时光，囊括了几乎所有中原王朝和西域少数民族国家与部落，而仍旧巍然屹立、面色不改——莫高窟之顶，犹如锋利刀刃，绵延数公里，一眼眼的洞窟形状各异、参差不齐，或大或小，深入砂石岩壁，穿越浩荡时光，在安定与战乱、和睦与抗争之间，收藏了那么多的高贵神灵、僧侣民众和凡俗贵族。到王圆箓道士发现的藏经洞，看到的瞬间，蓦然感觉到一种悲痛的耻辱——斯坦因、伯希和、大谷光瑞等人的盗窃和欺骗，文物和经卷的大量流失，绝对是敦煌的一种丧失。

但我又觉得，在王圆箓打开藏经洞之前，整个莫高窟都是寂然无名的，北魏到隋唐的兴盛，宋元之后的相对败落，期间产生了无数的诗人画家，也没有一个人对莫高窟的艺术价值发出一声惊叹。由此，王圆箓打开的是敦煌学，斯坦因、伯希和与大谷光瑞等人盗窃的也是敦煌学，陈寅恪那一声"敦煌学，吾国学术之伤心史也"的悲叹，也是敦煌学。或者说，正因为他人的盗窃和藏经洞文物的散失，才有了今天的敦煌学。

我拒绝跟在导游身后，听一成不变的解说，而是一个人走进走出，在高崖之上独自仰望和俯视。头顶的蓝空深不可测，流云如练，自西向东，如潮奔涌。在少数几眼开放的洞窟中，隋代的佛像和人物是华丽的和不羁的，神情放肆，又内敛光荣；唐代的则是大幅度的雍容和华贵，即使腰身丰腴的女子，也五官张开，眉目之间流光溢彩，体现了一种大国气度和帝国风采。

在一窟佛洞外沿上，看到几位宋代官员的画像，寥寥几笔，神采尽出，只不过，那些宋代官员一派中庸、表情木然，几乎看不到一丝个人性情。元代的洞窟充斥着异族佛像，即使王公贵族的画像，也都透露出霸道和嚣张气势。在王圆箓发现的藏经洞外，有几行清末僧侣和书生书写的佛经与劝诫诗——大意是世间人生多空茫，浮华富贵终成空；不如诵经成仙佛，了却俗世尘根净之类的。这些话，我觉得有道理，又觉得没有道理。四大皆空是必要的，但在当下，人心不空更重要。

离开莫高窟时，我恋恋不舍，一再回头张望，妻子说，下次还要来看莫高窟——至于看什么,我们说不清楚。我想,莫高窟有一种叫人迷恋的气息,第一次看到,便会一生携带。驾车的当地司机说,有一个外地人,上午去了莫高窟,下午又去,第二天还去,直到第六天,仍还在莫高窟。回到敦煌市区,第一次见到了在敦煌的散文家刘学智先生,再一次说到莫高窟,说到在莫高窟的复杂心情,以及离开时的莫名留恋。

正午的敦煌市区,流火骄阳,烤得人满身冒火,汗如水浆。傍晚时分,到鸣沙山和月牙泉。远远看到连绵高耸的沙丘,焦白色的,连体巨锥一般,傲立于敦煌西南大地。进入之后,看到水,被盛夏的芦苇簇拥。在月牙泉,踏着松软的黄沙,落日正在向西,余光如血,将鸣沙山涂抹得一派苍茫。

月牙泉的水越来越少,少得出乎我的想象。而对越来越高的鸣沙山倒是丝毫不以为怪。月牙泉边,芦苇正在冒头,白色的头颅让我一次次想到古代将军的盔缨——铁骑战阵之中,诗歌一样的悲怆和轻盈。沿着月牙泉走了一圈,处在沙山之中,有一种陷落的感觉,忍不住想起古代驱驼往行的商贾和探险者。

日暮将尽,几个人爬上鸣沙山,我气喘吁吁,出了一身的热汗,滚烫的沙子一次次侵蚀脚踝,令人浑身酥软。到山顶，向北，又是连绵的沙山，之间的空谷寂静无声，仿佛巨大的陷阱，不动声色，在空旷中引诱着被引诱者。我们在山顶合影，坐在沙上看落日，看滑翔的人在高空像鹰一般飞翔。渐趋寂静的鸣沙山上，晚风吹拂，月牙泉内，水汽上升，星斗从天边涌现，和田玉石一般，汇聚天宇，照耀敦煌。

我想到了诗歌——在此之前，我已有年余没写诗歌了，诗歌对我而言是内心一次又一次的激越，是无名的感动和不可言说的隐秘心事，乃至引而不发的欣悦与愤怒。而在鸣沙山，背对浩荡大漠和苍凉西域，远处的敦煌市区灯火闪亮，黑夜如莫高窟众神，集体飞临，以宽大的长袖和慈祥的内心，将敦煌再一次带入人间的夜晚——我在沙上写下诗句，于大地之上，我知道它们是模糊的和轻佻的，幸好会转瞬消失，与庞大的沙山一起，一次次被大风裹挟，被又一层沙子掩埋。

夜深了，我想在鸣沙山后的深谷住上一夜，席地幕天，与奔跑的蜥蜴甚至四脚蛇、蝎子一起，不着一物，在敦煌赤裸一晚——我们从鸣沙山滑下，沙子余温还在，但已开始发凉。从山顶到山下，身体的快速滑动像是一种自觉的堕落，一次向着深穴进入的冲动体验——月牙泉完全隐没了，唯有边沿的芦苇和苜蓿，发出植物特有的翠绿气息。

莫高窟、西千佛洞、鸣沙山和月牙泉，大抵是游览者心中较为完整的敦煌之旅了，但却忘记了汉代的古关阳关和玉门关，敦煌的西边门户，强盛中原王朝的边关。在我的感觉中，敦煌到处充斥着神灵，无所不在，他们白昼隐身，夜晚喧哗，从没有失声和喑哑过。在鸣沙山的傍晚，我明显感觉到身前背后，甚至内心都充满了神灵的行迹。

但在白昼，一切都是安详的，当地土著按部就班，无动于衷，看着外来者在街上和各个景点不亦乐乎，大呼小叫；外来者则以陌生而虔诚的眼睛，在敦煌各个角落浏览和寻找——驱车向阳关，戈壁扑面，四野空旷，天空安详。我明显觉得了一种向西的幅度和力度，那是一种出塞的悲壮，是夜半羌笛之下的怨妇词和兵士轮台戍守弹铗而歌的铁血热肠。

我想到王维的"西出阳关无故人"，反复猜测他当时的心境：大抵是送友的情深意切，也大抵是一种信口开河甚为赋诗律的无意之为，但却成了有关无城的阳关——西汉的军事门户，丝绸之路南道经始之地的千年盛名。出关和入关，远行和归来，商人和军人，马贼和刀客，使节和逐臣——败逃的月氏和匈奴，出塞的高适（唐诗人，曾为安西节度副使）、岑参（诗人，曾为安西节度营田大使）、李白（诗人）、王维（诗人，画家和音乐鉴赏家）；名将李广、李广利、李陵、卫青、霍去病、冯胜；贬官逐臣左宗棠、林则徐，求经西行的晋高僧、唐玄奘；出使的张骞、班超和苏武。

凡是在西域留下不朽盛名的人，都与敦煌有关，凡是在丝绸之路上发生的事情，诸如宗教、民族、贸易、和亲与战争，都在敦煌停留，并且永远停留，成为史迹和美谈、神话与流传。到阳关下，烈日当空，荒芜戈壁之上，数座关城之后，一座倒塌的烽燧于山顶矗立，颜色赤红，连同周边的山坡，状似燃烧的战火。参观阳关博物馆，我觉得内容单薄了一些，唯独院内张骞持节骑马西行的石雕，方才显出一种勇士无畏、赤身万里的英雄气概。

我入关，但拒绝出关，这种形式令人觉得滑稽，众人纷纷上前，取得印制质量不一的"关照"，签字，步行出关。我再次离开众人，一个人"出关"，在我看来，效仿古人出关的人，都是浅薄的、狭隘的，国自有国，疆岂有疆？乘车到阳关遗址——连废墟都看不到了，只有一面石碑，上书"阳关遗址"。我黯然，站在凉亭下，瞩目空阔西域，遥想古人当年，驼马行进，黄沙没膝，大风抓人，碎石如斗——勇气、信仰和不妥协，忠诚、大志与冒险精神……我索性骑上一匹红色骏马，在阳关内外驰骋了一圈，大风迎面，古关苍

大漠驼铃 边学泰摄

凡是在西域留下不朽盛名的人,都与敦煌有关,凡是丝绸之路上发生的事情,诸如宗教、民族、贸易、和亲与战争,都在敦煌停留,并且永远停留,成为史迹和美谈、神话与流传。

凉——若是在盛唐,我愿意踏黄沙、卧冰雪,一人独骑,腰悬长剑,心神穷无极,身向天边行。

令我惊喜的是,在敦煌,唯独在阳关,我没有了羞怯,反而凭空滋生了一些豪气。西行是一种壮举,我喜欢出塞的感觉;喜欢戎装快马驰骋沙场的决绝和霸气;喜欢长依城堞、独牧西风、饮尽苍凉的旷世孤独和铁血素质……而今却只能是妄想了。我还记得,在莫高窟时,我想自己开凿一眼洞窟,像古人那样,把自己绘于其中,妄求流传——这是不是一种光荣呢,抑或对莫高窟而言,该是耻辱吧。

傍晚,乘上列车,渐离敦煌,我忽然觉得,自己像是在徐徐离开一座熟稔的都城,一座内心的圣地——敦煌从来就不是孤立的、固定的,在历代王朝心中,也在每个僧侣、贵族、平民和行者心中——它始终是开放的、接纳的、宽容的和无量的,扬弃的只有时间,变换不断的只有信仰、朝代、轮换的居民(迁徙的民族)和过客。

于我而言,敦煌是一个令我内心和灵魂开花、身心丰盈的地方;我真切感觉到,敦煌可以使我精微地觉察到一个凡俗之人在容身历史和艺术、伟大与卑微、黑暗与光明时刻,内心错落有致的精神流变痕迹。其中的光荣和自卑、勇气与苍凉、创造与信仰——幸好我来了,尽管会离开,但却在内心巩固了一座城池：无形胜却有形，形容憔悴、陈旧不堪，但又美轮美奂、金碧辉煌。从那个时候开始，我就暗下决心，一定要为敦煌写一本书，全面、系统、真实且周详地发现敦煌的传奇历史、人文遗存，特别是宗教和为莫高窟壁画保护与研究做了重要工作的人们。我始终觉得，敦煌是一个非常博大、深厚，采挖不尽的文学和文化的大题材，常说常新，也常写常有新发现。如此丰饶的敦煌，即使在全球范围内，也是不多见的。

向西：从敦煌到乌鲁木齐

在中国或者世界各地，每一个艺术从业者，内心永远都盛放或者梦想建造一座自己的"敦煌"，《汉书·地理志》的释义足够覆盖和抵达的了，即"敦，大也。煌，盛也。"这一个偏远之地，它所承载、挥发的，似乎从莫高窟（当然还有榆林窟、龟兹千佛殿等）诞生的那一刻起，就开始向世界和人类发出耀眼的光芒，并且一再无声地引导所有心有高渺大境和艺术创造力、思想见识超群的人们，无论何时何地，敦煌就是伟大艺术和灵魂的宫阙，也是每一个人精神和心灵的有形参照。敦煌之博大和深厚，远非我们现在已经看到和知道的，我相信，更多的蕴藏和影响，还没有被人们真正地发掘和认识到。

对于藏经洞中诸多文物，一百年前，斯坦因采取的方式完全是欺诈性质的。在那一位"看上去是个十足的怪人，极为羞怯紧张，偶尔还露出狡猾的神情"的王圆箓面前，斯坦因谎称自己是玄奘的信徒，是"沿着玄奘的脚步从印度跨越重山沙漠而来，找寻到很多玄奘去过且描述过的佛寺遗址"。这个王圆箓，原来也是一名军人，后来遇到一个道士，便皈依道门。但道士与佛，王圆箓与莫高窟，看起来非常不搭，而且有一种滑稽的感觉。而此时的敦煌，早已经失去了盛唐时期的国际化气势与规模，进而被彻底地冷落。

由此可见，一个地方的兴盛与否，不仅与中央帝国，即其国家的政治、经济、文化理念和水平联系紧密，也和帝国的外交，特别是通达的道路繁盛与否成正比。敦煌，这个深陷于黄沙中的绿洲，以敦煌盛大而著称，饱尝游牧、农耕、商业、宗教、军事洗礼的边远地区，自月氏驱赶乌孙，匈奴再击败大月氏，以至于西汉的将军们在张骞的引导下，终于决胜了匈奴之后，贺兰山南北、居延海流域，以及河西走廊包括新疆全境，才慢慢地成为中央帝国的属地。但也似乎从此开始，丝绸之路才明朗起来，此前尽管有各种各样的人，带着各种目的和货品，去往世界各地，但许多至今还是不够清晰的。唯有张骞及其后世的西行者，包括探险家、军事家、宗教人士、各种肤色的商贾，甚至流寇与罪犯、和亲者与投机者……可以说，每一个踏上这条雄浑之路的人，几乎都建立了功勋，或者留下了他们独有的名字和事迹。

所谓丝绸之路，尽管它的提出和命名要比它实际的诞生和蜿蜒要晚得多，可是，它所开辟、承载、抵达和造就的，已经足够光辉灿烂了。就个人而言，每次来，都是激动的和新鲜的。今天的敦煌，对于后世者而言，它的一个聚光点仍旧是莫高窟。记得2007年第一次到敦煌，我就发现，莫高窟是民间艺术的伟大胜利，是中国、印度乃至中亚地区各民族艺术的汇合点和高峰所在。当然，藏经洞的发现，以及绵延至今的敦煌学，显然使得这个小小的县级市，仍旧对世界充满了无限诱惑。再没有哪一种物质，可与非凡的艺术创造相提并论了，无论是时效还是震撼性、创造性。敦煌对于中国，就是一个巨大的艺术集成，尽管那些艺术也不可避免地消亡，但现在的科技完全可以将它们数字化，从这个意义上说，敦煌从精神和艺术上获得了不朽，也会更好地对抗世界，只要人类不灭，敦煌就会与世长存。

对于艺术和敦煌学，我完全是个门外汉，每次来，都只能站在莫高窟前，不明所以地流泪，在那些壁画面前，感到一种来自时间深处的动感，觉得那些佛陀，甚至连使者的随

伎乐天　杨献平摄

在我心中,对于标准女人的姿态、仪容、神色,包括肉体的判断和惊叹,似乎就是这尊伎乐天。

从、马蹄和马鬃、骆驼的眼神，都是活灵活现的，仿佛那些被无名画工搬上墙壁的人、动物及其他物质，都还保持着新鲜的体温和知觉，并且有着穿越古今的灵性与动力。不仅如此，我还在敦煌市区那座反弹琵琶的伎乐天身下，被一种美所震撼，尽管是石头做的，但她的美，显然穿透并且改造了石头，进而成为一种永恒的美。几乎每一次去敦煌，我都要在那尊伎乐天雕塑面前仰望，久久不愿离去。我也曾在诗歌当中说："她是所有女人的美／别无其他，且不存在复制和挪移。"

在我心中，对于标准女人的姿态、仪容、神色，包括肉体的判断和惊叹，似乎就是这尊伎乐天。有时候我会无知地想，乐尊和尚开凿莫高窟，简直就是一种天意。而后，人们在敦煌的开凿和供养，这种断续的发展或者说宗教的艺术的接力，即使在吐蕃统治时期，也没有间断过。归义军张议潮和曹仪金家族在莫高窟的接力行为，更使得莫高窟呈现出了佛陀与众生、尘世和天庭交杂的张力与穿透性。在莫高窟，我所想到和看到的，车辚辚马萧萧之间，兵团的运动，游牧弯刀的月光，驼队叮当的路途和饥渴劳顿的东来西往，那么驳杂、混乱而又明澈与安静，这种混合的气质、信仰的笃定与家国、财货的交集，伟大情怀与世俗的向往，构成了莫高窟最深邃的风景，赋予了整个敦煌混血的风度。

在道士塔面前，我总是怀疑，这个叫王圆箓的道士，对于莫高窟的意义，甚至比斯坦因还要重上几分。他才是真正的发现者，并且在第一时间，以送字画的方式，报给了当时的甘肃学政叶昌炽。这位叶昌炽也不是等闲人物，他原籍浙江，曾为翰林院学士、国史馆编修、纂修和总纂官等，后来被擢为甘肃学政，即中央派驻各省主持院试并且督查学官的官职，从三品，与道台、巡抚平级。但叶昌炽并非纯粹的官员，他也是有成就的金石学家、藏书家和古文字学者。王圆箓送来的字画，叶昌炽立马意识到了它们的重要性，但苦于没有相应的经费，只是让王圆箓封藏藏经洞。

国势衰微，连其文明都是卑微的。斯坦因背后，有一个理性而又强大的国家做支撑。关于敦煌，斯坦因是1902年在德国汉堡一次东方学大会上，偶然听地质学家洛克济提到的。此前，洛克济于1879年访问了敦煌，他的专业是土壤和地质研究，但丝毫不影响他对敦煌莫高窟壁画价值的发现和预估。这次意外的听说，导致了斯坦因的第二次亚洲腹地探险，为此，他申请到了专项经费，以及两年的时间。当时的印度为英国的殖民地。斯坦因的经费，便是由当时的殖民地印度政府，以银锭的方式下发，采取邮政的方式分期付给

道士塔　胡杨摄

在道士塔面前,我总是怀疑,这个叫王圆箓的道士,对于莫高窟的意义,甚至比斯坦因还要重上几分。他才是真正的发现者,并且在第一时间,以送字画的方式,报给了当时的甘肃学政叶昌炽。

斯坦因本人。在敦煌，斯坦因盘桓多日，用"玄奘的忠实信徒"这一句子虚乌有的谎话以及相应的配合行为，导致了王圆箓将藏经洞向他打开。

十八岁那年，我由河北太行山农村参军到驻甘肃酒泉空军某基地。距离敦煌很近，但没去过，也不觉得有什么。2007年第一次去便被震慑了。自此念念不忘，先后几次前往。每一次去，都有不同感受。首先是在莫高窟流连瞻仰，其次是在敦煌市区内的反弹琵琶伎乐天石雕周围仰望徘徊，最后才是和敦煌的诗人、作家方健荣、刘学智、曹建川等人聊天。我总是觉得，敦煌乃至整个西北于我，有一种天然的契合。这种契合，有肉身成分，更多的却是精神和心灵的。除了文章中"敦煌莫高窟是民间艺术的伟大胜利"这句似是而非的话之外，我还以"内心的敦煌"为题作文，历数或者阐释敦煌对于我个人无形而庞杂的影响。

就艺术而言，敦煌壁画的成就显然是杂糅的、横向的，它毫无遵循，也无师承，完全是多种文化，尤其是宗教文化和游牧、商业文化和汉文化、印度文化、中亚文化的综合与提升，在小小的洞窟之中，以绘画的形式，实现了人与宗教、与历史、与时间、与艺术的无缝对接。敦煌又是开放的、吸纳的，从史前时期，它就天时地利地成了中西交通动脉上的一个疏散和聚拢的枢纽。尽管丝绸之路沿途有许多的重镇，但似乎还没有哪一座具有敦煌的这种开放与吸纳，呈现转换与集结、散播的能力与影响力。敦煌具有很强的包容性，尤其是其中多种、多彩的民族精神与思想，都在敦煌实现了扎根、融通、贯穿、相互渗透的本意，并在这片土地乃至其绝世的艺术创造中得以完整地体现与保存。

单以自然地貌论，敦煌毫无新奇之处，类似鸣沙山、月牙泉、库木塔格沙漠、雅丹地貌等自然景观，在中国就有很多类似的。敦煌之所以至伟至大，艺术、文献之外，还有它的边塞气质。当年，著名的玄奘法师自长安夜半逾城行到这里，差点被当地兵卒抓捕送回，是笃信佛陀的瓜州刺史李昌崇偷偷将他放走，还赠予玄奘马匹、水和一些食物。当玄奘穿越"沙河中多有恶鬼热风，遇者则死，无一全者"（《大唐西域记》）的罗布泊时，途中迷路。下雨偏逢屋漏，不小心还打翻了水袋。此时，玄奘想返回，但走了一段之后，想起自己西行时的夙愿，即"若不到天竺，决不东归一步"遂继续前进。在后来的行进途中，因为边境局势紧张，多民族和汗国的西域并不安全，分设在沙漠深处的烽燧守捉，不时射来冷箭。

玄奘的冒险精神，一点儿都不亚于前世的张骞和班超等人。后世的斯坦因、斯文·赫定、科兹洛夫、伯希和等探险家的勇气，似乎也不比玄奘弱。这些人在20世纪初期，对中国的探险与发现，除了国别之外，很多东西是可圈可点的。若从这个角度考察，艺术没有疆界，考古和探险亦然。斯坦因、伯希和等人对中国考古的冒犯，当然有罪实难逭的欺骗性质在内。不仅如此，敦煌藏经洞之外，斯坦因等人还涉足了我以前部队所在的居延地区，在黑城及弱水河流域发现了诸多的居延汉简与西夏文物。

与此相比较，马可·波罗则只是游历，他对中国的描述，充满了神秘的猜想。在他简短而又碎片化的游记当中，马可·波罗对中国各地的描绘飘忽迷离，有很强的童话性质。而对于敦煌，他似乎没有涉足，也仿佛不知道有这么一个地方。以上这些人（当然还有很多），大致是代表了西方探寻东方的某种实际行动，就像中国的玄奘、鉴真、杜佑（中唐时在怛罗斯之战中被俘，周游列国，最终由海路返回的探险家，著有《经行记》，亡佚）郑和等人对亚洲其他地区和欧洲的探访一样。

2010年，我调离甘肃，入川工作。如此数年，虽然身处闹市，又成年累月地生活在植被繁茂、仙道气息浓郁的巴蜀之地，整个人都变得懒散、敏感、孤独感强盛，而又毫无脾气、方向感极差、充满宿命感。可在个人内心，敦煌非但没有变得更加遥远，反倒越来越亲近。这种亲近，很模糊，却又逼真。每当想起敦煌，心里旋即就盛开了一朵硕大的花，而且是莲花，四周是白茫茫的水，还有诸多的空蒙与混沌。

我不知道这种感觉究竟因何而生，但它却异常坚固、持久和深刻。在西北十八年，等同于我在河北太行山乡村故乡的时间。日复一日地生活在西北浩瀚的巴丹吉林沙漠当中，自然的风暴、烈日、芨芨草和骆驼刺，卑微的坚韧、苍凉的坚守、孤独、不安，人生的苦难与无常，还有些许的幸福，我基本上都经历过了，也自诩与西北乃至敦煌相互渗透，不可分离了。谁知道，内心无比强硬，看起来充满杀戮，本质上渴望亲近的我，在来成都第五年发生了巨大变迁。

为避免伤感，2017年9月18日凌晨，我由贵州毕节到西安之后，特意搭乘了傍晚的列车，用黑夜和睡眠，避开了曾经给予我一切美好，并且耗尽了我的青春的酒泉地区，直接进入凌晨的敦煌。斯时，黎明即起，朝阳在黑色的戈壁尽头沐浴更衣。借着下弦月的光辉，我再次将自己放置在这一丰盈博大之地。可惜，这一次我只在敦煌吃了一顿早餐，与前来参加会议的阿来合影两张，而后又乘车，跟着一群人开始了由敦煌向乌鲁木齐的途程。

从敦煌向西,有两条道路,一条过野马泉到哈密,穿越哈顺沙漠、七角井,再到乌鲁木齐、焉耆、库车、阿克苏、伊塞克湖、托克马克、塔什干等;另一条经由古楼兰、罗布泊沙漠、且末、尼雅、和田、莎车、喀什、乌恰,再转到撒马尔罕或翻越帕米尔,到达法扎巴德、巴尔赫等地。这其实是张骞的足迹,也是玄奘的道路,沿途尽是唐帝国当年的羁縻州所在地,也是中西文明东来西往的主孔道。

在风暴与灰尘的时间当中,绿洲、河流、草原、森林仅仅是人类生存的一种选择和依托,而沙漠、雪山、暴风、洪流、雪崩等,则体现了命运的残酷性和不可预料。到现在,在这条路上的行进者大都被风吹散,成雕塑、历史、典故和传奇,也成乌有、败坏和凋零。从敦煌向西,沿途都是戈壁。光秃的山,在白昼也黑得令人心生悲悯和孤单。更大的是戈壁,无边伸张;更广的是天空,覆压的是大地苍生。我们乘坐的是一台大型旅游车,同行者有书法、金石学、篆刻专家,也有摄影和舞蹈、音乐等创作和演出者。我算是其中唯一没有才情的,除了文章和诗歌之外,对这个世界上其他门类的艺术一窍不通。由此,我总是觉得,自己在某些地方和古往

雅丹地貌　杨献平摄

西域古国　戴炽义摄

今来的落魄诗人有些相像，尽管在这条路上走过的有李白、岑参、高适、王昌龄和王维，但这些人无一不是高官，无一不是带着王朝的敕令，去往某些衙门任职或者代替皇帝前来巡抚。

我是谁？尽管人声嘈杂，在如此广袤天地之间，人很容易产生空茫感。天地之大，并且刚健持久、厚德载物，而人呢，不过是其中风一样的过客。从泥土的母腹诞生，又被大地草一样地刈割。这种清晰的混沌，混沌的来去，期间只是过程。车到星星峡，我特意在尘土结网的服务区照了几张照片。姿态是伟岸的，头顶青天，白色的流云呈丝绸状；黄色与黑色间杂的低岭，之间密布命运的壕沟。同行者说，错过了阳关和雅丹地貌。我则说，在敦煌，唯有莫高窟，才是每一个人不得不朝拜的神圣之境。自然的变迁有它自己的规则和速率，人力不可测。

我也说起玄奘当年在敦煌与高昌之间的遭遇。在当时的唐帝国，李世民的天下并不太平，西北地区的突厥、拔汗那、薛延陀、铁勒，以及吐谷浑等游牧汗国，依旧在西域，即今之新疆和中亚有着强大的影响力，他们之间也自相雄长、相互取代和影响。

我们即将去往的高昌故城，它曾经的主人——麴文泰和他的高昌国，就是西突厥强力之下的一支附属力量。玄奘原本走巴里坤，高昌王麹文泰得知后，派人将之迎接到高昌城内。从源流上说，作为西域三十六国之一的高昌国，其最初是公元前48年李广利行军至此而建立的营寨，取"地势高敞，人庶昌盛"而名。从地形地势上看，敦煌至乌鲁木齐之间的宽阔地带，确实高而敞亮，且又是中央王朝与西域新疆乃至中亚、欧洲的径行孔道，战略位置足够重要。高昌立国时间很早，但也是在两汉王朝式微，对西北地区的影响力弱甚至为无的时期。其主要统治者，依旧是由中原而来的汉族。公元327年，前凉张骏在此"置高昌郡，立田地县"，后为前秦、后凉、西凉、北凉属地，公元442年，北凉的沮渠无讳"西逾流沙"，在此建立流亡政权，随后，沮渠安周攻破交河，车师前国亡，自此开始，高昌逐渐成为吐鲁番盆地中心。但不过二十年，柔然大军席卷而来，北凉王沮渠安周被杀，"（柔然）以阚伯周为高昌王，高昌之称王自此始也"。（《周书·高昌传》）

西北地区的政权，大大小小，其本质也和中央王朝一样，或被朝臣取而代之，或被其他部落所挟持、吞灭。阚氏之后，高昌又轮经敦煌人张孟明为王，不久又被马儒取代。马儒被杀后，甘肃榆中人麹嘉又被推举为王。至此，高昌进一步繁盛。公元590年，西突厥势力强盛，攻取高昌四座城池，数千人归附隋朝。麹嘉的孙子伯雅受制于西突厥。隋大业年间，伯雅亲往大兴城（长安）朝贡，次年，又跟随杨广远征高句丽，八年后归高昌，下令改革风俗，一切从隋朝。这算是杨广在西北地区外交的重大胜利，只可惜，隋朝享国时间太短，转眼就被李渊摄取。

对于玄奘，西域三十六国，甚至他印度之行十七年内，麹文泰是最为尊重和礼遇他的国家和国王了。这大致得益于麹文泰和他的高昌国也是佛教之邦的缘故。记载说，麹文泰请玄奘讲法数日，每次他都亲往，执弟子礼。玄奘离开之际，两人惺惺相拥，兄弟情谊深厚。为使得玄奘西行方便，麹文泰赠予玄奘大量的人员、财货、驮马等物品，还写了通关文书，请求沿途国家和部落予以照顾。两人并约定，玄奘西行归来，再在高昌相聚。可没过多久，李世民派遣侯君集、薛万钧的交河道大军进取高昌，麹文泰惊吓而死。多年后，玄奘自印度、巴基斯坦等地返回至和田，闻听麹文泰已死，颇为黯然，再没过高昌，直接从南道返回长安。

这是令人伤心的。一个小国，而且还横在中央帝国通往更广阔之处的咽喉部位，在游牧民族此起彼伏的广天阔土之上，它所能做的，也只是自保。麹文泰对西突厥的臣服，以及他对新生的唐帝国的轻视，使得他成为不识时务，最终被唐帝国大军一举击溃的最后的高昌国国王。尽管，在麴文泰、李世民，甚至唐帝国之后，整个西北地区的政治格局又进行了多次剧烈演变，高昌古国也一次次迎来新一轮的统治者，但麴文泰与玄奘结拜兄弟的佳话，则使得它比其他古国更添了一份人文光彩。

李世民对西北的用兵，显然是具备战略意义的，对于整个唐帝国，乃至影响后世深远的丝绸之路，并使之达到巅峰状态，作用无与伦比。这也是唐帝国的君王战略思想的深度实践。似乎从侯君集、薛万钧在高昌设立西州都护府之后，整个西北地区就再一次真正地回到了中央帝国的怀抱。尽管我们在很多时候，将早期的西北视为异域，但从文化和历史上说，新疆乃至撒马尔罕、江布尔，乃至楚河、巴尔喀什湖、黑海、里海等地，与中国的渊源深厚，特别是唐帝国在这一地区先后设立的安西都护府（龟兹，即今库车）和北庭都护府（吉木萨尔）及诸多的羁縻州府，以及功能齐全的驿站和烽堠守捉，作用巨大的营田制度等，成为陆上丝绸之路在两百多年里保持持续畅通和兴盛的肇因。

我们到达的时候，沙尘暴也如约而至。白色的沙尘围绕着残缺的高昌古城，像是一群群不甘心的幽灵，它们或许是麴文泰时期的臣民，也似乎是高昌回鹘的亡者，更可能是整个西北地区各种族别的遇难者，在他们的故都，长时间围绕，不肯离去。我站在高台之上，俯瞰整个高昌古城，只见黄土的遗址上万般寂寥，一切生的事物都泯灭了，唯有那些人用过的黄泥土块，沉浸在大风与烈日之下，一声不吭，努力向大地本身还原。一切的历史都是人在过往用各种方式制造，却又被自我采取多种方式毁灭。而今，在这呼啸的风中，我只愿意聆听玄奘法师翻译的《般若波罗蜜多心经》，其中的句子及其意义实在是太适合高昌故城了。"观自在菩萨，行深般若波罗蜜多时，照见五蕴皆空，度一切苦厄。"

这肯定是曼妙之音，也是超度之声。

关于玄奘与麴文泰的故事，还有记载说，起初麴文泰迫使玄奘留在高昌，而决意追寻佛经原文的玄奘断然拒绝。麴文泰无奈，便把玄奘关了起来，每天亲自送饭给他。但玄奘仍旧无动于衷，甚至以绝食抗议。最终，麴文泰要求玄奘在此讲经一个月后，便放他西行。由于玄奘早已经是闻名域内的高僧，讲经说法，肯定是有慑服力的。现在，伫立于高昌的废墟上想象那种万人空巷、一人演说的情景，也是非常激动人心的。也觉得，以宣扬真善美，以有限超越无限的境界，引领人的俗世生活和精神世界进入另一种层次的作为，实在是一种无上的美德。玄奘及后来的达摩驮睹（悟空），包括出生于和田的一代高僧鸠摩罗什的传奇一生，他们在彼时年代西北地区的修行与尘世历练，与各为其主的兵戈战火、逐利的商贾、奔走的使者相比较，要高贵和纯净得多。正是有玄奘这样的宗教人士与高僧大德，才使得丝绸之路更为凝重与空灵，也凭空多了些许精神的和文明的亮色。

哈密，这座古老的城池，在今天的日光下，还是一派散漫。高大的楼宇背后，隐藏着成片的黄土四合院。这种现代和农耕、游牧混杂的场景，在今天的西北尤其明显。在一百多年前的时空里，整个西北地区大致是更加偏远的。海路和空中道路的开通，使得整个人类的文明方式发生了根本性的变化。陆地或者连接世界的大陆板块，不仅限定了人们的脚步，也使得多数人长时间陷入凝厚的思维当中不可解脱。因为大地本身，就是一种无形的限定和束缚。新疆或者说古代西域，这一片高处的陆地，既是中华民族的"龙脉"所在，也是世界上距离海洋最远的一块陆地。名为新疆，但它的历史，却始终与中国这个古来的国度与疆域一脉相承、休戚与共。

由其名称的变迁可见，西漠、昆莫、伊吾卢，唐代为伊州，元代称为伊吾力，明代之后为哈密。

去参观回王墓的时候才觉得，哈密这个地方对于中央帝国的西北战略实施至关重要，历史上的张骞、班超、吕光、长孙晟，包括唐代的侯君集和薛万钧等，欲先西域，必先伊吾。此地乃是西域之咽喉，取伊吾方才可以统揽整个西域。我在查寻清朝历史的时候，注意到，在平定准格尔和大小和卓的漫长战争中，巴里坤乃至整个哈密，对于清王朝的支撑力是巨大的。我还记得，参与指挥作战的将领当中，有岳飞第二十七代孙岳钟琪，还有他的政敌张广泗。前者被乾隆称为"三朝武将巨擘"，也是清朝时期唯一一位以汉族身份统摄过八旗军队的将领。张广泗跟随鄂尔泰，先是在云贵，尤其是黔东南地区组织改土归流，后在大小金川战役中久战无功不说，其妻子和小舅子涉嫌私通金川土司而被押送北京斩首。

置身回王墓，有一种恍惚感。人总是要死的，无论是谁。所谓的身份、地位，包括对历史的贡献，都无法阻挡这一自然规律。但令人敬佩的是，这一支维吾尔人，与清政府关系之密切，令人感喟。由哈密回王世系可以看出，在233年当政哈密的历程中，就有二十七次前往北京朝拜，并在朝廷对准格尔蒙古和大小和卓战争中，起到了后方基地的有效支援作用。我注意到那把复制的回王座椅，那种精细和华丽、宽敞和雍容，体现的不仅仅是民族特色，还有文化糅合的美感。

现在想想，在道路崎岖、工具落后的年代，西北地区与中央王朝的联系，其实是一件非常复杂的事情，而历代王朝能够精准有度地把握，也是一种政治智慧。当然，我始终觉得，不管西北还是西南、东北还是东南，中国不单单是一个地理名词，更是一个文化的概称，一个精神的赋予与共同体。

在民族、宗教等问题上，任何一种单独的谈论，都是没有意义的。重要的是人，是人群在某个地域上的共同命运。西域尤其如此，今天的新疆更是如此。晚上，大家喝了一点酒，各自回房。我有一点醉意，躺在安静的房间，感觉有些异样。我想，每一个身处西域的人，都会觉得一种强大的气息。它无声无色，无形且强大，总是以笼罩和浸润的方式，让每一个置身于此的人身心受侵。

这种气息是混合型的，既有草尖上和岩石上马蹄急奔的火星与焦灼，也有沙漠戈壁当中水源的隐秘与润泽，有蜥蜴快速爬过沙砾的悄无声息，也有骆驼忽然成群倒下的轰然与决然。在哈密，夜里的声音，似乎只有零星的汽笛，以及不断吹响窗户的风。我忍不住想，古代的人，是如何在哈密停驻和经过的呢？他们是不是也像我们，找一个店家，吃饭、喝酒、洗澡换衣服，趁着酒兴，在城中某些热闹的地方转一圈，买一些东西，然后就着漫天的星斗与城外不断涌来的空旷和寂寥，沉沉入睡？盛唐时候，哈密城中歌舞饮宴场所一定也有不少，达官贵人和商贾们，还有孤单的旅客，都会聚集在一起，在酒水中高声呼和，或以诗歌下酒，或以琵琶箜篌助兴。那种情景，今人大致是无法领略了。每一个时代都有自己的娱乐方式，而诗歌、音乐、歌舞，大致是从古至今的雅兴，也是最能够抵达心灵、愉悦灵魂的了。

除此之外，人生无常，道路蜿蜒，所有的抵达都是为了再度启程。这是我第一次由敦煌开始向西行走。此前，尽管来过敦煌多次，但总是觉得，敦煌就是我理想中的西北、历史上的西域。可一旦踏上这一途程，才发现，敦煌只是西域的一个起点，它处在西域和中原、农耕和游牧之间，以混血的方式，向东，打开的是中央王朝；向西，则通往亚洲、欧洲和非洲各地。它无限地收容、改造、提升，也无限地采纳、输出、流变，如果说整个新疆犹如自来水管的龙头，那么，敦煌就是这一悠长的自来水管的开关。

如果按照旅游线路图，当然还有楼兰古城。可惜，这个曾经面对李广利大军而闭城不予支援的古国之一，在经历了数百年的流沙与战争之后，完全被日复一日的风沙打败，成为一座渐渐湮灭的废墟。另一个考古学家和探险家斯文·赫定于1900年第二次塔克拉玛干之行，由若羌而进入罗布泊，在一个有淡水的地方，决定取水的时候，他发现一只铲子丢了。这对于他们在沙漠中的探险旅程来说，当然是重要的。斯文·赫定令一个向导沿路寻找。而这时候，暮色已经开始弥散大地。这位向导找到铲子返回途中，突然狂风大作，一座城池裸露了出来。斯文·赫定在他的《亚洲腹地探险八年》一书当中说："铲子是多么幸运，否则我绝不会回到那座古城，实现这有定数似的发现，使得亚洲中部的古代史得到不曾预料的新光明。"

1901年3月，斯文·赫定对楼兰古城进行了发掘，得到了大批的汉文、粟特文、佉卢文木简以及大量的丝毛织品和木雕等文物满载而归。这同样令人伤心，同时对当时西方探险家的勇气和毅力，发现世界的理想及其切实的行动，心怀敬意。尽管大家都知道楼兰古城是一个美丽绝伦、盛放传说的地方，但我们也没有前往，不知他人，我心里是有些遗憾的。

斯坦因等人在亚洲腹地，即中国新疆等地的探险和考古，再次证实了新疆确实是"印度、中国和希腊化的西亚早期文明交流的孔道"。斯坦因在新疆的探险、考古和所获，使得他个人不仅获得了现世的荣誉与上帝的恩典，也使得他与世界性的亚洲探险和考古紧密联系在一起。我们这些土生土长且不具备探险、考古能力的人，在新疆行走，无非是亦步亦趋地跟随张骞、班超、玄奘甚至乌孙、大月氏和匈奴等大规模民族迁徙的足迹，所能感受到的，仅仅是基于地域和地理的天高地阔，别有韵味的风情，同时也觉得中国古代的西域，及至现在的新疆，确实是一个迷人的、有趣的地方。我只是认识到，新疆的大，绝不只是地理和视觉上的，更重要的是精神上的。读过西域有关典籍的人都知道，西域带给中原的是一种强大的精神动力，而这个精神的核心，就是包容和融通。

到吐鲁番，这个在历史上一直享有国际化都市地位的城市，无论是葡萄沟、坎儿井还是交河故城，给人的第一印象都是一种放置在盆地当中那种敞开的坦荡。吐鲁番位于天山东部，东西横置，形如橄榄，为山间盆地，四面环山，西起阿拉山沟口，东至七角井峡谷西口，北部为博格达山山麓，南抵库鲁塔格山，中部有火焰山和博尔托乌拉山余脉横穿境内。其中的火焰山，可谓妇孺皆知。《西游记》中的艺术化演绎，使得这座本身无甚惊奇的小山名闻遐迩。我们路过的时候，只见一座红色的秃山，其上有无数的沟槽，大致是暴雨在漫长的岁月中冲刷而成。

尽管此景与想象差距甚大，也不由得想起唐僧师徒、牛魔王和铁扇公主。艺术或者故事总是动人心的。新疆之地的神奇，任何一个地方拿出来，都可以创作一部好小说或者影视剧。这里的故事太多，自然的奇特，历史之丰富驳杂、奇幻有趣，构成了人们不竭的向往和奔赴。而在西汉时期，在今天的蒙古高原和新疆，王朝的最大对手还是匈奴。这一支剽悍的民族，以及繁衍分化的诸多后裔，在西域乃至中亚和欧洲，都进行过精彩的表演，前者有匈奴王阿提拉，后者有成吉思汗的军团。如果再加上源自匈奴驱逐大月氏而引发的欧亚大陆的民族大迁徙和大融合，那么，整个匈奴和西域在人类文明史上的功绩，也肯定是浓墨重彩的了。司马迁《史记·大宛列传》中说："楼兰、姑师，邑有城郭，临盐泽，当孔道，攻掠汉使王恢等尤甚，而匈奴奇兵时时遮击使西国者……于是天子以故遣从骠侯赵破奴将属国骑七百余先至，虏楼兰王，遂破姑师。"这大致是西汉击败姑师，与匈奴反复争夺西域最终得胜的开端。

葡萄沟的葡萄已采摘完毕，藤架上只剩下高处的那些，珍珠一样悬挂。我仰望，极其想采摘。凉风之中，众人在选购葡萄干。店主是一位维吾尔族人，旁边的案板上放着几只硕大的西瓜。他拿了刀子，切开，让我们吃。越是干旱的地方,水果越是甜蜜。水分也是厚待人和万物的,特别是在甘肃和新疆,为数不多的水似乎只是为了满足人和动植物,再不多余。这使我觉得,大自然本身,是有神奇力量的,也觉得,世间万物的分配也是有神意的。

在飒飒秋风当中,发黄的葡萄叶被落日的光辉衬托得晶莹剔透,惹人心疼。在众多尚还青着的叶子中间,蓦然发现一串晶莹的葡萄,我看四下无人,就摘了下来。我的采摘不是为了吃,而是体验一下采摘葡萄的感觉,就像是一个人从另一个人身上取下一个器官或者一个佩饰,就像是从大地身上摘下一串营养。出葡萄沟的路上,我特意买了一位老太太的葡萄干,硕大而甜的那种,带给儿子吃。哦,在西北想起儿子,心里忽然就有了一种喜庆感觉,脸上立马会升起一串笑意。我暗暗想,儿子是在巴丹吉林沙漠,即中国酒泉卫星发射中心医院出生,并且长到十岁的。他一出生,就是西北的,或者说,西北的气韵已经灌注到了他的身心。因此,他一定是喜欢西北的,包括西北的一切。

下午与吐鲁番当地文人墨客交流,因为阿来没能成行,我与《吐鲁番日报》美女记者马桂真聊文学,及后,又谈起人生的无常与困厄。马记者为回族,皮肤白皙,仪态端庄,体现的是西北女子的优雅与素朴之美。夜色之中,众人吃饭、喝酒、唱歌、有人跳舞，佐以琵琶。在吐鲁番双城宾馆外面的葡萄架下，琵琶和舞蹈引来了当地人，他们是宾馆的服务人员，也纷纷以维吾尔族舞蹈加入进来。游牧民族的歌舞，是人生于世的瑰宝，是他们在长期的游牧生活当中，用身体和灵魂寻找到的天籁之音与自然灵性。在吐鲁番，这些最朴素的舞蹈者，带给我们这些长时间生活在嘈杂与拥挤的城市，已经被信息、技术裹挟的现代生活消泯掉了与自然亲近、感悟和交融能力的人的，是一种发自天性和心灵的震撼、愉悦与和谐。同行的作家、书法家、画家和摄影家李金远、舒炯、赵秀文、王道义、廖蓉、赵秀文、王道义、高璐、陈宇康、张亚婷、卢珊、朱钰、王锐、张杰等人也神情激越，大声叫好。每一个人，都似乎被某种力量引领和贯穿。

而在这个晚上，我感冒了。洗澡，躺在床上，忽然觉得悲伤。人在病中，一切事物都是晦暗的。想起当年在西北的一幕幕情境，自己一会儿微笑，一会儿黯然神伤。就在八年前，在距离吐鲁番一千〇五十五点八公里的酒泉以北，盛产发菜和双峰驼的故乡阿拉善高原，弱水河畔和巴丹吉林沙漠当中，十八年，我用一个人全部的青春获得了一个外省人对于西北的全部认同，包括生活习惯、文化风习，甚至思想观念。也可以说，西北和我，用十八年时间，完成了双方的再度融合和塑造。以至于我调到成都几年时间了，仍旧保持了在西北的习惯，甚至不知道世上还有上千块钱的鞋子、衣服，不知道一张茶几、书桌、沙发可以几千上万，也不知道人和人之间，还可以用钱和权力做任何形式的勾兑与交换。

而最残酷的，是2015年下半年到2016年初，我抑郁症爆发，命运也发生了根本性的改变。尤其是2016年全年和2017年上半年，抑郁症带来的躯体反应如心悸、认知困难和头晕、四肢发软、紧张、焦虑、暴饮暴食、濒死感强烈、情境障碍、性欲丧失等，使得我九死一生。这种看起来有点高大上意味的疾病，使得我在成都——当代都市之间，对人生产生了另一种想法，也真实地觉得了命运的无常、人心的多变和阴冷。两年来，我对曾经熟稔和亲切如故乡——父母之地的西北有了一种挥之不去的怵怕感，这一次，我之所以夜里穿越河西走廊，并且第一次步入西北而没有在酒泉逗留，是因为，我从内心觉得了一种无比庞大的沮丧与失落，西北，具体的酒泉、金塔、鼎新绿洲、巴丹吉林沙漠、弱水河与额济纳旗等地，再也不是我的了，它们从根本上舍弃了我，就像这盛大而寥落的秋天对待一枚落叶：果决、不由分说。

吐鲁番卖馕的很多，但有点硬。当地人说，这里的馕保留了馕的传说和精粹。这种干硬的饼子，也像沙漠戈壁一样，被吸干了水分，或者说，其中的水分只保持到可以啃动的程度。这种手艺，完全是与西北的地域环境相吻合的。馕至少可以在炎热的戈壁沙漠行程中保留几个月而不变质，哪怕掉在沙堆里，掸几下，丝毫不影响口感。这一点，就像去坎儿井附近的民俗园的感受一样，越是自己的，越是珍贵的。在人类创造的智慧中，吃和用是最基本的保障，也是人获得荣耀感的途径。

相比哈密、高昌等胡汉交融之地，丝绸之路分叉途径的重镇——吐鲁番似乎是粟特人最大的聚集地。粟特人，世上最会做生意的人群，在欧亚大陆上，他们保持了精明的商业头脑，为自己和他人带来了无尽的财富。同时，也利用财富和宗教，为其他民族和部落带去了政治影响力。是的，财富本来就是政治的主要成分，它们可以相互生成和操纵，这是人所共知的秘密。所谓粟特人，即《史记》中的"昭武九姓"人，也叫"九姓胡"，也可以直接称之为"胡"，他们真正的故乡在阿姆河和锡尔河之间的粟特地区，以撒马尔罕即现在乌兹别克斯坦为中心而分布的九个绿洲国家，分别为康、安、曹、石、米、何、史、火寻、戊地。（《旧唐书》）

《隋书》上说，昭武九姓国多数为月氏人，其最早居住在今河西走廊甘肃省临泽县的北昭武城，先后两次被匈奴稽粥（老上单于）攻破，整体性地向西退却，过葱岭，以支庶各自成王，长期活跃在欧亚大陆，以善经商闻名。假设粟特人果真是大月氏之后，那么，他们当年也和乌孙、匈奴一起，以失败的遁逃，而对欧亚大陆民族迁徙乃至世界文明产生过巨大的推动作用。

《新唐书·西域下》记载说："（昭武九姓之地）土沃宜禾，出善马，兵强诸国。人嗜酒，好歌舞于道。王帽毡，饰金杂宝。女子盘髻，蒙黑巾，缀金花。生儿以石蜜啖之，置胶于掌，欲长而甘言，持珤若黏云。习旁行书。善商贾，好利，丈夫年二十，去傍国，利所在无不至。以十二月为岁首，尚浮图法，祠祆神，出机巧技。十一月鼓舞乞寒，以水交泼为乐。"

粟特人似乎一直是丝绸之路上的宠儿，商业和财富使得他们在纷乱的政权和汗国当中游刃有余，即使长安，也有他们的地盘和用武之地。李白有诗云："胡姬貌如花，当垆笑春风。"（《前有一樽酒行二首》）岑参的《酒泉太守席上醉后作》中也说："琵琶长笛齐相和，羌儿胡雏齐唱歌。浑炙犁牛烹野驼，交河美酒金叵罗。"由此可见，在盛唐，昭武九姓国遍布丝绸之路，在京师和丝绸之路沿途都开展商业活动，并且以跳胡旋舞的女子招徕生意，为客人助兴。作为高官的诗人白居易专作《胡旋女》诗说:"天宝季年时欲变,臣妾人人学圜转;中有太真外禄山,二人最道能胡旋。"说的是昭武九姓国的胡旋舞女子把舞跳到了玄宗、杨贵妃和安禄山的酒宴上。安禄山和史思明也都出身于昭武九姓国,正是这两个"胡儿",一前一后将唐帝国从极盛带到了衰落的深渊,以致由此一蹶不振。

历史总是在跟人们开深度的玩笑,也总是在不经意之间,用极其微小的事情,导致大事件乃至整个王朝的倾覆。走在现在的吐鲁番(亦有说,吐鲁番乃吐蕃之音。当然,安史之乱后,吐鲁番以及河西走廊地区曾长期为吐蕃统治)街道上,感觉总是新鲜的,一个汉人,虽然不觉得孤单,但也能够嗅到一种根深蒂固的"胡"的气息。我也一直坚定地认为,"胡"这个词并非贬义,至少是中性的。这个词,代表了一种生猛的新生力量,也包含了杂糅的精神,以及混血的气质。

乘车去交河故城,不由得想起一个人,即名声不大,但堪称勘定交河故城、西汉西域都护府的第一人——浙江绍兴人郑吉。史家说,张骞开西域,郑吉定西域。这个郑吉,先为士兵,多次随军出征西域,以军功升为中郎将,先动用西域五万兵力,将降汉的匈奴日逐王一行平安送到长安,自此,郑吉在西域名声日隆,后带人于交河屯田,营建交河城池。

《汉书·西域传》中说："从此，三十六国之人，皆为汉朝天子之臣民，三十六国之河山，皆入汉朝之版图，西域之一统于中国，由此始焉。"

《汉书·车师前国传》中记载："（车师前国）王治交河城。河水分流绕城下，故号交河。"这也说明，交河故城最早的人群该是姑师（即车师前国）。但在当时，匈奴的势力仍旧是西域最强者，作为小国，车师前国必定受其影响。西汉政权与匈奴在西域的争夺，使得这些在夹缝中生存的小国无所适从，不是依附，就是被灭。历史总是变迁的，两汉均有能人良将经略西域，如赵破奴、班超家族等，但最终也因为自身王朝的衰弱，导致了西域的失控。盛唐时期也是如此。但这两个从气度和精神上较为雍容开放的王朝，也先后使得丝绸之路在它恰如其分的时空当中，实现了它的繁荣和鼎盛，给世界文明带来了无与伦比的灿烂光华。

遥想当年，开进西域的侯君集、薛万钧大军之所以命名为交河道，大致驻地就在交河故城。安史之乱后，安西都护府、北庭都护府与朝廷失去联系，大部分地区被回鹘和吐蕃切割占据，致使丝绸之路南北道全部闭塞，只有回鹘境内的回鹘道通行，但回鹘不仅在贸易政策上使得后唐帝国受尽屈辱，在军事上和政治上也备受歧视。这一切的原因，均因李隆基的政治失聪，张九龄之后，朝政完全为李林甫、杨国忠、安禄山等人把持，朝臣之间相互争宠，为个人私利而罔顾皇权与众生，最终使得一个皇皇帝国，片刻之间毁于反叛的兵戈战火。

我在交河故城内走了一圈，没有走完就返回原地。对这样的废墟，心里充满了悲悯和不甘。对于那些以智慧和武功开拓西域的人、出塞从军报国的人，始终有一种敬意，甚至会在他们曾经的地方，衷心凭吊。历史毕竟是过去了的，你无法要求一个逝者具备现代思维与思想。历史在很多时候，提供给后来人的，只是一种方法论和精神上的激励、惊醒与告诫。除此之外，历史就是历史，除了那些传奇、伟事、创造、艺术、文明、文化之外，一切都是沉寂的。唯有向前，也唯有理性与科学，借古鉴今，方才能够让道路更为宽敞和稳妥、光明与通畅。

就像从敦煌开始的道路，期间的遗迹都盛满了往事，有名有姓者众，无名但蜂拥与决绝者更多。历史总是由个人组织，普罗大众贯彻实施的。车行到乌鲁木齐外围，直接奔向机场。想起今年8月在乌鲁木齐的两个晚上，顿觉有些恍惚，但也说不清原因。值机选座时候，我也没有选择靠窗的位置。但我知道，在飞机之下，连绵的雪山大漠、河流绿洲之间，就有我生活了18年的巴丹吉林沙漠及其周边的大小城镇和村庄，当然还有伟大的敦煌和它所拥有的恒久与绝伦。想到这里，有一种物是人非的沧桑感，忍不住在纸上写下如此诗句：

> 道路自由天赐，在上面的
> 皆为过客。再次向西，我已白须
> 遥想胡发青翠欲滴：少年的火车不止祁连
> 匈奴、大月氏、乌孙和羌
> 他们的后裔，混血西域，骑马挎刀
> 射箭的都是鸣镝
> "每一个战士的坟堆上，
> 敌人头颅之白骨，与他们生前的军功成正比。"
> 幸好天下和平
> 飞机发达。只是这不分敌我的风声
> 依旧穿心而过，只是这残垣之下的兵卒与流寇
> 将军们营门赛马
> 旗帜强攻大雪。二十多年以后
> 无常如巴丹吉林的风向，以及这半生遭际
> 再次向西，我选择在黑夜

在梦里：抚摸胸口的人，虚无的曾祖父骨殖成灰
唯有过世的父亲
曾经叮嘱他说：当你疼痛难忍
有些人事悲哀莫名
找一个特别空的地方，喊几声娘啊娘
你就会找到暖人心的情义，还有活下去的慈悲。

博尔塔拉：蒙古人的西域家园

那是辽阔和极辽阔所在。在此之前，我在距离它不太远的河西走廊北侧，唐时的丝绸之路回鹘道，今天的甘肃酒泉和内蒙古自治区额济纳旗之间的巴丹吉林沙漠、著名的弱水河畔，生活了十八年。每想到或者看到"新疆"二字，就觉得一种莫名的振奋和喜悦，还有向往、忧心、梦想、出塞、民族、宗教、牧场、草原、湖泊，喀喇昆仑、阿拉山口、克拉玛依、伊犁、库尔勒、轮台、和田、博尔塔拉、巴音郭楞，乃至精绝、乌弋山离、莎车、焉耆、姑墨、疏勒、高昌、楼兰、尉犁、乌贪訾、鄯善、前后车师、龟兹、蒲犁等诗性的情绪和念想，还有乌孙、匈奴、月氏、突厥、铁勒、薛延陀、葛逻禄、拔汗那、吐谷浑、回纥、吐蕃、契丹、喀喇汗王朝等充满传奇的游牧民族名讳,及其不断建立的零散的"其兴也勃焉,其亡也忽焉"的大小政权。他们不论时间长短、规模大小,其创造的历史文化和所形成的文明形态,都是灿烂的,也是雄浑的;是迅疾的,更是伟大的。

他们拥有"以力为雄""以战止战,以战养生"的民族传统,剽悍、决绝,充满英雄主义和铁血精神;他们具备"来如闪电,去如飞鸟"的轻捷战斗力,更是闪电战的最早发明者和娴熟运用者。在漫长的、群雄逐鹿的广袤地带,无论是哪个民族,都曾经涌现出自己的民族或部落统帅,在广阔的天地之间,运用大规模的运动战术,进行了诸多的创造与建立。他们被称为改变世界文明和格局的总开关与发动机,不仅对中国历史进程有着巨大的影响,也对中亚和欧洲,乃至世界历史与文明有着强劲的推动甚至篡改、主导作用。

在这一方面,匈奴于公元前179年和前171年,也就是冒顿晚年时期和其子稽粥即后来的老上单于先后两次通过驱逐大月氏,进而引发的源自蒙古高原,沿着绵长的中亚,以及喜马拉雅的天然坡度,对欧洲民族、历史、文化、文明、生产和生活方式进行的深度翻犁,构成了史前时期世界版图上最为恢宏的人类文明景观。

当然,最著名的还是丝绸之路日本学者羽田亨在其专著

《西域文明史概论》当中说,在整个陆上丝绸之路,乃至人类文明的蒙昧时期,一直到两宋之前,新疆(即小西域)这个咽喉要道和东西高地,就像自来水龙头的总开关,对于文明的东来西去、文化的碰撞融合、物产的交流、技术的嬗变、农耕与农作物的移植和扎根、种族的混血等,其作用无比重大。事实上,早在上古时期,中原帝国,或者说农耕的"冠带之室"对于西域的猜想,一直是美轮美奂、无限神往,甚至是充满想象的创造力的。如《穆天子传》中的西王母及其仙府瑶池(即斋桑泊,今位于阿尔泰山和塔巴哈台山脉之间的淡水湖);龙脉,尽管这是一个风水术的名词,但人们历来认为,咖喇昆仑便是中华民族的"祖脉"所在,东方朔《十洲记》说:"昆仑,号曰昆崚,在西海之戌地,北海之亥地,去岸十三万里。"道教认为,昆仑山是元始天尊的道场。而元始天尊,则是道教中类似于开山鼻祖一样的神仙。

名山大川、清静幽秘之地,一直是佛道青睐的"洞天福地"和"宝刹名寺"。古人对于缥缈昆仑乃至西域的推崇,除却浪漫主义的想象之外,更重要的是,我们的祖先在地理学尚不发达、家国观念还比较淡薄的时候,就已经意识到了自身所在陆地的不可分割,以及万物皆有来源,四荒八极皆为我有的重要性。这其中,既有地理上的完整观念,也有精神上的圆满思想。事实上，新疆虽然遥远，但在整个中国历史上，一直是王朝对外经略的重要前沿，如两汉时期对西域乃至中亚的探险，隋唐两代几乎都是在开国不久，就开始了对西域的统治和管理。文化科学方面，乐傅、朱士行（八戒）、法显、鸠摩罗什、玄奘、悟空（达摩驮睹）、竺法护、杜佑（《经行记》作者，亡佚）等人在西域的各种奇遇，乃至欧亚大陆与中央帝国的物质交流与文化文明碰撞、输入和输出，都使得这一片苍茫和辽阔之地，与中原构成了血肉联系，并以其雄浑之姿态，高海拔的自然风貌，与浩渺之海洋，既形成了强有力的对比，又构成了山水相融，高原与低地的遥相呼应，这种自西向东的缓慢扩散、漫溻与浸润，构成了东方文化当中一道典型的、独特性很强的景观。

决定去新疆的前几天，心里总有一种忐忑，还有一些说不清楚的兴奋。七八年前，在河西走廊18个春秋的军旅当中，我认识了诸多的人，天地南北，几乎覆盖了整个中国，其中不少来自新疆。人生在世，无非是和人混与混人群。这些年来，几乎每一个与我相处或者同在某地的人，都给予了我或大或小的影响，令我感到欣慰、感恩且铭记。此生有幸的是，若干年前，就在青春期即将被瀚海大漠消耗殆尽的时候，我娶了一位甘肃的妻子,并且有了儿子。甘肃新疆,一衣带水,不仅是地理上的,还是血脉和精神上的。西北对我的赋予,或者说"造化",是我内心感觉最为荣耀的一件光荣之事。再后来,有一位江苏籍的战友,转业后跟随妻子去了伊犁,还有一位科长,也跟随嫂子去了新疆,似乎也在伊犁。自从2010年调到成都之后,我每年都要去甘肃看望岳父母,他们是我这一生当中最重要的亲人。在甘肃军旅生活当中,他们使得我这样一个外省的农民子弟,在空旷的沙漠和浩大的西北拥有了真正的家。

去新疆看看,或者说,去看看新疆。我觉得,这样的一种心态是符合常理的。新疆虽大,可它也是我们的、中国的和世界的。再说,我还想借此机会,去看看在那里的几位朋友。事实上,在各种稠密的内地待久了,总会觉得,新疆西藏这样的地方,从一个城市到另一个城市,也像内地这么快捷。那几位朋友、领导和战友,都是我在部队最难忘的,他们都对我很好,给予了很多帮助和照顾,犹如兄弟一般。再者,我还想从乌鲁木齐乘坐动车到酒泉,去看望岳父母。他们都老了,只要有机会,就要和他们在一起几天。

在世上,每个人的一生都有很多的遭际,有些猝不及防,有些喑哑许久,有些充满悲剧,有些则伤情不已。人生第一个需要面对的，不是生活的一如既往、波澜不惊，而是命运的无常。不知从何时起，每一次乘坐飞机，我总是担心、害怕某种突然的厄难。人到中年，很多时候不仅输不起，还必须时时刻刻保持"在位"状态。

胡思乱想一番，多的是悲观。在高空看到黄色的浩大的巴丹吉林沙漠，眼睛就有些潮湿。"十八年的时间，与在故乡等同。沙漠容纳了我，又消耗了我。西北成全了我，又使我不得不离开。"我甚至可以看出，那里是老营房和飞机场，还有岳父母的家所在的方位。这次我才明白，一个人终究逃不过地域的浸染与塑造。我虽是河北太行山人，但后来的性格乃至精神形成，却源于西北，尤其是它的旷达、高远和与生俱来的悲怆气氛。这一点非常奇妙，像果树之间的嫁接，还像再生。不知不觉间，飞机抵达乌鲁木齐，这个传说中带有各种奇趣、美丽和充满混血气质的城市，日光强烈甚至凶猛，车辆稀疏，午后的街道上行人寥落。"这就是无数次想来，且没有来到的地方吗？"我在心里问自己。以直觉判断，乌鲁木齐这座城市，在外观上与西北乃至西藏的诸多地方没有太大差别，建筑不够稠密，甚至有点陈旧，但也高高低低的，有些现代气息，而总体上又有些古板。和其他西北地区的城市一样，乌鲁木齐的空气中也永远飞行着诸多看不见、但可以明确感觉到的细腻灰尘。

尘土构成了干旱的高海拔地区的基本特征,虽然四面雪山,并不怎么缺水,但乌鲁木齐也不得不保持了这样的一种"统一的面目和气息"。到住处下车,一看是石河子宾馆。这个名称也异常熟悉,似乎就像是某一些老朋友,有一种说不出来的亲切感。因为石河子有一家诗歌刊物,名叫《绿风》,诗人艾青当年也曾在这里下放。需要说起的是,也是参军西北之后,我也开始了诗歌乃至文学写作,但至今不敢自称诗人和作家。我只是一个心有猛虎与疆场,外表粗糙如风化岩石,内心却小桥流水、柔软草木的人,对于当代新诗以及文学写作,只是一种情感上的需要,还有生活和灵魂的某种添加剂与用以照耀、寻得片刻虚妄温暖的自觉诉求。

吃饭,遇到熟悉的几位朋友。聊天,喝酒。其实,我很久不喝酒了。2016年的抑郁症使得我九死一生,喝酒对于脑神经的损伤多数是不可逆的。但必须喝一点。人和人,尤其是喜欢舞文弄墨的人,不喝酒,在一起便少了很多乐趣。酒喝至微醺,使得人无意中获得了一种狂妄的快感,以及藐视天下的短暂情绪。同屋的王川是来自山东的散文家和诗人。几年前,他给我的一本书写过评论,这一次相见,倒是意外,又觉得亲切。晚上两人聊文学和共同的朋友,颇为投机。在这样的年代，人和人，即使粗通文墨，很多时候的抵触多于放松。正如诗人龚学敏所说，这个年代，人和人之间，一个越来越明显的主题就是不信任和陌生感。

夜晚阔大、无际、深刻而又驳杂，华灯照耀，阴影处处。奇怪的是，我却没有一点到外面转转看看的想法。长期以来，我总觉得，新到一个地方，需要的是某种感觉，用眼睛和心观察、谛听，然后自我分析之后，才会与心神贯通。一夜，日光铺满窗户，醒来，感觉有些异样，静心细想之后，才知道自己置身于向往了二十多年的乌鲁木齐。车声不断袭击，楼后面还有一些操汉语的人大声说话，楼道倒是静悄悄的。少顷，响起了新疆作家和编辑武夫安大声通知说，抓紧时间下楼，到对面那一家回族餐馆吃早餐，带上行李等等，前往五百多公里之外的博尔塔拉。

乌鲁木齐早晨的明亮令人晕眩，置身其中，有被清洗的感觉。对我来说，西北早晨的这种气息或者说氛围，是久违了的。穿过有栅栏的马路，进入餐馆，扑面而来的牛肉面、酸汤面、炒洋芋、三泡台、羊肉包子、卤牛肉的味道，像是一群飞蚂蚁，不一会儿就灌入体内。我敢说，地域、食物是决定人群风习和文化的主要因素，就像几年前，很多人以为我是甘肃人一样，天长日久，人在某一地域，总是会被不自觉地重新"定型"，从相貌到习惯，以及对周遭事物的判断与认知方式。也就是说，住在乌鲁木齐，再吃这里特有的食物，才能够真切地感受到内在的乌鲁木齐乃至整个新疆的味道和气质。我要了一碗牛肉面。从前在甘肃，从不爱吃这种面，主要以米饭为主，没想到，到成都之后，却觉得牛肉面实在是一道美味，特别是兰州的。

旅途开始，天空格外高和蓝，让人想起永恒、纯净、自在、大智若愚等等可以赋予的词汇，也由此觉得，新疆的大，完全是没有概念和边际的，也是不可测量和概括的。正如新疆人说话，指某个地方的时候，"那"字拖得越长，距离就越远。甘肃人也是。沿途的路边，都是林带，不高的胡杨树排列成行，在连霍高速一侧的沙滩上，顶着满头绿叶，士兵一样的列队。林带背后，是很大的田亩，种有苞谷、棉花等农作物，还有一些先前种着麦子，此时已经收割，只余下金黄的麦茬，黄金一样对应戈壁的苍凉与天空的湛蓝。

"古代取经的高僧，来往的使者，出塞的将士，充军和流放者，如此漫长的道路，要走多久？途中又会遇到什么？"在飞驰的车子上，我不由自主地这样想。如此迢遥、悠长的路途，那探险的勇士张骞，当年如何进入康居？葱岭上下，大雪与艳阳,俨然是两个不同的世界,陈汤和甘延寿的军队,怎么翻越,又在江布尔击杀郅支单于?张孝嵩和高仙芝的军队,如何穿越帕米尔进入雪域高原,驰援拔汗那?还有那些东来西去的商贾,在巨大的利益面前,他们是比冒险家更具有勇士气概的一群。还有在安西都护府当过副节度使的诗人高适,他赴任的道路一定漫长而又充满各种蹊跷的遭遇,几乎每一个地方,都能激发他作诗的灵感与激情。而《白雪歌送武判官归京》则是其中最为精彩的一首。西域的大气辽阔,戍边将士的生活,乃至在异地的陌生体验,使得诗人豪情纵横,佳句飞扬。如此的边塞,构成了男人,特别是军人最亮丽的本色,血性与刚勇,怀乡的忧伤,生命的脆弱,乃至命运的强大压迫,如冰雪刀锋一般,在寒风中,擦亮了古来边疆将士们最根本的精神亮度和心灵颜色。

车到三台,烈日照旧,但相比内地,新疆还是蛮凉快的,有风,可以吹吹,还有甜得让人心尖发颤的西瓜、哈密瓜,这类的瓜果,让每一个来到新疆的人,觉得了大地的慷慨与甜美,甚至活着的愉悦。新疆维吾尔自治区《法治人生》的总编辑龚培德说:"这里的西瓜多的,五十块钱随便拉,还有的,直接丢在地里,谁愿意要就要。"

他还说:"新疆人吃西瓜,伸手抓下去,只掏出瓜心那一部分，其他的，丢给羊子驴子马儿吃。"众人皆呼奢侈。而我却知道他说的是实情，甘肃酒泉乃至内蒙古额济纳旗，也曾经有过瓜果过量，大批圆滚滚的西瓜和哈密瓜如同无数的弃儿和遭拒绝的难民，直接烂在地里的事情。

我特意要了抓饭。印象中，妻子曾经做过，以羊肉、胡萝卜、洋葱、大米为主料，再加上辣椒，吃起来很好。曾经有单位的一个司机，在我家吃了一次之后，便念念不忘。到新疆，我一定要尝尝。新疆本地的抓饭也有胡萝卜和大米、羊肉，但没有洋葱和辣椒，羊肉是一整块带骨头的那种。我吃了一口索然无味，猛然觉得，还是妻子做的抓饭好吃。暗暗对自己说，在新疆再也不吃抓饭了！吃完，站在空阔的马路边，看着房屋散落的村庄，烈日以下，绿叶焦枯。但我知道，一到傍晚，这些蔫头耷脑的"孩子们"，就会再度焕发活力，以饱满甚至鼓胀的姿态，进入风吹万里、星斗垂挂的西域之夜。

可到了博乐市，太阳依旧高悬，金色的光辉铺在大地所有的事物之上，那神情，像是一种不动声色的布道，更像是一个无上的君王，在用自身的能量，喂养它在地球上的每一个子民。而博乐市乃至博尔塔拉于我，却向来一无所知，相互陌生。讨论时候，当地作家李佩红说："博尔塔拉是一个蒙古族自治州，而且还是新疆最小的一个州。这里的居民多数是蒙古人，起初是瓦剌，也就是西蒙古，后来又分成卫拉特、土尔扈特、准噶尔、和硕四大部。其中，由黑海东归的土尔扈特蒙古部，有一部分被安置在这里。"对此我知道一些，我从军所在的额济纳旗就是三百多年前东归的土尔扈特蒙古的另一个安置地。这个传奇事件，当时在世界范围引起了较大关注和反响，正如爱尔兰作家德尼赛在《鞑靼人的反叛》一书中所说："从有最早的历史记录以来，没有一桩伟大的事业能像上个世纪后半期一个主要鞑靼民族跨越亚洲草原向东迁逃那样轰动于世，那样令人激动的了。"

逐水草而居，是游牧者的天性，是人在大自然当中最自由的状态。而人类却总是自设疆界，自我拘囿也相互拘囿。政治、军事、经济，终究是手段，而文化精神，才是真正的灵魂。关于西蒙古，在唐代称之为漠西蒙古，元代称之为"斡亦剌惕"，或者"外剌""外剌歹"，明时叫"瓦剌"，清朝为"厄鲁特""额鲁特""卫拉特"，国外相关书籍称之为"卡尔梅克""克尔梅克""哥尔梅克"。蒙古语中的"卫拉"即"近亲"或"邻亲"之意，还有同盟和同盟者、"林中百姓""林中人""林中民"等解释。卫拉特蒙古部落以采集和渔猎为

祁连山地草原　王政德摄

逐水草而居,是游牧者的天性,也是人在大自然当中最自由的状态。而人类却总是自设疆界,自我拘囿也相互拘囿。政治、军事、经济,终究是手段,而文化精神,才是真正的灵魂

主。其中的土尔扈特部的先祖为王罕，又称为翁罕。在元代，他们是成吉思汗的护卫部队，骁勇、忠诚，为成吉思汗所器重。公元1628年，土尔扈特人离开新疆的塔尔巴哈台故地，越过哈萨克草原，度过乌拉尔河，进入当时尚未被沙皇征服的伏尔加河下游，建立了土尔扈特汗国。

与其他游牧民族一样，土尔扈特蒙古部也是汗王为至高首领。为控制土尔扈特，沙皇决定将土尔扈特的"固尔扎"（类似内阁或者议会）改组。公元1761年，汗王敦罗布喇什病故，其年仅十九岁的儿子渥巴锡继位，沙皇以为这是一个很好的机会，派人直接管辖"固尔扎"，并以年俸制度拉拢土尔扈特权势人物，任命亲近沙俄的土尔扈特王公策伯克多尔济为"固尔札"机构总负责人，加紧分化瓦解土尔扈特，进而达到驾驭土尔扈特的政治目的。

这时候的沙俄不断扩张，仅在与土耳其作战当中，就有数十万各族将士丧生。连年作战，再加上沙皇的各种征调，导致民间起义此起彼伏，这又使得沙俄不得不进一步加重税赋、扩充兵力，用以对外作战、对内镇压。作为附属国，土尔扈特汗国也深受其害，青壮年人口锐减。公元1767年，渥巴锡汗以秘密会议方式，酝酿东归计划；1770年秋天，再次召开秘密会议，明确决定带领民众东归。但不慎走漏风声，不得不提前启程。1771年1月4日,因为暖冬,河水没有结冰,渥巴锡汗只好舍弃驻扎在伏尔加河左岸的一万多户部众,命令右岸的三万多户蒙古族立即启程东归。渥巴锡汗亲手烧毁了自己的宫殿,以示决心,并亲自率领一万名土尔扈特猛士断后,保证东迁部众安全。其他部众也跟着效仿,点燃了自己的房屋,一时间土尔扈特汗国内到处熊熊大火。

沙俄女皇叶卡捷琳娜二世在圣彼得堡得到消息,立即派出大批哥萨克骑兵,追赶东去的土尔扈特人,同时派部队严密监控尚还留在伏尔加河左岸的土尔扈特人。几天后,渥巴锡汗及其部众在穿越伏尔加河和乌拉尔河之间的草原的时候,一支走在外侧的土尔扈特民众被哥萨克骑兵追上,双方就地展开激烈战斗。但由于敌我悬殊,九千多名土尔扈特人全部牺牲。在奥琴峡谷,哥萨克骑兵以闪电的速度,占领了险要隘口,阻住了土尔扈特的归路。渥巴锡汗冷静指挥,一番激战之后,彻底消灭了追赶堵截的哥萨克骑兵。

公元1771年7月8日,即乾隆三十六年五月二十六日,由策伯克多尔齐带领的前锋部队回到了故土,伊犁将军伊勒图派锡伯营总管伊昌阿等到伊犁河畔迎接,7月16日,伊犁主要官员伊勒图、硕通等人亲自迎接渥巴锡汗及舍楞等人带领的土尔扈特大部。据清宫档案《满文录副奏折》记载,离开伏尔加草原的十七万土尔扈特人，经过一路恶战，又遭疾病和饥饿，"其至伊犁者，仅以半计"。也就是说，土尔扈特的回归，是付出了沉重代价的。

当年秋，渥巴锡汗等四十人，前往承德避暑山庄拜见乾隆皇帝。为纪念此事，乾隆皇帝下令在普陀宗乘之庙，用满、汉、蒙、藏四种文字铭刻了他亲手撰写的《土尔扈特全部归顺记》和《优恤土尔扈特部众记》，同时下令，将巴音布鲁克、乌苏、科布多等地，划给土尔扈特人做牧场。

在史前时期，博尔塔拉为塞种人的游牧地。塞种人，也叫塞人，属欧罗巴人种地中海类型。早在匈奴驱逐月氏的时候，先前游牧在今河西走廊（即张掖和敦煌之间）的大月氏失败之后，不得不向西败逃，从而引发了整个欧亚大陆上多米诺骨牌一般的迁徙运动。这场运动就像一场持久的风暴席卷了整个世界，导致了各个民族不得不在强大的弓弦和马蹄之下，向着其他更适合他们生存的地方运动，从而带动了深刻而又持久的民族和文明融合。而土尔扈特渥巴锡汗的率众东归，构成的是早期民族迁徙之后的逆潮流运动，类似的活动，大致是极少有的。土尔扈特蒙古族的回归，使得原在博尔塔拉的其他蒙古族得到了壮大，与原先就在这里的和硕、卫拉特、准噶尔等再度成为真正意义上的一家人。

1671年，准噶尔蒙古内部纷乱，清政府历经康熙、雍正、乾隆三朝，方才平定。与此同时，大小和卓之乱也得以平息。至此，西域改称为新疆。但自清朝统辖新疆开始，为了补充力量，巩固边疆，不断地进行了移民军屯的活动。其中，原驻牧地在今河北张家口一带的察哈尔蒙古，先后两次奉命西迁。据新疆大学李满喜《清代察哈尔蒙古西迁及其文化变迁》一文显示，这一次，察哈尔蒙古的西迁分两批进行，第一批于乾隆二十七年，即公元1762年3月20日起程，在"地处察哈尔八旗中心位置之达兰图鲁地方集合"，人数为一千七百三十七员，于1763年2月3日抵达乌鲁木齐，一千名携眷察哈尔兵丁中，有二百户察哈尔兵，大小家口五百四十二名按原计划留驻乌鲁木齐，其中的八百四十三人于同年4月15日抵达赛里木湖。第二批于1763年西迁，含家眷二千人左右，其后裔至今居住在今博尔塔拉河流域的新昂吉（新营）。就此，清政府当时的伊犁将军明瑞在奏折上如此说："再，雅尔驻兵，需由伊犁相助，侯塔尔巴哈台驻兵就绪后，博尔塔拉即处伊犁、塔尔巴哈台之间，该处有冬夏两季好牧场，且土地肥沃，于游牧兵丁滋生牲畜，殊有裨益，相应将察哈尔二昂吉兵丁家眷，即行驻住博罗塔。"

博尔塔拉位于新疆的西部边陲,是亚欧腹地通道的兵家必争之地,如伊犁将军明瑞所说:"惟安置此项移驻之察哈尔人等至关重要,若创办妥当,方得以安顿,渐次立业,长久获益"。这一历史事件,相对于渥巴锡汗率部东归的非凡传奇,不过是内部发生的一次人口挪移。但之于博尔塔拉,则是一种新的、来自种族内部的加强与融合,对新疆的多民族形成,及其文化的融合,都具有空前的意义。这种形式,自两汉以来,一直是王朝的惯常动作,移民实边,以军垦而恢复经济、充实边防,这种军民结合、双效两用的方式,其作用是巨大而且长期的。

终于迎来了傍晚,落日熔金,辉煌的博尔塔拉,安静的博乐市,一切都与内地没有两样。人们在街道上溜达、消闲,只是广场上的舞蹈比内地的要专业一些,对蒙古及其他游牧民族后裔来说,舞蹈是他们的天赋,也是他们最好的肢体动作与生活的重要部分。我们在街道上走过,带着异乡人的目光,总是想从中觉察出一些新奇的东西,但很失望,落日下的博乐市金碧辉煌,各种建筑、栅栏、草木之上,都流淌着令人眼睛发亮的光泽。吃饭,回到房间,来自湖南的公安作家申瑞瑾和诗人余海燕泡了玫瑰黑茶,大家聚在一起聊天,其中还有新疆本土的作家诗人段景、李晓、子茉、海磊、黄思诚,以及河南作家寇洵、山东作家顾梅、吕仁杰等。以诗文聚在一起的人,不说诗文,必定是荤段子、生活趣事。这一次活动的主要组织者武夫安说了一个笑话,云:一老汉赶着毛驴车,还有一个少妇同行。车到半路,因为少妇貌美,老汉越看越欢喜,便试探性地对少妇说,我们嘛,到林带里吃馕,驴子嘛,那边吃草。少妇害羞,但允之。又走了一会儿,少妇觉得了甜蜜,主动对老汉说,我们嘛,到林带里吃馕,驴子嘛,那边吃草。老汉惊喜,如法炮制。又走了一会儿,少妇又说,我们嘛,林带里吃馕,驴子嘛,那边吃草。老汉脸露惊惧,说,你和驴子嘛,林带里吃馕,我嘛,吃草去!

几乎所有的民间笑话,必须用方言讲出来才有味道。这明显是一个黄色笑话,众人哈哈大笑。性于人类,尤其是在民间,应当说是一把万能的钥匙,通过这把钥匙,就可以打开很多的锁、通往更多的路。即使陌生者,一旦进入了性的环节,一切就都会袒露甚至打开来。性是人的尊严和屈辱的最后一道防线。

夜深,睡眠也是深的。博尔塔拉,这个充满游牧的马蹄、奶香与羊骨头的地方,青草覆盖的阿拉套山、厄尔格图尔格山、岗吉格山、别珍套山、麻依拉山、婆罗科努山,将这一盆地、银色的草原团团包围,只余下阿拉山口通往中亚,也由中亚通往新疆乃至整个中国。即使不知道博尔塔拉的地形地貌，每一个来到的人，也都在其中感觉到一种圆形的包围或者说围裹，还有一种不自觉的下陷。尤其是夜里，在博乐市，我看到的天空果真如毡房穹顶，那种凸出的圆，有点尖，但非常温和。它令我想到慈祥和慈悲，想到至高的俯瞰与神灵的优雅与良善。

面对如此大水，沉静的软弱之物，在偌大草原之间，更加柔和、优美、温驯。水的力量，至柔至刚，大有大无，象形又无形，无心却有方向。老子说上善若水的意思，大致就是水无常形，其随波逐流，沿形走势，遇山则止，进而扭转，遇水则水，遇土润之，即使前面是悬崖，或是人居、粪坑、庄稼、绿洲、荒漠，它都不改初衷，不从其他，向下而流，向上蒸腾。如此至善至美的物质，不仅是大地和众生的血脉，也是精神和灵魂当中的雨露春雨。当然，极则反，盈则亏，当水汇集，万千成河，咆哮而行，则会对一切造成伤害。

站在赛里木湖岸边，背后一色发青的草原之上，排列着诸多形如正值青春期乳房的山丘，浑圆、坦荡而又风情万种，令人遐想不已，甚至有抚摸与亲吻的冲动。而四面不见边际的美妙湖水，幽蓝、深蓝之中，泛着诸多太阳及其黄金般的光辉。在这里,我觉得人之渺小,生命之简单,在庞大的自然面前之不足道,以及一些人和生灵落在草原和湖边的卑微。当然,我也看到了美色,大地之美,从来不露声色,更不会自恃、不可一世。它只在人的眼睛和感觉当中,呈现出多种模样。所有的赋予,包括赞美与歌颂、惊叹与跪服,对它来说,都是虚妄的、无效的。而人,总是竭尽全力,对自然发出各种各样的声音。

实际上,自然需要和喜欢的,不过是人的出脱与归来、相融相合,以及相互之间的尊重与恰到好处。我也不可以免俗,兴奋、跳跃,然后又登上水边的巨石,让山东作家王川拍照留影。正在搔首弄姿的时候,一片白浪奋勇而起,直接扑向我的背部。凉、湿,那种乍然的感觉,让我想到了世事的无常,温柔的残酷,不自知的狂妄后果。跳下来,拖着一身的赛里木湖,蹒跚到车子上,避开女众,脱下衣服,拿到车窗外晾晒。因此,赛里木湖其他的岸边风景,我没有前往。

但我一点都不觉得遗憾。我已经在它身边了、被它亲近了。我觉得,它涌上来的那些水,尤其是打在我身上的那些,就是整个赛里木湖,就是这泱泱之物对我最好的礼遇和馈赠。

倒是赛里木湖西北岸,风景独好,天空与大水、云朵与涟漪相互映照、吸纳、衬托和提炼,使得赛里木湖在这里风姿尽显,绰约、优雅、安静,有大自在,更有包容性与大智慧。岸边的山坡上,植被青翠,微凸的山坳之中,有一片云杉,棵棵如箭,向着天空张弓待发。我对同行的朋友说,此地可以居住,堪比仙境。只是,风太大了,吹得赛里木湖颤抖不已,这时候,太阳自高空神情黯淡,继而又回光返照般地抖擞精神。哎呀呀,哎呀呀!我如此发声,但不知道如何表达。天地有大美而不言,我还能说些什么呢?只见蓝得令人沉醉的赛里木湖此刻满身金光,犹如一尊巨大的佛像,雍容地躺在大地之上,用外边的浩荡与内心的境界,接纳天与地的抚摸,以及岸边每一株草木的朝拜。至于游客,它青睐徒步的和骑马的,我们这些乘车的、抱着到此一游的,大抵是浅薄的、了无趣味的,且浑噩不堪、毫无觉悟之心的。

去霍尔果斯高速路上,我才知道,所谓的连霍高速,霍就是霍尔果斯口岸,隶属于霍城县。这是亚欧大陆经济带的中心,与哈萨克斯坦之间,只隔着霍尔果斯河。有人说,只有在新疆、西藏这样的地方,每时每刻都能够感觉到祖国之大。几乎每一处,都有绝美的风景,每一处风景,都令人神魂颠倒,为之手舞足蹈。但我觉得,大地每一处,其实都是存在,都是通往。而这个存在,是人类共有的,就像我们的文明、科学技术、思想、智慧等等,本就是用来为更多人服务,造福于人类及我们所在的星球的。所谓的疆界,只是一种形式,且只在目前比较重要而已。而今的"一带一路",是对10世纪之前光华灿烂的陆上丝绸之路的一种辉映,它打通和衔接的不仅仅是经济,而是一种新的文化和文明的再度融合与再创造。

走在新疆大地上,天空更加遥远,路途成为旅行的主要部分。回到博乐市,去吃饭路上,顺便买香烟。店主多数是汉族人,再一问,老家或祖籍四川、河南、甘肃、安徽、湖南,或兵团子弟,二代或者三代。我觉得有些欣慰,尽管这种欣慰不知从何而来。人本就是迁徙的群体动物。习惯于农耕的人,也总是像游牧者那样,在大地上择善而居。新疆虽然偏远,但未尝不是一个宜居的地方。尤其是在当下之越来越逼仄的城市环境当中,在人口疏朗、自然尚还原始的地方终老一生,这样的理想,我觉得应当是属于隐士的。在我们的人群当中,允许有人进取,在科学和文化的道路上闷头创新、标新立异,也要允许一些人向往淡泊、安闲。人类和人类社会,多样性就是丰富性,求同存异就是包容,就是美德。

就像怪石峪。在阿拉套山当中,蜿蜒起伏、宛如游龙的沟谷丘壑之多,是一座山脉的应有姿态。而一处有巨石堆积,其形状变化万千，在整体平淡的大背景之中，它就是独一无二、绝无仅有的。起初，我还觉得，所谓怪石峪，大致是类似英国埃夫伯里巨石遗址之巨石阵，或中亚地区以巨大的石圆圈、列石、鹿石闻名的建筑物。走近才知道，怪石峪的怪石，是1.9亿年前地壳运动的结果。炙热的岩浆汹涌奔逃，落身地表，但在冷却过程当中，这些巨大的花岗斑岩上，形成了许多原生立方体节理（裂缝），渐渐地，成为风沙日月侵蚀的突破口，尔后，巨石被横扫一切的时间持续而有效地切割，分散成诸多相对独立的块石。

这种运动每时每刻都在发生，人也像这些巨石，只是巨石的形体要比人坚韧。在自然物面前，人是有理由膜拜，更有理由沮丧的。沿着巨石之间的窄小沟壑向上，在阴凉中抚摸粗糙的石头肌肤，心中蓦然有凉意升起。其实，人和万物，心是相通的。在遥遥无尽的天地之间，人不仅是自然的一部分，更与万物拥有着同样的命运。只不过越是会享受、有独立思维与创造力的，越是很短暂。这样的一种现象或者说规律，我觉得是上天有意为之。冥冥之中，肯定有一种力量，洞彻了人的本质，生怕人在漫长的时间中，窥破了天地自然的奥秘，以其贪婪之心和无尽欲望，对之进行篡改和修正。因此，在万物起初之时，上天就为每一种生物设定了无可解答和更换的密码。

在顾盼之中,每一块巨石都被长风雕刻成了象形动物,如天狗望月、苍鹰俯鼠、大象戏水、沙海骆峰、石猴护子、鲨鱼跃水等等,尽管有些命名牵强,但也是招徕游客的惯用伎俩。任何的风景,谁说了都不算,一个游客和另一个游客的感觉,各有不同,甚至相差十万八千里。这里面的原因,还是人的文化背景、思想深度、生活经验、想象力和趣味性在起作用。比如我由中间的小道向上时,只见右边叠在一起的巨石,像是一对男女在交欢,只不过女的在上,男的在下。我说出之后,立刻遭到反对。在许多人的心里,有些事是可做不可说,而有些事是可说不可做。人固然有禁忌和律令,可自然是毫无倾向的,它只是按照自然的方式,被塑造或者自我塑造。老子《道德经》说:"万物负阴而抱阳,冲气以为和。"万事万物都是对立的,只有对立,相互激荡和冲和,方才各自成形、互为依存,进而达到和谐的状态。

有意思的是,这样的地貌有石蛋和孔穴之称。人在给大地形状命名的时候,语言是匮乏的。自然本身的物理和化学作用神奇有趣,于是乎,各种造化便在天地间呈现。

我的本意是攀登到山顶,去朝拜那尊石佛,可发现走错了路。又一想,心中有的,便是全有了。中国的古人将人体视为宇宙的一部分,或者微缩的小宇宙,是与大宇宙相对应的。膜拜、礼赞只是形式,可有可无,绝非必要。遂打消此念。

与众人在山顶巨石上合影,又各自摆起各种姿势。我在远眺之间,发现阿尔套山在这里,基本上是持平的,没有特别高的突兀,也没有特别低的下陷。这种山势,是最好的龙脉之表现吧。由此也可以看出,整个博尔塔拉就是一个精致的盆地,苍茫而又内敛,好像一个天然的圈棚,其中水草丰茂、草地平坦,适合于纵马狂奔,更适合在草地上枕肘酣睡。当然,这里也是最好的游牧场所,是群雄逐鹿的宽阔疆场。

可是,人类,我爱你的宽广,更爱你的无忧无虑,到处都是道路和通往,而没有任何的遮挡,任何人行走其中,哪怕单身孤马,也可以放任天下。

回到博乐市,同伴们大都去了奇石街。在新疆,在西北,在旷古的山野,石头是最根本、最具有智者情怀的原始居民,流水和大雪、风和时间使得它们在日月消磨当中,获得了各种各样的外形和纹理,具备了观赏和收藏价值。但我觉得,人的发现是一种美德,购买和摆放也是个人行为。

可是,我们有没有想到,万物各有其位,再好,还是它自己所在的位置最佳,改换地点,取悦于人,似乎有违天道。因此,我不去观看,更不会购买运输。同行者在我眼前炫耀某某石头好看时，我只是笑笑，更甚时，直接说赶紧扔掉！我的意思是，不是石头不好，而是石头不应当被贩卖，被改换位置。它们可能也是有生命的，离乡索居的滋味，人可感受，石头也可以。

程静几次来电。她在伊犁，是我2013年在鲁迅文学院的同学。她写散文的同时，还作诗歌。她这样在边地的写作，具有天然的异质性。她问我去不去伊犁，我起初想去，新疆太远了，难得来一次，几年不见，对她也很想念。其实，我那两位战友也在伊犁，一个叫邢进军，一个叫王良，只是多年来没有任何联系。程静说的时候，我总是想请她帮忙，能不能找找那两位战友的联系方式。对昔年旧友的怀念，可能是人逐渐变老使然。从某种角度说，人的一生都在寻找与自己气息相投的同类。有些人，无论我们怎么样去亲近，他们也不抗拒，但总觉得之间有很大的鸿沟，有一种相斥的力量，逼迫得人难以靠近。而有些人，一见面就黏在了一起，无论做什么，都觉得开心、合拍。人这个奇怪的动物，所有的爱恨情仇，也都由此而来、由此而散。

我本想转道伊犁，再乌鲁木齐，再甘肃酒泉。但计划泡汤，不是我不情愿，而是我不可以，包括去看望岳父母。很多事情，个人是无法左右的。一个人，有时候连自己都无法掌控，何况他人呢？想到这里，不由得悲凉。在去夏尔西里的路上，我坐在副驾驶的座位上，闭上眼睛，有泪水溢出。那一刻，我的心脏在疼。这么多年来，直到2016年，我才第一次知道了心疼和肝肠寸断的滋味。心疼，确实是心尖部位一下一下地跳着疼，像刀子在割，尖利的指甲在使劲抠。肝肠寸断，我可以明显地觉到肠子一截截断开的凄厉和脆响。

进山的道路，颠簸不堪，上到山顶，美景乍现。这里是中哈边界。其实，在漫长的时间当中，阿拉套山乃至其绵延的山地草原是没有任何阻挡的，现在依旧是。自然只是按照自己的方式去呈现、链接、交互，其上的草木及其他生灵也是。展现在眼前的，完全是一块处女地和完整的草场，可以遥想当年，无数的游牧部落驱赶着他们的牲畜，在阿拉套山及厄尔格图尔格山、岗吉格山、别珍套山、麻依拉山、婆罗科努山，以及哈萨克草原、赛里木湖周边、温泉县、精河县、阿拉山口漫游，那是人类对自然的朴素赞美，是人在大地上的长卷史诗。

这里是博乐市的北部山区，海拔一千二百一十米至三千六百七十米，典型的温带大陆性气候。满山的花朵，在群草当中，成片地清纯或妖艳，或花朵压腰身，或枝干故意将花朵耸出枝叶。众人欢呼，在花丛拍照。有人说，这是最后的净土。言下之意，夏尔西里是他们到过的最原始的地方。我倒觉得，任何地方都可以是净土。人一方面在努力向自然要资源，一方面又在埋怨自己用力过猛甚至竭泽而渔。矛盾是人心的基本形态。

资料说，夏尔西里之地，有雪莲、蒙古黄芪、新疆紫草、甘草等一千六百七十六种高等植物，雪豹、北山羊、棕熊、猞猁、马鹿、盘羊、苍鹰、草原雕、雪鸡、雕鸮、短耳鸮等四十余种野生动物，其他陆栖类动物和鸟类三百余种、脊椎动物二百二十一种、昆虫四百二十种、大型真菌一百四十三种，被科学家称为"不可多得的天然基因库。"

大地自在安泰，本来与人无关。如此多的物种，在夏尔西里，俨如一个独立的自由王国，其中的一切，都是从混沌中来，又回到混沌中去，这一运动，从来就是循环往复、无有休止的。

博尔塔拉地区处在欧亚大陆中心，受中亚、蒙古、西伯利亚气候交相影响，自然地理几经变迁，构成了各个植物区系的接触、混合和"特化"，多样性和丰富性显而易见。在夏尔西里草原，我最喜欢的植物有红门兰、斑叶兰，它们满山地开，集中在一起，整齐划一，又充满刚性与柔和相得益彰的气质,像极了那些有刚性气质的女子;肉苁蓉、紫草、梭梭、甘草等不仅珍贵,而且多数同时具有观赏与药用价值。

中午野炊,西瓜、馕,再加榨菜、盐煮笋等,应当是最好的搭配。其中的馕,极其松软、有嚼劲,还有一种香味。

整整一天时间,我们这些远道来客,开着车子在夏尔西里游走,看到一处美景,一片惊呼,再呼啦啦下车。人在美景当中,无非拍照,无非空洞地感叹和赞美,这其实很无趣。返程时候,遇到一个蒙古族小男孩,跟随父母在山里很久了,遇到开车的一位蒙古人,父母就托把孩子捎出山去。同族的信任,多么美好。沿途,在小男孩的带领下,我也采到了一种红艳艳的、吃起来有点酸的野果,类似桑葚。汽车正在爬山时候,忽然大雨,如帘如幕,顷刻间,天地迷蒙。不过,这只是阵雨,在草原和高原,此类情况再寻常不过。行至山顶,太阳再现。回首间,蓦然看到半轮彩虹,仙桥一样,五颜六色地架在夏尔西里的沟谷之上,好像有神仙降临,或者是上天在引渡修成正果的妖精。

出山,一切平坦,艳阳之下,博尔塔拉到处都是蒸腾的热气。傍晚,在与夏尔西里贯通的哈热图热格国家森林公园之外,吃饭、喝酒,沉沉醉倒。一夜之后,就要离开博尔塔拉了,我有些遗憾,除了没能见到程静及邢进军、王良两位战友外,还有一个遗憾,就是没能去阿拉山口看看。我记得,《新唐书》上说,高仙芝带军在怛罗斯遭到失败,全军溃退之时,相互践踏,起初封常清不管不顾、一路奔逃,另一个名叫段誉的将军说,你这样逃跑,连自己的军队都不管,算什么将军!封常清被一语惊醒,遂勒马站定,召集自己的陌刀队,封住山口,让其他将士撤退,自己断后。安史之乱时,封常清以安西节度使的身份回内地参战,不忿于边令诚等宦官专权,身中毒箭仍竭力奋战,次日死于军中。

如此的将军,我当然要去看看他当年的战场,对历史的追寻、英雄的热爱,大致是天性,尤其是男人。但时间关系,只有下次再来了。到乌鲁木齐,待了一夜,我便于次日凌晨乘机返回成都。因为预想的都没有实现,特别是看望程静和两位战友,以及最重要的回甘肃,惆怅、郁闷不堪。好在,现在的交通越来越便捷,再用不了几个月,由兰州到成都的高铁正式运营,去酒泉也不过七八个小时的时间。尽管如此自我安慰,但仍旧无法遏制伤感,飞机飞在河西走廊上空时,我又忍不住往下看,那一片焦黄的汹涌,乃至弯曲的弱水河,零星的绿洲,哦,我曾经的老单位就在那里,我的岳父母也在那里。想起每年翁婿一起喝酒、聊天、说家常话的情景,不由得热泪盈眶。哦,遥远的博尔塔拉、新疆乃至西北,我必将一生往返,在自己内心、血液和灵魂当中,像一匹快马,更像一只越来越老迈的苍鹰。